Historia
Peredur vab Efrawc

Golygwyd gyda Rhagymadrodd
Nodiadau Testunol a Geirfa

gan

Glenys Witchard Goetinck

*Cyhoeddwyd ar ran Bwrdd Gwybodau Celtaidd
Prifysgol Cymru*

CAERDYDD
GWASG PRIFYSGOL CYMRU
1976

SBN 0 7083 0440 0

Argraffwyd gan Crown Printers, Treforus

CYNNWYS

RHAGAIR

Seiliwyd y rhan fwyaf o'r astudiaethau ar *Beredur* ar destun y Llyfr Coch, ond y testun pwysicaf yw llawysgrif Peniarth 4 a gynhwysir yn y Llyfr Gwyn. Hyd yn hyn nid astudiwyd y testun hwn yn fanwl ac ymgais i lenwi'r bwlch ydyw'r llyfr hwn. Mae *Peredur* yn un o chwedlau pwysicaf llenyddiaeth ganoloesol Gymraeg, a gobeithiaf y bydd yr astudiaeth hon yn gychwyn ar roi i'r chwedl ei lle priodol yn hanes ein llenyddiaeth.

Atalnodwyd y llawysgrif a threfnwyd hi mewn paragraffau yn ôl arfer heddiw a cheir cyfeiriadau yn y Nodiadau Testunol at yr ychydig fannau lle newidiwyd y gwreiddiol. Yn yr Eirfa, fel yn y Nodiadau Testunol, cyfeirir at y mannau yn y testun lle digwydd yr enghreifftiau a ddyfynnir. Ni chyfeirir yno, o angenrhaid, at yr enghraifft gyntaf o'r gair.

Hoffwn ddiolch i'r Athro A. O. H. Jarman o Adran Gymraeg Coleg Caerdydd ac i'r Dr. G. M. Ashton o Lyfrgell Salisbury. Heb eu cymorth hwy a'u caredigrwydd cyson, ni buasai'r gwaith hwn yn bosibl.

Glenys Witchard Goetinck

RHAGYMADRODD

Llawysgrifau sydd yn cynnwys *Peredur*:

Peniarth 4, WM, col. 117-178, diwedd y drydedd ganrif ar ddeg.

Peniarth 7, WM, col. 5-48. Ysgrifennwyd col. 5-48 yn gynharach na'r gweddill o'r llsgr. (49-65), sydd yn perthyn i'r bedwaredd ganrif ar ddeg.

Peniarth 14, WM, col. 180-190, ail chwarter y bedwaredd ganrif ar ddeg.

Jesus College 1, RM, col. 655-697, diwedd y bedwaredd ganrif ar ddeg.

British Museum Additional 14967, tt. 149-167. Copi o *Ben. 4.*
Yn ôl Dr. Williams[1] 'Ce manuscrit . . . est de la seconde moitié du XVe siècle,' ond yn RWM, ii, 996, fe ddywedir '. . . written in the reign of Henry VIII', sef rhwng 1491 a 1547.

Llyfrgell Genedlaethol Cymru 3043 (gynt *Mostyn 135*), diwedd yr unfed ganrif ar bymtheg. Copi o *Ben. 4.*

Llyfrgell Genedlaethol Cymru 5269, (gynt *Dingestow Court MS. 9*), Copi o lsgr. *Pen. 4* trwy gyfrwng *Brit. Mus. Add. 14967.*

Caerdydd, 17, t. 3 yml., diwedd yr unfed ganrif ar bymtheg, dechrau'r ail ganrif ar bymtheg. Copi o *Ben. 4.*

Llanstephan 148, tt. 147-172. Copïwyd o'r *Llyfr Coch* gan David Parry yn 1697.

J. Gwenogvryn Evans 1A (Llyfrgell Genedlaethol Cymru), sef llsgr. Breese Collection gan Dr. Mary Williams. Copi o *Ben. 4,* gw. hefyd *Revue Celtique,* ix, 393-4.

K. Meyer,	*Peredur ab Efrawc,* (Leipzig) 1887, testun y Llyfr Coch.
J. Rhŷs a J. G. Evans,	*The Red Book Mabinogion,* (Rhydychen) 1887.
J. G. Evans,	*The White Book Mabinogion,* (Pwllheli) 1907.
R. M. Jones,	*Y Tair Rhamant,* (Aberystwyth) 1960.

Cyfieithiadau

Lady Charlotte Guest, *The Mabinogion*, (Llundain) 1838-49.

H. de la Villemarqué, *Contes populaires des anciens Bretons*, (Paris) 1842, cyf. o destun Lady Guest.

Les Romans de la Table Ronde et les Contes des Anciens Bretons, 1861. Ail argraffiad o'r *Contes populaires*, uchod.

San Marte, *Die Arthur Sage und die Mährchen des Rothen Buchs von Hergest*, (1841).

J. Loth, *Les Mabinogion*, (Paris) 1889, ail argraffiad, 1913.

J. le Roux, *Le Roman de Pérédur*, (Rennes) 1923, Bibliothèque Bretonne Armoricaine, v, cyf. o destun *Pen. 4* i'r Llydaweg.

T. P. Ellis a J. Lloyd, *The Mabinogion*, (Rhydychen) 1929.

G. a T. Jones, *The Mabinogion*, (Everyman) 1949.

Fe geir y testunau pwysicaf o *Historia Peredur* yn *Llyfr Gwyn Rhydderch* ac yn *Llyfr Coch Hergest*. Yn y *Llyfr Gwyn* (WM) ceir testun cyflawn a dau ddarn, sef llawysgrifau Peniarth 4, Peniarth 7 a Pheniarth 14. Testun cyflawn a geir yn y *Llyfr Coch* (RM), sef llawysgrif Jesus 1.

Ysgrifennwyd Peniarth 4 yn niwedd y drydedd ganrif ar ddeg.² Orgraff gyffredin y cyfnod a welir yno.³ Ceir *-b* am-*b*, *meib* (117.1); *-c* am *-g*, *tec* (120.5); *c* a *k* am *c*, *coet* (118.8), *kelyn* (117.28). Ceir *-t* am-*d*, *nyt* (117.3); *d* am *dd* ar ddechrau, canol a diwedd gair, *y diodef* (153.32), *idaw* (121.2), *arglwyd* (135.8). Gwelir yma ddwy enghraifft gynnar o *dd*, *trwyddaw* (132.32), *veddic* (141.25). Defnyddir *v*, *u*, *f* am *f*, *varch* (122.31), *uynet* (122.13), *dyfot* (122.19); *ff*, *f* am *ff*, *diffeithwch* (177.17), *frydyeu* (128. 17); *g* am *ng*, *sagaf* (126.19); *r* am *rh* ac *r*, *ryuel*, (117.7), *anuedrawl* (130.17).

Ceir *aw* yn y sillaf olaf, ond fe geir *o* weithiau, *ohonawt* (159.16) *ohonot* (169.32). Gwelir *a* ac *y*, *a* ac *e*, *i* ac *y*, yn ymgyfnewid, *pa* (137.9) *py* (125.10); *drychafal* (128.14) *drychafel* (136.17); *idaw* (117.2) *ydaw* (117.11). Saif *y* am *y* glir ac *y* dywyll, *kymryt* (120.34). Dynodir *i* gytsain gan *y* yn aml, *trigyaw* (149.3).Weithiau fe gollir *i* gytsain o flaen llafariad, *meibon* (117.20). Ceir *y*, *w*, *u* epenthetig, *dwfyn* (146.3), *twrwf* (152.34), *ruthur* (152.7).

Fe welir yno hefyd olion orgraff cyfnod cynharach, e.e. *y=e*, *yr*=er, (121.32); *i=y*, *kedernit* (140.4); *au=aw*, *varchauc* (118.31); *-d=-d*, *nyd* (117.10); *;-t=dd*, *enrydet* (145.7); *th=dd*, *gertha* (125.8) *ff=f*, *difflannu* (177.14); *w=f*, *lywassei* (117.23). Fe geir y nodweddion hyn yn Llyfr Du Caerfyrddin a ysgrifennwyd tua 1180–1200, felly gellir bwrw bod copi o'r chwedl yn bod tua diwedd y ddeuddegfed ganrif.

Darn o *Beredur* a geir ym Mheniarth 7. Fe ddigwydd rhwng colofnau 605-648, ond y mae llinell ar goll ar waelod 605 ac y mae colofnau 633, 634, 635, a 636 ar goll hefyd. Ysgrifennwyd y llsgr. hon, yn ôl pob tebyg, ychydig cyn y bedwaredd ganrif ar ddeg.[4]. Cynnwys ddatblygiadau diweddarach nag a geir ym Mheniarth 4, ond fe geir yno hefyd nodweddion orgraff a ymddengys fel petai'n deillio o gyfnod hŷn na Pheniarth 4. Defnyddir ffurfiau fel *e=y* glir ac *y* dywyll; *ay=ae*; *i=y* glir ac *y* dywyll; *u*, *w*,=*f*; *ff=f*; *u=w*; *t*, *th=dd*; *-d=-d*; nodweddion orgraff a welir yn y *Mabinogi* ac yn Llyfr Du Caerfyrddin.

Ym Mheniarth 7 fe ddefnyddir *maccwyf* (632.11) *mackwyf* (632.8) a *maccwyueit* (640.2) lle cedwir yr *f*, ffurf sydd yn mynd yn ôl i'r ddeuddegfed ganrif. Defnyddir y gyrchfan heb arddodiad yn amlach nag ym Mheniarth 4 a cheir yr arddodiad *ar* yn yr ystyr *at* yn fynych, cystrawen na welir yn aml ym Mheniarth 4. Mae'n bosibl,[5] er na ellir bod yn sicr, fod orgraff y Llyfr Du wedi para'n hwy mewn rhai mannau. Eto, hyd yn oed os mai dyna'r esboniad ar orgraff Peniarth 7, ni ellir honni'n bendant nad llawysgrif hŷn na Pheniarth 4 oedd ffynhonnell y copïwr. Ceir sôn yno am *Gei Wynn* (632.7) ac am *Gei vap Kynyr* (631.28), enwau sy'n digwydd yn yr hen draddodiad,[6] nas ceir ym Mheniarth 4.

Ysgrifennwyd Peniarth 14 yn ystod ail chwarter y bedwaredd ganrif ar ddeg.[7] Nid yw'n bwysig iawn yn nhraddodiad llawysgrifol *Peredur*, ond fe welir yno nifer o bwyntiau diddorol. Ceir olion hen orgraff e.e *e=y* brosthetig; *y* glir, *y* dywyll; *u=w*; *fu*, *uu=f*; *-t=th*; ac fe ddigwydd y ffurfiau *maccwyfieit* (290.36), *lleturith* (288.22). Defnyddir yr ansoddair *eres* (287.34) lle ceir *ryued* ym Mheniarth 4 a 7, y gyrchfan heb arddodiad a'r arddodiad *ar* yn yr ystyr *at*, fel ym Mheniarth 7.

Awgryma tystiolaeth fewnol fod Peniarth 14 yn perthyn i'r un traddodiad â Pheniarth 7 a'i bod efallai yn tarddu o'r un ffynhonnell. Yn y ddau ddarn fe gymer Gwalchmai y rhan a roir i Owain ym Mheniarth 4. Cred Dr.Williams[8] ei bod wedi cael tystiolaeth werthfawr yn y geiriau *bronnell* a *goluwrch*, ond nid hawdd cytuno. Digwydd *bronnell* ym Mheniarth 7 (606.12), *bronnoll* ym Mheniarth 14 (288.6), a *bronfoll* ym Mheniarth 4 (122.2), ffurf a geir unwaith yn unig ym mhob testun. Mae *bronnoll* a *bronfoll* yn debyg iawn i'w gilydd, fel yr awgryma Weisgerber,[9] ac mae'n bosibl mai camgopïo *bronuoll* a wnaeth copïwr Peniarth 14. Ceir *bronffoll* yn RM (197.7), gair a all fod yn ffurf ar *bronfoll* gydag *ff* am *f*, gan fod y ffurfiau *Effrawc* (193.8), *eff* (196.24) yn digwydd yn y llsgr. honno.

Ym Mheniarth 4 fe geir y ffurf *gorflwch* (122.2). Gwêl Dr. Williams debygrwydd yma rhwng ffurfiau Peniarth 7 a 14, ond y mae dwy o'r tair enghraifft a geir ym Mheniarth 14 yn fwy tebyg i ffurf Peniarth 4. Ceir yno *goluwrch* (288.5, 7), *goruulch* (289.22), *gorulwch* (289.4). Ym Mheniarth 7 fe geir *golwrch* (606.8), (607.23, 32), (609.6), *gorwch* (647.33), *gorwrch* (648.2). Nodir gan Weisgerber[10] y ffurf *gorlwch* a geir yn y *Seint Greal*. Daw i'r casgliad mai ansicr yw defnydd yr *f* ac ni ellir penderfynu'n hawdd ai *gorulwch* ai *goluwrch* a geid yng ngwreiddiol Peniarth 14.

Perthynas y llawysgrifau

Cwestiwn anodd yw hwn. Bu perthynas llsgrau. WM ac RM yn destun dadlau brwd. Awgrymwyd mai copi o WM yw RM[11] a hefyd bod y ddau yn ffurfiau cydradd ar yr un llsgr. wreiddiol.[12] Yn anffodus nid oes prawf trawiadol ar gael a fyddai'n dileu'r broblem am byth. Mae'n rhaid inni ddod at gasgliad drwy dystiolaeth teithi mân sy'n gadael mwy o le i ddadl a gwrthwynebiad. Mae Peniarth 4 a Jesus 1 yn agos iawn at ei gilydd a byddai'n hawdd derbyn y syniad bod y naill yn gopi o'r llall. Eto, wrth chwilio'n fanwl, fe ddarganfyddir tystiolaeth arall sydd yn awgrymu mai ffynhonnell gyffredin i'r ddwy lsgr. yw'r eglurhad mwyaf rhesymol.

Cais Weisgerber brofi mai copïo Peniarth 4 a wnaeth y sawl a ysgrifennodd Jesus 1. Mae ei ddadleuon yn fanwl iawn, ond nid ydynt yn argyhoeddiadol arbennig. Mae'n naturiol i gopïwr H, sef Jesus 1, fod yn fwy gofalus na chopïwr Peniarth 4 gyda'i dreigladau (t. 101), gan fod orgraff cyfnod H yn tueddu i ddangos treigladau'n amlach nag orgraff cyfnod Peniarth 4. Fe all y mân amrywiadau a ystyrir yn newidiadau gan Weisgerber fod yn ddatblygiadau naturiol. Gellir edrych ar y darlleniadau gwell hyn fel cywiriadau a awgrymwyd i gopïwr meddylgar gan y cyd-destun. [13]

Cymer (t.84) *ac yd yttoed yn troi* H, fel cywiriad o *ac y doeth yd ydoedd yn troi* P4, (145.11), ond ffurf ar *adoeth, attoeth* o *aduod* yw *ydoeth*, ac felly nid oes angen cywiriad. Mae'n dyfynnu (t.89) *yr vn a dewissei* P4 (158.31)=*yr un a vynnynt*, H; *ymgynhalyssant* P4, (168.10)=*ymganlynassant*, H; *yn yfet gyt a'r gwr* P4, (169.26)=*yn bwyta . . .* , H. Diystyr yma yw 3ydd. llu. *mynnu*, fel y dywed ac nid edwyn *ymgynnal* yn yr ystyr hon. Petai H yn gopi o P4, a chaniatáu y gellid camddarllen *ymgynhalyssant* fel *ymganlynassant*, beth fyddai'r rheswm dros gopïo *dewissei* fel *mynnynt*, *yfet* fel *bwyta?* Nid oes angen cywiro ar P4 oherwydd mae'r testun yn hollol ddealladwy, felly gellir deall mai yn ffynhonnell H y ceid y ffurfiau hyn ac nad P4 oedd y ffynhonnell honno.

Gair arall gydag esboniad hwyrach mewn ffynhonnell gyffredin yw *alanot*, RM, (205.9) *alafoed*, WM, (133.2-3). Lluosog *alaf=* cyfoeth, eiddo, praidd yw ffurf Peniarth 4. Digwydd *alaw=alaf*, w=f, yn BBC, 70.14, 102.12, ond fe bair *alanot* radd o anhawster gan na cheir enghraifft arall ohono. [14] Ystyr 'praidd' oedd ym meddwl copïwr Peniarth 4 o leiaf, gan fod absenoldeb olion traed anifeiliaid yn dangos nad oedd trigolion y gaer yn dilyn eu ffordd arferol o fyw. Mae'n bosibl mai *alanet/elanet*, t=dd, a oedd ym meddwl copïwr RM a'i chymysgu â ffurf fel *alauoet* yn ei ffynhonnell. [15] Copïodd *u* fel *n* a chadwodd *–t* gan feddwl am orgraff ei gyfnod ef, lle saif *–t* am *–d*. Nid hawdd gweld copi o Beniarth 4 yma oherwydd fe geir *-f-* yno, nid *–u–*, a *–d* yn lle *–t*.

Gellir ceisio taflu goleuni ar berthynas Jesus 1 a Pheniarth 4 drwy

ystyried orgraff y ddwy lsgr. Gan fod Peniarth 4 yn gynharach na
Jesus 1 byddai'n naturiol cael orgraff gynharach ynddi a phetai
Jesus 1 yn gopi o Beniarth 4, nid rhyfedd fyddai cael enghreifftiau
o'r un orgraff gynnar lle anghofiodd y copïwr ddiweddaru ar
Beniarth 4. Pe caem enghraifft o orgraff gynnar yn Jesus 1 nas ceir
yn yr un lle ym Mheniarth 4, byddai'n awgrym nad yw'r llsgr.
ddiweddarach yn gopi o lsgr. WM.

Rhydd Dr. Mary Williams[16] restr o enghreifftiau o orgraff hŷn
yn RM, ond fe fwriwyd amheuaeth ar y rhan fwyaf ohonynt gan
Syr Edward Anwyl[17]. Er hynny gellir dangos enghreifftiau o
orgraff hŷn yn Jesus 1 sydd yn sicrach eu tystiolaeth.

RM	WM
(196.24) heb eff	(121.20) heb ef
(205.27) trwydaw	(133.32) trwyddaw
(207.20) hegaraf	(135.33) hygaraf
(209.3) Mi y iarll	(137.24) Mi yw'r iarll
(209.8) darestygedigaeth	(137.31) darystygedigaeth
(212.3) anhegar	(141.12) anhygar
(228.27) gehyrdawd	(161.36) gyhyrdawd
(237.27) y byt	(172.9) y byd

Yma *e* RM=*y* WM, *d*=*dd* yn rheolaidd, ond yn *trwyddaw*
WM ceir ffurf ddiweddarach. Yn *t*=*dd* RM ceir ffurf gynharach
na *d*=*dd* WM.

Cred Dr. Williams mai cynharach yw *nyt* RM, (193.15), *daet*
RM, (207.10) *llygat* RM, (222.26), na *nyd* WM, (117.10), *dahed*
WM, (135.20), *llygad* WM, (154.20), ond mae'n bosibl mai orgraff
y ddeuddegfed ganrif,–*d*=–*d* a geir yn WM.

Ceir ambell enghraifft o *t*=*th* yn RM nas ceir yn WM:

(215.26) a wnaet	(145.33) a wnaeth
(216.17) yd aet	(146.27) yd aeth
(221.20) a aet	(153.3) a aeth
(236.2) ymeit	(170.3) ymdeith

Nid hollol ddi-sail, felly, yw'r syniad o ffynhonnell gyffredin i'r
ddwy lsgr. gan fod olion copïo llsgr. hŷn yn Jesus 1 nas ceir ym
Mheniarth 4. Fe ddengys cymhariaeth destunol o'r ddwy llsgr. fod
gan y copïwyr, yn ôl pob tebyg, ffynhonnell gyffredin. Fe gawn

amrywiadau niferus rhyngddynt hyd at ddechrau'r rhan sydd yn ymwneud ag Angharad Law Eurawc. O hyn ymlaen maent yn agos iawn at ei gilydd, mor agos fel y byddai'n hawdd gweld y naill yn gopi o'r llall.[18]

Peniarth 4 (117.1) Efrawc iarll bioed iarllaeth yn y gogled

Jesus 1 (193.8) Effrawc iarll bioed iarllaeth y gogled

Peniarth 4 (117.14) a medylyaw a wnaeth am y mab a'y gyuoeth

Jesus 1 (193.17) a phryderu a oruc yn uawr am y hun mab a'e chyfoeth

Peniarth 4 (117.27) y daflu a gaflacheu kelyn

Jesus 1 (193.18) y taflu llysgyon ac yskyron

Peniarth 4 (119.15) y rei racco

Jesus 1 (195.3) y rei gynneu

Peniarth 4 (120.29) y gwelei bwrd

Jesus 1 (196.8) ef a welei vwyt

Peniarth 4 (125.14) A unben heb yr Owein aro.   mi a diosglaf yr arueu

Jesus 1 (199.5) Beth a wney di velly heb Owein

Peniarth 4 (130.5) dos y eisted a bendith Duw genhyt

Jesus 1 (202.3) dos y eisted bellach am bendith ytt.

Peniarth 4 (131.4) ef a glywei diaspat. parth ar lle yd oed y diaspat y doeth

Jesus 1 (203.21) ef a glywei diaspat.

Peniarth 4 (131.33) kanys nes gwaret it no chynt

Jesus 1 (204.10) kany thyckya amgen

Peniarth 4 (136.19) A llawer a uyrywys y dyd hwnnw. A phryt nawn parth a diwed y dyd

Jesus 1 (208) Nis ceir.

Peniarth 4 (141.14) Ac ae byrywys ergyt mawr y wrthaw hyny torres y vreich a gwahell y yscwyd.

Jesus 1 (212.4) ac ae byrywys ergyt y wrthaw. yny dorres y vreich a gwaell y ysgwyd, a marchogaeth un weith ar hugeint drostaw.

Peniarth 4 (141.24) gwelsont hagen or kaffei veddic y gyuanhei y ascwrn ac a rwymei y gymaleu yn da, na han-bydei waeth.

Jesus 1 (212.12)   wynt a welsant hagen or kaffei vedic da y bydei
byw
Peniarth 4 (160.31) Etlym a deuth traygefyn at Peredur
Jesus 1 (227)   Nis ceir.
Peniarth 4 (174.11) A gwedy bwyt y brenhin a dywawt wrth
Peredur
Jesus 1 (239)   Nis ceir.
Peniarth 4 (177.27) A march Peredur a welei yn vn preseb
Jesus 1 (242.17)   Ae varch a ducsei y gwr du. awelei yn vn presseb

Gan fod y ddwy lsgr. mor agos at ei gilydd, yn arbennig o
ddechrau col. 145 WM, t.215 RM, byddai'n ddigon hawdd
profi mai copïo Peniarth 4 a wnaeth y sawl a ysgrifennodd Jesus 1.
Fe geir camgymeriad unwaith yn yr un lle yn y ddwy, ffaith sy'n
awgrymu copïo uniongyrchol ar unwaith. Eto fe ddengys cym-
hariaeth fanwl mai ffynhonnell gyffredin yw'r esboniad mwyaf
rhesymol ar eu perthynas. Ceir enghreifftiau o hen orgraff yn
Jesus 1 nas ceir ym Mheniarth 4; ceir geiriau fel bwrd/bwyt,
alafoed/alanot; ceir cymalau yn y naill nad ymddengys yn y llall.

Darnau yn unig yw Peniarth 7 a Pheniarth 14, ond awgryma
cymhariaeth mai dwy ffurf ar yr un ffynhonnell ydynt hwythau
hefyd. Arferai'r cyfarwyddiaid ddysgu amlinelliad o brif ddig-
wyddiadau'r chwedlau a'u cyflenwi a'u lliwio â'u dychymyg eu
hunain wrth eu hadrodd. Byddai ffynhonnell gyffredin Peniarth
4 a Jesus 1, felly, yn cynrychioli un gainc o'r traddodiad a ffynhon-
nell Peniarth 7 a Pheniarth 14 yn cynrychioli cainc arall. Gwêl
Weisgerber y ddwy ffynhonnell gyffredin hyn hefyd yn dod o
ffynhonnell gyffredin arall, sef nodiadau cyfarwydd. Mae'n bosibl,
er nad yw'n angenrheidiol iddynt fod mor agos eu cysylltiad â'i
gilydd. Byddai nifer o raddfeydd rhwng y pedair llsgr. hyn a'r
brif ffynhonnell yn syniad hollol resymol na byddai'n amharu ar
eu perthynas debygol. Mae'n bosibl mai nodiadau cyfarwydd
oedd y brif ffynhonnell, ond ni ellir bod yn sicr. Mae'n fwy tebyg
mai copïwr esgeulus yw'r esboniad ar gyflwr Peniarth 7, ac nid
oes unrhyw beth trawiadol yn y llsgrau. eraill a bair inni feddwl
mai ar ffurf nodiadau yr oedd y ffynhonnell.

NODIADAU

1. *RGP*, 4.
2. *RWM*, i, 305.
3. gw. *GCC*, 1-8.
4. Yn *RWM*, i, 317, fe ddywedir: 'cols. 5-48 are in a hand earlier than the rest of the MS., which belongs to the XIVth century'. Yn *RGP*, 2, 'Les colonnes 5-48 de ce manuscrit datent du XIIIe siècle.
5. Syr Edward Anwyl, *RC*, xxxi, 382-383; Thurneysen, *ZCP*, viii, (1912), 187-188.
6. gw. *BBC*, 94.3, 96.9 (*Pa gur* . . .); *WM*, (458.25) (*Kulhwch ac Olwen*).
7. *RWM*, i, 325, 334.
8. *RGP*, 32.
9. *ZCP*, xv, (1925), 181.
10. *op. cit.*, 181.
11. *ibid.*, 107, 108, 159. J. G. Evans, *WM*, vlii-ix.
12. Dr. Mary Williams, *op. cit.*, 40; Syr Edward Anwyl, *op. cit.*, 382; J. Loth, *Les Mab.*, i, 19; J. Vendryes, *EC*, vi (1953-4), 363; R. M. Jones, *B*, xv, (1954), 109-116.
13. gw. R. L. Thomson, *Pwyll Pendeuic Dyuet*, (Dulyn), 1957, xii n.
14. gw. *G*, alaf, alan; *CA*, 178, 340; *EEW*, 58; *WG*, 210.
15. cf. *alauoed*, *CA*, ll.434.
16. *RGP*, 24-26.
17. *RC*, xxxi, 382.
18. Gellir esbonio hyn fel y gwna Dr. Williams (t.30), trwy ddweud fod y rhan gyntaf o'r chwedl yn fwy poblogaidd na'r gweddill. Byddai'r 'awduron' yn ei hadnabod yn ddigon da, felly, i beidio â glynu'n agos at y gwreiddiol. Esboniad Weisgerber (t.79), yw bod Jesus 1 wedi ei hysgrifennu gan ddau gopïwr.

TARDDIAD A FFURF *PEREDUR*

Un o destunau mwyaf pwysig llenyddiaeth Gymraeg y Canol Oesoedd yw *Peredur*, canys yno fe gynhwysir eginyn chwedl y Greal a llawer o deithi sy'n deillio o'r hen draddodiad. Fe gymharwyd y chwedl Gymraeg â *Perceval* a chafwyd bod diffyg ffurf ac arddull ar *Beredur*, felly fe'i dibrisiwyd. Fe ddioddefodd *Peredur* pan ddylanwadwyd ar y chwedl gan waith y *conteurs* Ffrengig oblegid fe ddryswyd y digwyddiadau gwreiddiol a chollwyd eu hystyr. Fe'i barnwyd yn rhy aml gan rai na allent werthfawrogi iaith ac arddull y gwreiddiol ac fel canlyniad yr oedd yn well ganddynt waith Chrétien na'r cyfieithiad o *Beredur*.

Un o enghreifftiau gorau rhyddiaith ganoloesol Gymraeg yw iaith Peniarth 4. Iaith glir, gryno, lawn cyffro ac egni ydyw. Nid gwaith o radd is na *Perceval* yw *Peredur* ac ni ellir honni ei fod o radd uwch, ychwaith. Mae'r naill a'r llall yn enghraifft ardderchog o fath arbennig. Yr oedd gan eu hawduron amcanion gwahanol, cynulleidfa wahanol; fe gynrychiolent draddodiadau llenyddol gwahanol a defnyddiasant gyfryngau gwahanol; rhyddiaith gan yr awdur Cymraeg, mydr gan Chrétien. Yr oedd awdur *Peredur* yr un mor ddoniol â Chrétien, ond yr oedd yn perthyn i fyd arall a'i anffawd ef oedd cael ei farnu gan rai a gymerodd yn ganiataol fod ganddo bob peth yn gyffredin â Chrétien ac eithrio athrylith.

Mae'r safbwyntiau a fynegwyd dros y blynyddoedd ynglŷn â tharddiad y rhamantau Cymraeg wedi amrywio'n fawr.[1] Daliwyd mai copïau o'r rhamantau cyfatebol Ffrangeg oeddynt, neu chwedlau brodorol yr oedd datblygiadau cyfandirol wedi dylanwadu arnynt. Yr oedd yn rhaid i'r sawl a goleddai'r syniad cyntaf gyfaddef bod rhwystrau'n codi ynglŷn â *Pheredur* gan fod y rhamant hon yn amrywio oddi wrth *Perceval* yn fwy nag yr amrywia *Iarlles y Ffynnawn* a *Gereint ac Enid* oddi wrth *Yvain* ac *Erec et Enide*.

Y ddamcaniaeth gyffredin heddiw, a'r un fwyaf rhesymol, yw bod y rhamantau Cymraeg a Ffrangeg yn deillio o ffynhonnell gyffredin, chwedl Ffrangeg ysgrifenedig yn ôl pob tebyg, ac nad effeithiwyd arnynt yn uniongyrchol gan waith Chrétien. Mae'r

syniad o ffynhonnell ysgrifenedig yn esbonio'r datblygiadau
rhyfedd a welir yn yr enwau a ymddengys yn y rhamantau, ac
ym *Mheredur* ei hun fe esbonia nifer o eiriau ac enwau.[2] Ni ellir
derbyn y syniad mai Lladin oedd iaith y ffynhonnell gyffredin
oblegid nid yw'n cyd-fynd â thraddodiad llenyddol Cymraeg.
Bucheddau'r saint, cofnodion eglwysig, hanes, ysgrifennwyd y
rhain yn Lladin, ond byddai chwedlau anturiaeth ar gyfer adrodd
cyhoeddus yn ddiwerth yn Lladin. Fe ddangoswyd yn fynych[3]
mai'r ddamcaniaeth am darddiad Celtaidd deunydd Chrétien yw'r
un a gyfetyb i'r ffeithiau. Wrth astudio'r chwedl fe ddaw'n amlwg
fod y deunydd a ddefnyddir gan awdur *Peredur* yn hollol Geltaidd,
ac ac eithrio rhai dylanwadau allanol amlwg, nid oes dyled arno i
lenyddiaeth gyfandirol.

Fe ganfyddir maint ei ddyled i lenyddiaeth Gymraeg drwy osod
Peredur yn erbyn cefndir y llenyddiaeth honno a'i hystyried gyda
gweithiau fel *Kulhwch ac Olwen* a'r *Pedeir Keinc*. Mae'r *enfances* a
geir ar ddechrau *Peredur*, sef hanes rhieni'r arwr, ei eni a'i fywyd
cynnar, i'w gael ar ddechrau *Kulhwch ac Olwen*, *Pwyll* a *Math*.
Mae dyfodiad Peredur i'r llys a'r derbyniad a gaiff yno yn debyg
i ddyfodiad a derbyniad Kulhwch, ac mae agwedd Glewlwyd
Gafaelfawr y porthor, a Chai, yn debyg i agwedd Cai tuag at
Beredur. Dangosodd W. J. Gruffydd[4] fod yr ymryson rhwng yr
arwr a'r porthor y ceir enghraifft enwog ohono yn *Macbeth*, wedi
dod o draddodiad Cymraeg. Ceir adlewyrchiad gwan ohono pan
ddaw Peredur i drigfan Morwyn y Gaer. Yng *Nghulhwch ac
Olwen* fe geir disgrifiad o'r arwr a'i farch pan gychwyn allan tua
llys Arthur. Fe geir yr un math o beth ym *Mheredur*, ond yma
digrifwch yw pwrpas yr awdur ond yn *Kulhwch* creu argraff o
harddwch a nerth yw'r bwriad. Mae hiwmor y rhamant yn nes at
Gulhwch a thraddodiad Gwyddelig nag at Chrétien.[5] Ceir elfen o
hiwmor yn rhedeg trwy'r rhamant i gyd ac mae'n gyfrwng dod
â Pheredur yn nes at ddynion cyffredin nag sydd yn bosibl yng
ngwaith y rhamantwyr Ffrangeg. Camp yr awdur Cymraeg yw
creu darluniau o Beredur ar ei farch esgyrniog, Peredur yn rhuthro
allan i ymladd mewn crys a llodrau, Peredur yn meddwi yn llys y
Du Trahawc, a Pheredur yn cael ei drechu gan amddiffynnwr

rhyfedd y llech, heb beri inni edrych arno â llai o barch na pheidio
â chredu ynddo fel arwr.

Mae rhai o nodweddion hanes Angharad, ei chreulondeb hi, a
Pheredur yn crwydro yn fud ac yn wael, yn ein hatgoffa am
Flodeuwedd a Lleu, tra bod hela carw a cheryddu'r heliwr,
diweirdeb Peredur yng nghaer Morwyn y Gaer, a chael gwraig
gan yr arwr i fod arallfydol, yn dod â hanes Pwyll i'r meddwl.

Mae'r gwragedd a ymddengys ym *Mheredur* yn nes o lawer at
draddodiad llenyddol Cymraeg nag ydynt at wragedd y rhaman-
tau Ffrangeg. Mae'r Ymerodres yn debyg i Riannon—mae'r
ddwy yn meddu ar alluoedd goruwchnaturiol, ymddangosant ar
gefn march o flaen y gŵr a ddewisant, fe'i profant ac fe'i cerydd-
ant. Fe'n hatgoffir am Flodeuwedd yn cyfarfod â Gronw Pebyr
pan ddisgrifir Peredur yn cyfarfod Angharad. Dywedir bod
Blodeuwedd, a Pheredur, yn 'troi yn y gaer'.[6] Gwragedd o natur
gryfach, mwy annibynnol na rhai'r rhamantau Ffrangeg, a geir
ym *Mheredur* ond mae'n bosibl fod cymeriad y fam wedi derbyn
dylanwad estron. Dywedir mai 'gwreic kymen ystrywys' yw hi,
ac eto, pan glyw hi fod ei mab am adael y diffeithwch fe lesmeiria
fel mam Perceval a Parzival. Ar y llaw arall, nid arwydd o wendid
yw ei marwolaeth o achos gofid, mae'n gyffyrddiad dramatig o'r
math a geir ym *Mranwen* ac a welir mewn llenyddiaeth Wyddelig.

Ni ellir bod yn sicr a ysbrydolwyd awdur *Peredur* gan y *Pedeir
Keinc* a *Chulhwch ac Olwen* neu gan y traddodiadau a roes fod
iddynt ond fe ddengys y nodweddion uchod fod y rhamant wedi
dod o gyfoeth llenyddiaeth Gymraeg yn hytrach nag o unrhyw
ffynhonnell gyfandirol.

Mae'n bosibl mai yn ardal Erging—Trefynwy y cyfansoddwyd
y rhamantau Cymraeg. Dyma ran o'r wlad lle daeth y Normaniaid,
y Cymry a'r Saeson i gysylltiad agos â'i gilydd, a lle'r oedd
Llydawiaid yn byw hefyd. Yr oedd brwydrau yn digwydd yn
fynych, ond fe geid cyfathrach heddychol ac yr oedd ansawdd
Gymreig i'r ardal hyd yn oed yn y ddeuddegfed ganrif.[8] Ni ddy-
lem anghofio fod Sieffre o Fynwy wedi cyfansoddi ei waith mawr,
Historia Regum Britanniae yn yr un ardal. Mae'n bosibl fod yr
Historia yn gyfrifol am bresenoldeb Efrawc a Hywel fab Emyr

Llydaw yn y ffurfiau ar *Beredur* sydd gennym heddiw, ac am leoli llys Arthur yng Nghaerllion.

Dadleuwyd yn hir ac yn frwd ar y pwnc pwy a allasai fod wedi darganfod y rhamantau Cymraeg a'u trosglwyddo i'r Cyfandir. Enwyd y Normaniaid, y Llydawiaid a ddaeth i Brydain ar ôl y Goresgyniad, beirdd neu gyfarwyddiaid Cymraeg amlieithog, ac yn arbennig Gymro o'r enw Bleddri, a ymddengys yn Ffrangeg fel Bleheri, Breri, Bliobliheri, etc. Yr esboniad mwyaf tebygol yw nad un dosbarth yn unig a oedd yn gyfrifol am boblogrwydd traddodiadau Cymreig mewn gwledydd estron, ond yr oedd gan bob un ohonynt gyfran yn y mudiad. Ceid cyfnodau pan nad oedd y Cymry a'r Normaniaid yn elynion, fel y dengys hanes De Cymru, ac yn ystod cyfnod o heddwch nid yw'n annhebyg y byddai'r gorchfygwyr yn cael difyrrwch wrth wrando ar chwedlau'r genedl orchfygedig. Gallai'r adroddwyr fod yn Gymry, neu Lydawiaid, amlieithog. Byddai diddordeb arbennig yn y chwedlau gan y Llydawiaid oherwydd iddynt ddeffro adleisiau o orffennol eu cenedl eu hunain, ac mae'n debyg fod sawl *conteur* o Lydaw wedi ychwanegu deunydd Cymreig at y chwedlau a adroddai. Nid yw'n bwysig iawn gwybod pwy oedd y Bleddri a enwir gan yr awduron Ffrangeg, a pha chwedlau yn hollol a adroddwyd ganddo. Y ffaith bwysig a brofir ganddo yw bod rhai dynion wedi meistroli'r ddwy iaith a'u bod yn gallu dysgu rhywbeth am eu cymdogion i'r ddwy genedl. Byddai'n ormod honni mai efe sy'n gyfrifol am ledaeniad y chwedlau Arthuraidd ar y Cyfandir, ond ni ddylid anghofio ei dystiolaeth ychwaith. Nid yw'n hanfodol i'r rhamantau fod wedi mynd trwy Lydaw ar eu ffordd i Troyes. Nid yw'n amhosibl iddynt gael eu dwyn yno, ond gan fod y *conteurs* yn siarad Ffrangeg mae'n hollol bosibl iddynt fynd â'r deunydd newydd yn syth i Ffrainc.

Mae tuedd heddiw i anghofio mai cyfnod o deithio mawr oedd yr Oesoedd Canol, er gwaethaf pob math o anawsterau. Ceir tystiolaeth i'r ffaith fod llenorion o Gymry yn mynd i Loegr yn y cwestiwn a ofyn Manawydan, 'Pan doy di, yr yscolheic?'[1] Mae'r ateb '. . . i ganu . . .' yn awgrymu bod yr ysgolhaig yn perthyn i raddau is y beirdd. Byddai bardd o'r math hwn yn fwy tebygol o

deithio'r wlad na'r pencerdd a'r bardd teulu a'i dirmygai. Mae'r
un agwedd gan Chrétien tuag at y *conteurs* a'r *jongleurs* crwydrad.[11]
Mae'n bosibl fod awdur y rhamantau Cymraeg yu fardd o'r
graddau is oherwydd fe ymddengys fod y cyfarwydd yn perthyn
i'r dosbarth barddol,[12] ond nid oedd yn aelod aruchel.

Fe geisiwyd dangos gan nifer o feirniaid fod *Peredur* yn cynnwys
tair rhan a unwyd yn drwsgl. Fe fynegir y ddamcaniaeth hon gan
y Dr. Mary Williams, RGP, 121; Thurneysen, mewn adolygiad
o RGP, yn ZCP, viii, (1912), 185-189; Mülhausen yn ZRP, xliv,
(1924), 465-543; Windisch yn KBKA, 192 a Mario Roques mewn
adolygiad arall o RGP yn *Romania*, xxxix, (1910), 383-385. Nid
yr un rhaniadau'n hollol sydd ganddynt hwy, ond o'u darllen
gellid deall bod *Peredur* yn waith gwael iawn heb fod cysylltiad
rhwng digwyddiadau'r canol—yn fras o ddiwedd y Dafnau
Gwaed hyd ddyfodiad y Forwyn Bengrych—a'r ddwy ran arall.
Mae'r gosodiad yn gywir yn unig os ystyriwn *Beredur* o safbwynt
Perceval ac nid yng ngolau traddodiad y saga y mae'n rhan ohono.
Mae cynllun a ffurf wreiddiol y chwedl i'w gweld o hyd er eu bod
wedi cael eu hanffurfio drwy ychwanegiadau diweddarach a ddaw
o ddylanwad Ffrengig. Mae'r anturiaeth o eiddo Gwalchmai tua
diwedd y rhamant yn enghraifft o hyn, ac nid oedd thema'r
Tir Diffaith na Phrawf y Cwestiwn yn rhan o'r ffurf wreiddiol
ychwaith. Ni ellir derbyn yr awgrym mai diwedd Peniarth 7 yw
diwedd y chwedl wreiddiol[13] oherwydd ni chyflawnwyd y dial
yno ac ni roddwyd yr un esboniad ar y digwyddiadau yng nghaer
yr ewythr.[14]

Gellid tybied bod cynllun gwreiddiol *Peredur* yn debyg i'r hyn
a ganlyn:

  (i) hanes geni'r arwr a'i ieuenctid yn diweddu drwy ddi-
      gwyddiad a bair iddo fynd allan i'r byd.
 (ii) ymwêl â llys y brenin lle mae'r elyniaeth a'r gwrth-
      wynebiad yn fath o gyflwyniad i elyniaeth a gwrth-
      wynebiad y byd.
(iii) anturiaethau lle profir a hyfforddir yr arwr gan alluoedd y
      Byd Arall a lle dangosir iddo mewn ffurf symbolaidd
      bwrpas ei ddyfodiad i'r byd, sef adennill sofraniaeth. Fe

symboleiddia ei briodas uniad â'r sofraniaeth, ond nid
yw'n deilwng eto i'w chadw.

(iv)   rhagor o anturiaethau a phrofion sydd yn arwain at
        lwyddiant terfynol ac adennill ei wraig, sef sofraniaeth y
        deyrnas.

Fe gollwyd rhywbeth pwysig yn y ffurf ar *Beredur* a geir ym
Mheniarth 4, sef y rheswm y cyll yr arwr ei wraig, a thrwy golli'r
rheswm hwnnw fe ymddengys digwyddiadau diwedd y rhamant
fel petaent heb gysylltiad hanfodol â'r gweddill. Nid oes sail fodd-
haol i'r syniad fod *Peredur* wedi ei chyfansoddi o dri darn, mae
colli'r ddolen hanfodol rhwng diwedd un gyfres o ddigwyddiadau
a dechrau cyfres arall wedi torri ar rediad y rhamant, ond un
cyfanwaith ydyw.

Gellid tybied bod y rhamantau wedi cael eu cyfansoddi ryw-
bryd yn ystod y ddeuddegfed ganrif. Ceir teithi orgraff ym
Mheniarth 4 sydd yn awgrymu bod copi ar gael tua diwedd
y cyfnod hwnnw, ac fe gyfansoddodd Chrétien de Troyes
Erec tua 1170. *Erec* yw'r rhamant gyntaf yn y gyfres *Erec* (1170),
Yvain (1177-1179 neu 1181), *Perceval* (1181), sy'n cyfateb i
Gereint ac Enid, Iarlles y Ffynnawn a *Pheredur*. Fe'u cyfieithiwyd
gan *conteur* a aeth â hwy i Frainc ac yno fe ddaethant i feddiant
Chrétien. Yn y cyfamser fe barheid i adrodd y chwedlau gwreidd-
iol yng Nghymru, ac yn ddiweddarach fe wnaethpwyd ymgais
i gyfuno'r ffurfiau brodorol a'r datblygiadau Ffrengig. Canlyniad
yr ymgais hon yw'r ffurf ar *Beredur* a geir ym Mheniarth 4.

PEREDUR A'R GREAL

Y mae cysylltiad pendant rhwng *Peredur* a chwedlau'r Greal, ond er mwyn egluro'r cysylltiad hwnnw rhaid dadansoddi'r rhamant yn gyntaf.

Hanes arwr a'r anturiaethau a ddaw i'w ran yn ystod ymchwil hir a chyffrous yw *Peredur*. Nod yr arwr yw adennill awdurdod a berthynai i'w deulu cyn marwolaeth ei dad. Y mae manylion wedi mynd ar goll yn y chwedl sydd gennym heddiw, e.e. y rheswm a oedd gan fam Peredur dros ffoi, a'r rheswm y cyll Peredur ei wraig, yr Ymerodres. Yn ôl pob tebyg fe ffoes y fam er mwyn osgoi gelynion fel y ffodd mam Finn, ac, fel Owein, fe gyll Peredur ei wraig am ei fod yn annheilwng ohoni.

Yn ystod ei ymchwil fe gynorthwyir Peredur gan alluoedd arallfydol sydd yn ei gyfarwyddo ac yn profi ei wroldeb, hyd nes iddo fod yn deilwng i gyflawni ei bwrpas. Fe'i cyfarwyddant mewn ffyrdd gwahanol—drwy ei gynghori a bod yn garedig wrtho, fel ei ewythredd, Morwyn y Babell, yr Ymerodres a'r wraig anhysbys a rydd fodrwy iddo; a thrwy ei yrru ymlaen â dirmyg fel y chwaerfaeth, y Forwyn Bengrych a'r wraig a gymer ben y carw oddi wrtho. Ceir ateb i'w hymddygiad yn ymweliadau Peredur â cheyrydd ei ewythredd, yn arbennig y gaer lle gwêl yr orymdaith ryfedd.

Dyma'r hen thema a ddisgrifia ymweliad arwr â thrigfan duw'r Byd Arall. Yno fe wêl swynbethau rhyfeddol a cheir yno fwyd a diod ac arfau lledrith. Hefyd fe all weld y forwyn sydd yn bersonoliad o'r deyrnas y mae'n ei cheisio, ac mae'r uniad rhyngddynt yn symboleiddio derbyn ei deyrnas gan yr arwr. Y mae'n debyg fod yr orymdaith a wêl Peredur yn symboleiddio'r dasg sydd o'i flaen. Fe all y pen gynrychioli marwolaeth ei dad a'r deyrnas heb frenin a gall y waywffon waedlyd gynrychioli rhyfel. Ffordd arferol o fynegi gofid oedd yr wylofain a glywir yn y gaer. Ar ôl ei ymweliad â'r gaer fe â Peredur drwy un anturiaeth ar ôl y llall hyd nes y'i harweinir yn ôl at ei ewythr a'i wroldeb a'i nerth wedi eu profi fel y gall gyfarfod â gelynion y deyrnas a'u gorchfygu.

Fel y dengys diwedd y chwedl, y mae Caer yr Enryfeddodau'n
gartref ei ewythr a'r Ymerodres hefyd, ac felly nid yw'r ddam-
caniaeth am ymweliad bod arallfydol a chanddo swynbethau
rhyfeddol yn annhebyg. Yng nghaer ei ewythr fe welodd Peredur
y pen, y ddysgl a'r wayffon. Wrth chwilio am yr Ymerodres, bod
arallfydol a oedd yn wreiddiol y dduwies a gynrychiolai'r deyrnas,
fe gaiff wyddbwyll ledrith. Y mae'r pen a'r wyddbwyll a'r ddysgl
yn elfennau traddodiadol enwog yn llenyddiaeth Gymraeg ac fe
ymddengys gwaywffon ryfeddol yn aml yn llenyddiaeth
Wyddelig. Yn y gaer hon fe gyferfydd Peredur â'i ewythr ac fe
ddylai fod wedi cyfarfod â'i wraig, oni bai fod dylanwad *Pereceval*
wedi amharu ar y diwedd.

Pan droswyd *Peredur* i'r Ffrangeg fe wnaethpwyd nifer o
gyfnewidiadau ac felly fe ddryswyd ystyr a phwysigrwydd
gwreiddiol y digwyddiadau. Yn ddiweddarach pan ddaethpwyd
yn ôl i Gymru â'r ffurf Ffrengig, fe newidiwyd y chwedl frodorol
i gyd-fynd â'r patrwm newydd ac fel canlyniad fe welir diffyg
ystyr a phwrpas yng nghynllun *Peredur* fel y mae heddiw. Mae'n
debyg fod y digwyddiadau yng nghaer Morwyn y Gaer yn ffurfio
un hanes yn unig, heb fod yn bwysig dros ben, gan fod *Peredur* yn
debyg i'r hen sagâu lle'r oedd llawer o gariadon gan yr arwr. Y
digwyddiad pwysig yw ei briodas â'r Ymerodres. Ffurf ar thema'r
Forwyn Warchaeëdig yw hanes y Gaer ac mae'n bosibl mai esgus
oedd er mwyn i'r awdur allu cyflwyno'r Dafnau Gwaed yn nes
ymlaen. Yn y rhamantau Ffrangeg mae hanes Blancheflor yn
bwysig iawn ac ni cheir sôn yno am yr Ymerodres. Mae'r broblem
ai diniwed oedd perthynas Perceval a Blancheflor ai peidio yn codi
o'r ffaith na cheid seremoni priodas yn yr hen chwedlau. Nid oedd
y *conteurs* yn deall hyn ac yr oedd yn rhaid iddynt hwy, a llawer
beirniad diweddarach, geisio esbonio perthynas a ymddangosai'n
anghyfreithlon.

Fe ofynnwyd y cwestiwn pam nad yw'r arwr yn holi ynghylch
cloffni'r ewythr a deallwyd bod thema'r Gaste Terre, sef y Wlad
Ddiffaith, yn rhan o'r chwedl Gymraeg. Yn ôl y thema hon fe
ddisgwylid i'r arwr ofyn cwestiwn arbennig a byddai'r weithred
honno'n achos iacháu clwyf yr ewythr ac adennill ei deyrnas. Fe

gamddeallwyd y gwreiddiol yma eto, canys ni cheir awgrym bod
yr ewythr yn glaf ac nid yw'n debyg mai ei deyrnas ef a gollwyd
yn wreiddiol. Mae'r thema am golli teyrnas drwy farwolaeth y tad
a'i hadennill gan yr arwr gyda chymorth bodau arallfydol yn fwy
tebyg o fod yn iawn. Mewn chwedlau o'r fath fe gynorthwyir yr
arwr yn aml gan of ac fe ddengys yr ewythredd, sydd yn ddwy
ffurf ar yr un cymeriad, nifer o nodweddion y gof. Mae'n bosibl
fod y gof hwn yn gloff fel yr oedd Vulcan a Hephaistos yn gloff.
Mae'r cwestiwn yn cyd-fynd yn fwy naturiol â'r thema am ddat-
blygiad graddol yr arwr o lanc i ŵr profedig. Yn ôl pob tebyg,
ystyr geiriau'r ewythr wrth gyferio at y cwestiwn oedd, "Os gweli
rywbeth ryfedd, nac ofyn yn ei gylch oni chynigir esboniad yn
gyntaf. Os cynigir, yna fe elli ofyn cwestiynau". Fe gynhwysai'r
orymdaith hanfod yr ymchwil ac ni ellid rhoddi esboniad mor
bwysig i lanc anaeddfed. Pan fyddai ei wroldeb a'i ddeallusrwydd
wedi eu datblygu'n llawn a'i fod yn ddigon profedig i gymryd ei
gyfrifoldeb, yna fe ellid rhoi'r esboniad iddo a byddai'n barod i
fynd allan i orchfygu'r gelyn.

Fe geryddir Peredur gan y Forwyn Bengrych am beidio â
gofyn y cwestiwn, fel y gwna La Demoisele Hideuse yn *Pereceval*,
ond nid yw ei disgrifiad o'r digwyddiadau yng nghaer yr ewythr
yn cyd-fynd â'r olygfa ym *Mheredur*, Nid yw gweithredoedd
Peredur yn yr ymchwil yr ymgymer â hi ar ôl ei cherydd yn
cyd-fynd â'r nod a gynigwyd ganddi.

Nid yw'n anodd canfod y ddolen sydd rhwng *Peredur* a thema'r
Greal ac mae gan y chwedl Gymraeg le pwysig yn y corff mawr
o ramantau a ddatblygodd o amgylch y Greal. Mae'n rhaid deall
y buasai llawer o chwedlau am ymweliad yr arwr â'r Byd Arall
yn bod a byddai defnydd y symbolau'n gwahaniaethu yn ôl dig-
wyddiadau'r chwedlau unigol. Felly, er bod y prif amlinelliad yn
dod yn ddiamau o'r ffurf ar *Beredur* a fabwysiadwyd gan Chrétien
de Troyes, ffurf gynharach nag sydd gennym ni, byddai'r traddod-
iadau eraill yn rhoi dewis i awduron y Cyfandir. Gellir cyfrif
am amrywiaeth y manylion a roir gan yr awduron hynny. Yr
oedd y ddysgl a'r gorfflwch yr un mor werthfawr fel swynbethau
arallfydol ac fe roddodd awdur *Peredur* y pen ar y ddysgl er mwyn

cyflawni ei bwrpas ei hun. Gwrthododd Chrétien y pen fel elfen farbaraidd, ond fe gadwodd y ddysgl. Fe roddodd arni'r enw 'graal', sef dysgl a ddefnyddid yn ei gyfnod ef gan lawer o deuluoedd Ffrainc. Fe ddeallodd awduron diweddarach mai enw ar un ddysgl arbennig ydoedd ac fe gyfyngwyd ei ystyr i'r cyswllt hwnnw.

Yr oedd trosglwyddo'r Greal i Gristnogaeth yn naturiol ac yn hawdd. Yr oedd arwyddocâd defodol gan y swynbethau gwreiddiol, yr oedd ganddynt werth symbolaidd ac fe'u ceid mewn trigfan bod arallfydol a fuasai'n dduw yn y chwedlau hynaf. Cam yn unig yw trosglwyddo golygfa o'r hen grefydd baganaidd lle ceir gorflwch, dysgl, duw, bwyd a diod lledrith, i olygfa'r Swper Olaf, lle ceir Duw Ei Hun, cwpan a dysgl sy'n cynnwys bwyd a diod o arwyddocâd defodol. Mae'r ffaith fod y cwpan a'r ddysgl yn ymddangos yn y chwedlau gwreiddiol yn esbonio paham, yn rhamantau'r Greal, y sonnir amdano weithiau fel cwpan, weithiau fel dysgl y Swper Olaf.

Hanes y Greal yw hanes trosglwyddo symbol defodol o un grefydd i'r llall, o'r hen grefydd baganaidd i Gristnogaeth. Nid yw'n Gristnogol yn wreiddiol fel y tybiai beirniaid fel J. D. Bruce, EAR, i, 219-268; E. Anitchkoff, *Romania*, lv, (1929), 147-194; M. Lot-Borodine, *Romania*, lvi, (1930), 526-557; *Romania*, lvii, (1931), 147-205; K. Burdach, *Der Graal*, (Stuttgart), 1938; B. Mergell, E. Faral, *RG*, 192; 59-62. Ni ddeillia o fyth tyfiant a ffrwythlondeb ychwaith fel yr honnai Jessie Weston yn *The Legend of Sir Perceval*, ii, (Llundain), 1909; *The Quest of the Holy Grail*, (Llundain), 1913; *From Ritual to Romance*, (Caergrawnt), 1920. Mae'n thema a gymerwyd o draddodiad llenyddol Celtaidd a thraddodiad Cymraeg yn arbennig, ac a ddatblygwyd gan awduron lawer ar y Cyfandir ac ym Mhrydain[15].

NODIADAU

1. *Mae PEREDUR yn dibynnu ar waith Chrétien* yn ôl Thur-
neysen, *ZCP*, viii, (1912), 189; Mülhausen, *ZRP*, xliv, (1924),
465-543; Bruce, *EAR*, i, 347; Chambers, *AB*, 155; Foerster,
Yvain, xxix yml; gw. hefyd Marx, *RG*, 26; Micha, *LG*, 119;
HLlG, 69; Vendryes, *EC*, v, (1950), 24. *Ni ddibynna ar waith
Chrétien* ym marn Dr. Mary Williams, *RGP*, 121; R. Zenker,
GRM, xi, (1923), 241-242; Windisch, *KBKA*, 192, 273, 280;
Kittredge, *GGK*, 262; R. M. Jones, *Llên Cymru*, iv, (1957),
225; gw. hefyd, Gaston Paris, *Hist. Litt.*, xxx, 13, 29; P.
Hagen, *Germania*, xxxvii, 134. *Cefnogir y syniad o ffynhonnell
gyffredin* gan Nutt, *Studies*, 146; Loomis, *ATC*, 34, 36, 37-38;
WAL, 28; *RC*, xlvii, (1930), 39; *PMLA*, xlviii, (1933), 1028;
Frappier, *LRB*, i, 40; *ALMA*, 163; Foster, *ALMA*, 204;
Gwelir gradd o ddylanwad Ffrengig ar y rhamantau gan yr
awdurdodau uchod a hefyd gan M. Roques, *Romania*, xxix,
(1910), 385; J. Loth, *Les Mab.*, i, 53 yml.; Marx, *EC*, ix, (1960),
92-93; Saunders Lewis, *BHLlG*. 44.
2. gw. Nodiadau Testunol; *geol*, WM, (172.16) *dial . . . attafi . . .*
WM, (142. 28-29), =vengier . . . a moi; *Ysbidinongyl*=wedi ei
seilio ar Espinogre; y *Cruc Galarus*=le Mont Dolerous;
Castell Syberw= le Château Orguelleus; *y drws y neuadd,
meibion y Brenhin y Diodeifeint*=cystrawen y genidol yn Hen
Ffrangeg.
3. e.e. Loomis, *ATC*, 335 yml., 467; Frappier, *LRB*, i, 44;
Romania, lxxiii, (1952), 252; Marx, *EC*, ix, (1960), 105; Brown,
OGL, 173; Dillon, *LR*, ix, (1955), 144 yml.
4. *Rhiannon*, 3.
5. gw. *BHLlG*, 39.
6. WM, (101. 21-22), 'troi o uywn y llys' a wna Blodeuwedd,
'troi yn y gaer', WM, (145. 11), a wna Peredur.
7. gw. *YTR*, xiv; *HW*, ii, 396, n. 131, 444-445; Stenton, *English
Feudalism*, (Rhydychen), 1932, 24, 25, 28n; *ALMA*, 205, lle
awgrymir De-Ddwyrain Cymru.
8. *HW*, i, 280; *THSC*, (1899-1900), 143. gw. hefyd, *YTR*, xiii.

9. *HW*, ii, 439-442; J. Loth, *Les Mab.*, i, 59; F. Lot, *Romania*, xxviii, (1899), 13-14.

10. gw. *PKM*, 61.

11. *Erec et Enide*, gol. M. Roques, (Paris), 1955.
           'd' Erec, le fil Lac, est li contes,
           que devant rois et devant contes
           depecier et corronpre suelent
           cil qui de conter vivre vuelent (19-22).

12. W. J. Gruffydd, *THSC*, (1912-1913), 48-49.

13. *RGP*, 18.

14. Roques, *Romania*, xxxix, (1910), 383-384; Marx, *EC*, ix, (1960), 98-99.

15. Ceir saf bwyntiau eraill ar destun y Greal gan: Loomis, *ALMA*, 274-294; Nutt, *The Legends of the Holy Grail*, (Llundain), 1902; Rose J. Peebles, *The Legend of Longinus*, (Baltimore), 1911; Frappier, *LRB*, 93 yml; A. C. L. Brown, *PMLA*, xxv, (1910), 11; *The Origin of the Grail Legend*, (Camb. Mass.), 1943; W. A. Nitze, *Perceval and the Holy Grail*, (Berkley a Los Angeles), 1949; A. Pauphilet, *Romania*, lxvi, (1940-41), 289 yml; *Le Legs du Moyen Age*, (Melun), 1950, 173-178; M. Dillon, *LR*, ix, (1955), 143-159; U. T. Holmes Jr. *A New Interpretation of Chrétien's "Conte del Graal"*, University of North Carolina Studies in Romance Lang. and Lit., viii, 1948; J. Marx, *La Légende Arthurienne et le Graal*, (Paris), 1952; *Moyen Age*, (1957), 472-473; *RG*, 251.

HISTORIA PEREDUR VAB EFRAWC

[117] Efrawc iarll bioed iarllaeth yn y Gogled,
a seith meib oed idaw. Ac nyt o'e gyfoeth yn ben-
haf yd ymborthei Efrawc, namyn o twrneimeint
ac ymladeu a ryueloed. Ac ual y may mynych y'r
neb a ymganlyno a ryuel ef a las, ac ef a'y chwe-
meib. A'r seithuet mab idaw, Peredur y gelwit. A
ieuhaf oed hwnnw o'y seithmeib. Nyd oed oet
ydaw uynet y ryuel nac ymlad. Pei oet, ef a ledit
ual y llas y tat a'y urodyr.

Gwreic kymen, ystrywys oed yn uam idaw.   10
Medylyaw a wnaeth am y mab a'y gyuoeth. Sef
a gauas yn y chyghor, fo a'r mab y ynialwch a
diffeithwch ac ymadaw a'r kyuanned. Neb ny
duc yn y chetymdeithas namyn gwraged a meibon
a dynyon didraha diwala, ny ellynt ac ny wedei
udunt nac ymladeu na ryueloed. Ny lywassei neb
yn y clywei y mab kymwyll na meirch nac arueu,
rac dodi y uryt ohonaw arnadunt. Ac y'r forest hir
beunyd yd ai y mab y chware ac y daflu gaflacheu
kelyn.   20

A diwarnawd ef a welei kadw geifyr oed y uam
a dwy ewic yn agos y'r geifyr. Seuyll a ryuedu a
wnaeth y mab, gweled y dwy hynny heb gyrn a
chyrn y bob un o rei ereill, a thybygu eu bot yn
hir ar goll ac am hynny rygolli eu kyrn onadunt.
Ac y ty a oed ymhen y forest y'r geifyr [118] o
uilwryaeth a ffedestric, ef a gymhellawd yr
ewiged y gyt a'r geiuyr y mywn. Ef a doeth

dracheuyn adref.

'Uy mam,' heb ef, 'peth ryued a weleis i yghot;
dwy o'th eifyr gwedy ryuynet gwylltineb yndunt
a rygolli eu kyrn rac hyt y buant ygwyllt dan y
coet. Ac ny chafas dyn o gystec mwy noc a gefeis
i yn eu gyrru y mywn.'

Ar hynny kyfodi a wnaeth pawb a dyuot y ed-
rych. A phan welsant yr ewiged ryfedu yn vawr
a orugant bot o wilwraeth na fedestric gan neb
10   megys y gallei y gordiwes. A diwarnawt wynt a
welynt tri marchawc yn dyfot ar hyt marchawc-
ford gan ystlys y forest. Sef oedynt, Gwalchmei
uab Gwyar a Gweir uab Gwestyl ac Owein uab
Uryen, ac Owein yn kadw yr ol, yn ymlit y
marchawc a ranassei yr aualeu yn llys Arthur.

'Y mam,' heb ef, 'beth yw y rei racco?'

'Egylyon, uy mab,' heb hi.

'Yd af i yn agel y gyt ac wynt,' heb y Peredur.
Ac y'r ford yn erbyn y marchogyon y deuth.

20   'Dywet, eneit,' heb yr Owein, 'a weleisti
varchauc yn mynet yma heibaw ay hediw ay doe?'

'Na wn,' heb ynteu, 'peth yw marchawc.'

'Y ryw beth wyf inheu,' heb yr Owein.

'Bei dywettut ti imi yr hyn a ofynhwn ytti,
[119] minheu a dywedwn itti yr hyn a ofynny
titheu.'

'Dywedaf yn llawen,' [heb yr Owein].

'Beth yw [hwn]?' heb ef y'r kyfrwy.

'Kyfrwy,' heb yr Owein.

30   Gofyn a wnaeth Peredur beth oed pob peth, a

pheth a uynnit ac a ellit ac wynt. Owein a venegis
idaw ynteu yn llwyr beth oed pob peth ac a ellit
ohonaw.

'Dos ragot,' heb y Peredur, 'mi a weleis y
kyfryw a ofynny ti, a minheu a af y'th ol ti yn
varchawc yr awrhon.'

Yna yd ymchoelawd Peredur yn yd oed y vam
a'r nifer.

'Mam,' heb ef, 'nyt egylyon y rei racco, namyn
marchogyon.'   10

Yna y dygwydwys hi yn y marwlewic. Ac yd
aeth ynteu Peredur racdaw yn yd oed y keffyleu
a gywedei gynnut udunt, ac a dygei bwyt a llyn
o'r kyfanhed y'r ynyalwch. A cheffyl brychwelw
yscyrnic kryfaf a tebygei a gymerth. A fynorec a
wascwys yn gyfrwy arnaw. [Ac o wydyn y
daroed idaw danwaret y kyweirdebeu a welsei o
bob peth.] A thrachefyn y doeth yn yd oed y vam.
Ar hynny llyma hitheu yr iarlles yn datlewygu.

'Ie,' heb hi, 'ae kychwyn a uynny ti?'   20
'Ie,' heb ef.

'Aro y genhyf i gyghoreu kyn dy gychwyn.'

'Dywet,' heb ef, 'ar vrys. Mi a'e haroaf.'

'Dos ragot,' heb hi, 'y lys Arthur, yn y mae
goreu y gwyr a haelaf a dewraf. Yn y gwelych
eglwys, can dy pater wrthi. O gwely vwyt a
diawt, o byd reit it wrthaw ac na bo o wybot a
dayoni y rodi it, kymer tu hun ef. O chlywy [120]
diaspat dos wrthi, a diaspat gwreic anat diaspat o'r
byt. O gwely tlws tec, kymer ti euo a dyro   30

titheu y arall, ac o hynny clot a geffy. O gwely
gwreic tec, gordercha hi kyn ny'th vynho. Gwell
gwr a ffenedigach y'th wna no chynt.'

A chychwynu racdaw ymdeith a dyrneit gaf-
lacheu blaenllym yn y law. A dwy nos a deudyd
y bu yn kerdet ynyalwch a diffeithwch, heb uwyt
heb diawt. Ac yna y doeth y goet mawr, ynyal,
ac ymhell yn y coet ef a welei llanerch o vaes, ac yn
y llanerch y gwelei pebyll, ac yn rith eglwys ef a
10 gant y pater wrth y pebyll. A pharth a'r pebyll y
daw. A drws y pebyll a oed yn agoret a chadeir
eur yn agos y'r drws, a morwyn wineu telediw
yn eisted yn y gadeir a ractal eureit am y thal,
a mein damllywychedic yn y ractal, a modrwy
eur vras ar y llaw.

A disgynnu a oruc Peredur a dyuot y mywn.
Llawen uu y vorwyn wrthaw, a chyfarch gwell
idaw a wnaeth. Ac ar tal y pebyll y gwelei bwrd
a dwy gostrel yn llawn o win, a dwy torth o vara
20 can, a golwython o gic melvoch.

'Vy mam,' heb Peredur, 'a erchis imi yn y
gwelwn bwyt a diawt, y gymryt.'

'Dos titheu, vnben,' heb hi, 'y'r bwrd, a
graessaw Duw wrthyt.'

Y'r bwrd yd aeth Peredur, a'r neill [121]
hanner y'r bwyt a'r llyn a gymerth Peredur idaw
e hun, a'r llall a adawd yghyfeir y vorwyn. A
gwedy daruot ydaw uwyta, kyuodi a oruc a
dyfot yn yd oed y vorwyn.

30 'Vy mam,' heb ef, 'a erchis imi kymryt tlws

tec y lle y gwelwn.'

'Kymer titheu, eneit,' heb hi. 'Nyt miui a'e gwarafun itti.'

Y vodrwy a gymerth Peredur, ac estwg ar pen y lin a rodi cussan y'r vorwyn, a chymryt y varch a chychwynu y ymdeith.

Yn ol hynny, llyma y marchawc biewoed y pebyll yn dyuot, sef oed hwnnw, Syberw Llanerch. Ac ol y march a welei.

'Dywet,' heb ef wrth y vorwyn, 'pwy a ryfu   10
yma gwedy mifi?'

'Dyn enryfed y ansawd, arglwyd,' heb hi. A menegi a oruc ansawd Peredur a'e gerdet.

'Dywet,' heb ef, 'a ryfu ef genhyt ti?'

'Na ryfu, myn vyg cret,' heb hi.

'Myn vyg cret, ny'th gredaf, ac yny ymgaffwyf inheu ac efo y dial vy llit a'm kewilyd, ny chehy titheu uot dwy nos yn vn lle a'e gilyd.'

A chyuodi a oruc ymlaen y marchawc y ym-
geissaw a Pheredur.   20

Ynteu Peredur a gerdawd racdaw parth a llys Arthur. A chyn y dyfot ef y lys Arthur, ef a doeth marchawc arall y'r llys ac a rodes modrwy eur vras y dyn yn y porth yr dala y varch. Ac ynteu a doeth racdaw y'r neuad yn yd oed Arthur a'e teulu a Gwenhwyfar a'e rianed, a gwas ystauell yn gwas-
sanaethu o orflwch [122] ar Wenhwyfar. A'r marchawc a gymerth y gorflwch o law Wenhwy-
far ac a dineuis y llyn oed yndaw am y hwyneb a'e bronfoll, a rodi bonclust mawr y Wenhwyfar.   30

'Ossit,' heb ef, 'a uynho amwyn y gorflwch
hwn a mi, a dial y sarhaet hon y Wenhwyfar,
doet y'm ol y'r weirglawd, a mi a'e haroaf yno.'
A'e varch a gymerth y marchawc a'r weirglawd
a gyrchwys.

Sef a oruc pawb yna, estwg y wyneb rac
adolwyn idaw uynet y dial sarhaet Wenhwyfar,
ac yn tebic ganthunt na wnaei neb kyfryw
gyflauan a honno, namyn o vot arnaw milwr-
10   yaeth ac angerd neu hut a lletrith, mal na allei
neb ymdiala ac ef.

Ar hynny, llyma Peredur yn dyfot y'r
neuad y mywn ar geffyl brychwelw yscyrnic a
chyweirdeb muscrelleid aghyweir adanaw. A Chei
oed yn sefyll ym perued llawr y neuad.

'Dywet,' heb y Peredur, 'y gwr hir racco, mae
Arthur?'

'Beth a uynny ti,' heb y Kei, 'ac Arthur?'

'Vy mam a erchis im dyuot y'm vrdaw yn
20   varchawc urdawl at Arthur.'

'Myn vyg cret,' heb y Kei, 'ry aghyweir y
doethost o varch ac arueu.'

Ac ar hynny y arganuot o'r teulu a dechreu y
dyfalu a bwrw llyscon idaw, ac yn da ganthunt
dyuot y kyfryw hwnnw y vynet y chwedyl arall
dros gof. Ac ar hynny [123] llyma y corr yn
dyuot y mywn, ar doethoed oed blwydyn kyn
no hynny y lys Arthur, ef a'e corres, y erchi
trwydet y Arthur. A hynny a gawssant gan
30   Arthur. Namyn hynny, yg gouot y vlwydyn ny

dywedassant vn geir wrth neb. Pan arganfu y corr
Peredur,

'Haha,' heb ef, 'graessaw Duw wrthyt, Peredur
dec vab Efrawc, arbenhic milwyr a blodeu
marchogyon.'

'Dioer, was,' heb y Kei, 'llyna uedru yn drwc
bot ulwydyn yn uut yn llys Arthur yn kael dewis
dy ymdidanwr a dewis dy gyfed, a galw y kyfryw
dyn a hwn yg gwyd yr amherawdyr a'e teulu yn
arbennic milwyr a blodeu marchogyon.'   10

A rodi bonclust idaw hyny uu yn ol y pen y'r
llawr yn y varwlewyc. Ar hynny, llyma y gorres
yn dyuot.

'Haha,' heb hi, 'graessaw Duw wrthyt, Peredur
tec vab Efrawc, blodeu y milwyr a chanhwyll y
marchogyon.'

'Ie, vorwyn,' heb y Kei, 'llyna vedru yn drwc
bot vlwydyn yn uut yn llys Arthur heb dywedut
un geir wrth neb, a galw y kyfryw dyn a hwn
hediw yg gwyd Arthur a'e vilwyr yn vlodeu mil-   20
wyr ac yn ganhwyll marchogyon.'

A gwan gwth troet yndi hyny uu yn y marw-
lewic.

'Y gwr hir,' heb y Peredur yna, 'manac imi,
mae Arthur?'

[124] 'Taw a'th son,' heb y Kei. 'Dos yn ol y
marchawc a aeth odyma y'r weirglawd, a dwc y
gorflwch y ganthaw, a bwrw ef, a chymer y varch
a'e aruei. A gwedy hynny ti a gehy dy vrdaw yn
varchawc urdawl.'   30

'Y gwr hir,' heb ef, 'minheu a wnaf hynny.'

Ac ymchoelut pen y varch ac allan ac y'r
weirglawd. A phan daw yd oed y marchawc yn
marchogaeth y varch yn y weirglawd yn vawr y
ryfyc o'e allu a'e dewred.

'Dywet,' heb y marchawc, 'a weleisti neb o'r
llys yn dyuot y'm hol i?'

'Y gwr hir oed yno,' heb ef, 'a erchis imi dy
vwrw ti, a chymryt y gorflwch a'r march a'r
10 arueu y my hun.'

'Taw,' heb y marchawc. 'Dos tra'th gefyn y'r
llys ac arch y genhyf i y Arthur dyuot, ae ef ae
arall, y ymwan ymi. Ac ony daw yn gyflym nys
aroaf i euo.'

'Myn vyg cret,' heb y Peredur, 'dewis ti. Ae
o'th vod ae o'th anuod miui a uynhaf y march a'r
arueu a'r gorflwch.'

Ac yna y gyrchu o'r marchawc ef yn llityawc,
ac ag arllost y wayw rwg yscwyd a mynwgyl
20 drychaf law arnaw dyrnawt mawr dolurus.

'A was,' heb y Peredur, 'ny wharyei weisson
vy mam a mifi velly. Minheu a chwaryaf a thydi
val hyn.' A'e dyfwrw a gaflach blaenllym a'e
vedru yn y lygat, hyt pan aeth y'r gwegil allan, ac
ynteu yn allmarw y'r llawr.

[125] 'Dioer,' heb yr Owein vab Vryen wrth
Kei, 'drwc y medreist am dyn fol a yrreist yn [ol]
y marchawc. Ac vn o deu ar deryw, ae uwrw
ae lad. Os y uwrw ryderyw, eiryf gwr mwyn a
30 uyd arnaw gan y marchawc ac aglot tragywydawl

y Arthur a'e vilwyr. Os y lad a deryw, yr aglot
val kynt a gertha, a'e bechawt arnat titheu yn ach-
wanec. Ac ny chattwyf i vy wyneb onyt af i y
wybot py gyfranc a deryw idaw.'

Ac yna y doeth Owein racdaw parth a'r weir-
glawd, a phan daw yd oed Peredur yn lluscaw y
gwr yn y ol ar hyt y weirglawd.

'A unben,' heb yr Owein, 'aro. Mi a diosglaf
yr arueu.'

'Ny daw byth,' heb y Peredur, 'y peis hayarn   10
hon y amdanaw. Ohonaw e hun yd henyw.'

Yna y dioscles Owein yr arueu a'r dillat.

'Llyma itti, eneit,' heb ef, 'weithon march ac
arueu gwell no'r rei ereill. A chymer yn llawen
wynt a dyret gyt a mi ar Arthur, a'th vrdaw yn
varchawc urdawl a gehy.'

'Ny chatwyf vy wyneb,' heb y Peredur, 'ot af.
Namyn dwc y gorflwch y genhyf i y Wenhwyfar,
a dywet y Arthur py le bynhac y bwyf, gwr idaw
vydaf. Ac o gallaf les a gwassanaeth idaw, mi a'e   20
gwnaf. A dywet idaw nat af y lys vyth hyny ym-
gaffwyf a'r gwr hir yssyd yno y dial sarhaet y corr
a'r gorres.'

Yna y doeth Owein racdaw y'r llys ac y men-
egys y gyfranc y Arthur a Gwenhwyfar ac y bawb
o'r teulu, a'r bygwth ar Kei. Ac ynteu Peredur a
gerdwys racdaw y ymdeith. Ac val y byd yn
kerdet llyma varchawc yn kyfaruot ac ef.

'Py le pan [126] deuy ti?' heb y marchawc.

'Pan deuaf o lys Arthur,' heb ef.   30

'Ae gwr y Arthur wyti?'

'Ie, myn vyg cret,' heb ef.

'Iawn lle yd ymardelw o Arthur.'

'Paham?' heb y Peredur.

'Mi a'e dywedaf it,' heb ef. 'Herwr a dieberwr
ar Arthur uum i eiroet, ac a gyhyrdwys a mi o
wr idaw, mi a'e lledeis.'

Ny bu hwy no hynny, ymwan a orugant ac ny
bu bell y buant, Peredur a'e byrywys hyny uu
10 dros pedrein y varch y'r llawr. Nawd a erchis y
marchawc.

'Nawd a gehy,' heb y Peredur, 'gan dy lw ar
vynet y lys Arthur a menegi y Arthur mae mi
a'th vyryawd yr enryded a gwassanaeth idaw. A
manac idaw na sagaf y lys vyth hyny ymgaffwyf a'r
gwr hir yssyd yno y dial sarhaet y corr a'r gorres.'

A'r marchawc, gan y gret ar hynny, a gych-
wynnwys racdaw lys Arthur ac a uenegis y
gyfranc yn llwyr a'r bygwth ar Gei. Ac ynteu
20 Peredur a gerdawd racdaw y ymdeith. Ac yn yr
vn wythnos ef a gyfaruu ac ef vn marchawc ar
bumthec, ac a uyrywys pob un, ac a doethant
racdunt lys Arthur a'r vn parabyl ganthunt ac y
gan y kyntaf a uyrywys, a'r vn bygwth ar Gei.
A cheryd a gafas Kei gan Arthur a'r teulu, a
goualus uu ynteu am hynny.

Ynteu Peredur a gychwynwys ymdeith [127]
ac yn y diwed ef a doeth y goet mawr ynyal, ac
yn ystlys y coet yd oed llyn, a'r tu arall y'r llyn yd
30 oed llys vawr a chaer telediw yn y chylch. Ac ar

lan y llyn yd oed gwr gwynllwyt yn eisted ar
obennyd o bali a gwisc o bali ymdanaw, a gweis-
son yn pyscotta y mywn kafyn ar y llyn. Mal y
gwyl y gwr gwynllwyt Peredur yn dyuot, ef a
gyuodes ac a gyrchwys y llys, a chlof oed y gwr.

Ynteu Peredur a doeth racdaw y'r llys a'r porth
oed yn agoret ac y'r neuad y doeth. A phan daw yd
oed y gwr gwynllwyt yn eisted ar obennyd o bali a
ffyryftan mawr yn dechreu llosci. A chyuodi a
oruc teulu a niuer yn erbyn Peredur, a'e discynnu   10
a'e diarchenu a wnaethant. A tharaw y law a
wnaeth y gwr ar tal y gobennyd ac erchi y'r mac-
cwy dyuot y eisted ar y gobennyd. A chyteisted
ac ymdidan a orugant, a phan uu amser, gossot
byrdeu a mynet y uwyta. Ar neill law y gwr y
dodet ef y eisted ac y uwyta.

Guedy daruot bwyta, gouyn a wnaeth y gwr
y Peredur a wydat lad a.chledyf yn da.

'Na wn,' heb y Peredur, 'pei kahwn dysc nas
gwypwn.'   20

'A wypei,' heb ynteu, 'chware a ffon ac a
tharyan, llad a chledyf a wybydei.'

Deu vab oed y'r gwr gwynllwyt, gwas [128]
melyn a gwas gwineu.

'Kyuodwch, weisson,' heb ef, 'y chware a'r
fynn ac a'r taryaneu.'

Y gweisson a aethant y chware.

'Dywet, eneit,' heb y gwr, 'pwy o'r gweisson a
chware yn oreu?'

'Vyn tebic i yw,' heb y Peredur, 'y gallei y   30

gwas melyn er meitin gwneuthur gwaet ar y
gwas gwineu, pei as mynnei.'

'Kymer ti, eneit, y ffon a'r taryan o law y gwas
gwineu a gwna waet ar y gwas melyn os gelly.'

Peredur a gyuodes y vynyd ac a gymerth y
ffon a'r taryan a drychafal llaw ar y gwas melyn
a oruc, hyny uu yr ael ar y llygat a'r gwaet yn
redec yn frydyeu.

'Ie, eneit,' heb y gwr, 'dos y eisted weithon, a
10 goreu dyn a lad a chledyf yn yr ynys hon vydy.
A'th ewythyr titheu, vrawt dy vam, wyf i, a chyt
a mi y bydy y wers hon yn dyscu moes a mynut.
Ymadaw weithon a ieith dy vam, a mi a uydaf
athro it ac a'th urdaf yn varchawc urdawl. O hyn
allan, llyna a wnelych; kyt gwelych a vo ryued
genhyt, nac amofyn ymdanaw ony byd o wybot
y venegi it. Nyt arnat ti y byd y keryd namyn
arnaf i, kanys mi yssyd athro it.'

Ac amryfal enryded a gwassanaeth a gymersant
20 a phan uu amser, y gyscu yd aethant.

Pan doeth y dyd gyntaf, kyfodi a oruc Peredur
a chymryt [129] y varch, a chan ganhat y ewythyr
kychwyn ymdeith. Ac ef a doeth y goet mawr, ac
yn diben y coet ef a doeth y dol wastat, a'r tu arall
y'r dol y gwelei gaer vawr a llys telediw. A'r llys
a gyrchwys Peredur a'r porth a gauas yn agoret
a'r neuad a gyrchwys. A phan daw, yd oed gwr
gwynllwyt telediw yn eisted ar ystlys y neuad a
maccwyeit yn amyl yn y gylch. A chyuodi a oruc
30 pawb yn erbyn y maccwy a bot yn da eu gwybot

ac eu gwassanaeth yn y erbyn. Ar neill law y
gwrda biewed y llys y dodet ef y eisted ac ymdidan
a orugant. A phan doeth amser mynet y uwyt, ar
neill law y gwrda y dodet ef y eisted ac y uwyta.

Gwedy daruot bwyta ac yuet tra uu hygar
ganthunt, gofyn a oruc idaw y gwrda a wydyat
llad a chledyf.

'Pei kawn dysc,' heb y Peredur, 'tebic oed
genhyf y gwybydwn.'

Ystyffwl hayarn mawr oed yn llawr y neuad,   10
amgyffret milwr ymdanaw.

'Kymer,' heb y gwr wrth Peredur, 'y cledyf
racco, a tharaw yr ystyffwl hayarn.'

Peredur a gyfodes y uynyd a'r ystyffwl a trewis
hyny uu yn deudryll a'r cledyf yn deudryll.

'Dyro y drylleu y gyt a chyfanha wynt.'

Y drylleu a dodes Peredur y gyt, a chyfannu a
orugant mal kynt. A'r eil weith y trewis hyny
torres yr ystyffwl yn deudryll a'r cledyf yn deu-
dryll, ac mal kynt, kyfannu a orugant. A'r tryded   20
weith y trewis hyny torres yr ystyffwl [130] yn
deudryll a'r cledyf yn deudryll.

'Dyro y gyt etwa, a chyfanha.'

Peredur a'y rodes y tryded weith y gyt, ac ny
chyfannei na'r ystyffwl na'r cledyf.

'Ie, was,' heb ef, 'dos y eisted, a bendith Duw
genhyt. Yn y teyrnas goreu dyn a lad a chledyf wyt.
Deuparth dy dewred ar gefeist, a'r trayan yssyd
heb gahel, a gwedy keffych gwbyl ny bydy wrth
neb. Ac ewythyr itti, brawt dy vam, wyf inheu,   30

brawt y'r gwr y buost neithwyr yn y lys.'

Ar neill law y ewythyr yd eistedawd Peredur,
ac ymdidan a orugant. Ar hynny, ef a welei deu
was yn dyuot y'r neuad ac o'r neuad yn mynet
y ystauell, a gwayw ganthunt anuedrawl y veint,
a their ffrwt ar y hyt yn redec o'r mwn hyt y
llawr. A phan welas pawb y gweisson yn dyuot
yn y wed honno, llefein a drycyruerth a gymerth
pawb yndunt, hyt nat oed hawd y neb y diodef.

10 Ny thorres y gwr ar y ymdidan a Pheredur yr
hynny. Ny dywawt y gwr y Peredur beth oed
hynny, nys gofynnwys ynteu idaw.

Gwedy tewi yspeit vechan, ar hynny, llyma
dwy vorwyn yn dyuot y mywn a dyscyl vawr y
rygthunt, a phen gwr ar y dyscyl, a gwaet yn
amhyl yg kylch y pen. Ac yna diaspedein a llefein
a oruc pawb, hyny oed anhawd y neb bot yn vn
ty ac wynt. Yn y diwed peidaw a hynny a orugant,
ac eisted tra uu amkan ganthunt ac yfet. Yn ol

20 hynny ystauell a gyweirwyt y Peredur ac y
gyscu yd aethant.

Tranoeth y bore Peredur a gyfodes [131] y
vynyd, a chan ganhat y ewythyr kychwyn racdaw
y ymdeith. Odyna ef a doeth y goet, ac ympell yn
y coet ef a glywei diaspat. Parth a'r lle yd oed
y diaspat y doeth, a phan daw, ef a welei gwreic
wineu telediw a march a'e gyfrwy arnaw yn
seuyll ach y llaw, a chelein gwr y rwg dwylaw y
wreic. Ac mal y keisei rodi y gelein yn y kyfrwy, y

30 dygwydei y gelein y'r llawr, ac yna y dodei hitheu

diaspat.

'Dywet, vy chwaer,' heb ef, 'py diaspedein
yssyd arnat ti?'

'Oia Peredur yscymmun,' heb hi, 'bychan
gwaret vy gofit eiroet a gefeis i genhyt ti.'

'Pyham,' heb ef, 'y bydwn yscymmun i?'

'Am dy vot yn achaws y lad dy vam, kanys pan
gychwynneist ti o'e hanuod y ymdeith, y llamwys
gwayw yndi hitheu, ac o hynny y bu varw. Ac am
dy uot yn achaws o'e hagheu yd wyt yn yscymun.   10
A'r corr a'r corres a weleist ti yn llys Arthur, corr
dy tat ti a'th vam oed hwnnw, a chwaeruaeth itti
wyf inheu, a'm gwr priawt yw hwn a ladawd y
marchawc yssyd yn y coet. Ac na dos ditheu yn y
kyfyl, rac dy lad.'

'Kam, vy chwaer,' heb ef, 'yd wyt y'm kerydu.
Ac am vy mot y gyt a chwi yn gyhyt ac y bum,
abreid vyd im y oruot, a phei bydwn a uei hwy,
nys goruydwn byth. A thitheu, taw bellach a'th
drycyruerth, kanys nes gwaret it no chynt. A mi   20
a gladaf y gwr ac a af gyt a thi yn y mae y march-
awc, ac o gallaf ymdiala, mi a'e gwnaf.'

Gwedy cladu y gwr, wynt [132] a doethant yn
yd oed y marchawc yn y llannerch yn marcho-
gaeth y varch. Ar hynt gofyn a wnaeth y march-
awc y Peredur py le pan deuei.

'Pan deuaf o lys Arthur.'

'Ae gwr y Arthur wyt ti?'

'Ie, myn vyg cret.'

'Iawn lle yd ymgystlyny o Arthur.'   30

Ny bu hwy no hynny, ymgyrchu a orugant ac
yn y lle Peredur a uyrywys y marchawc. Nawd
a erchis y marchawc.

'Nawd a gehy gan gymryt y wreic hon yn
briawt, ac a wnelych o da y wreic, y wneuthur
idi am lad ohonot y gwr yn wiryon; a mynet
ragot y lys Arthur a menegi idaw mae miui a'th
vyrywys yr enryded a gwassanaeth y Arthur, a
menegi idaw nat af y lys hyny ymgaffwyf a'r gwr
10 hir yssyd yno, y dial sarhaet y corr a'r vorwyn.'

A chedernyt ar hynny a gymerth Peredur y
ganthaw, a chyweiraw y wreic ar varch yn
gyweir y gyt ac ef. A dyfot racdaw y lys Arthur
a menegi y Arthur y gyfranc a'r bygwth ar Gei.
A cheryd a gauas Kei gan Arthur a'r teulu, am
rywylltaw gwas kystal a Peredur o lys Arthur.

'Ny daw y maccwy hwnnw vyth y'r llys,' heb
yr Owein. 'Nyt a ynteu Gei o'r llys allan.'

'Myn vyg cret,' heb yr Arthur, 'mi a geissaf
20 ynyalwch Ynys Prydein ymdanaw yny kaffwyf,
ac yna gwnaet pob vn onadunt a allo waethaf y
gilyd.'

Ynteu Peredur a gerdwys [133] racdaw ym-
deith ac a doeth y goet mawr ynyal. Amsathyr
dynyon nac alafoed nys gwelei yn y coet namyn
gwydwaled a llysseu. A phan daw y diben y coet,
ef a welei kaer vawr eidoawc a thyreu kadarn
amyl arnei, ac yn agos y'r porth hwy oed y llysseu
noc yn lle arall. Ar hynny, llyma was melyngoch
30 achul ar y bwlch vch y pen.

'Dewis, vnben,' heb ef, 'ae mi a agorwyf y porth
itti, ae menegi y'r neb penhaf dy vot titheu yn y
porth.'

'Manac vy mot yma, ac o mynnir vyn dyuot y
mywn, mi a doaf.'

Y maccwy a doeth yn gyflym trachefyn ac a
agores y porth y Peredur ac a doeth yn y vlaen y'r
neuad. A phan daw y'r neuad ef a welei deunaw
weis o weisson culyon cochyon, vn twf, ac vn pryt,
ac vn oet, ac vn wisc a'r gwas a agores y porth 10
idaw. A da uu eu gwybot ac eu gwassanaeth. Y
disgynnu a orugant a'e diarchenu, ac eisted ac
ymdidan.

Ar hynny llyma pump morwyn yn dyfot o ystaf-
ell y'r neuad, a'r vorwyn penhaf onadunt, diheu
oed ganthaw na welsei dremynt kymryt eiroet a hi
ar arall. Henwisc o bali twll ymdanei a uuassei da.
Yn y gwelit y cnawt trwyddaw, gwynach oed no
blawt y crissant gwynhaf; y gwallt hitheu a'e
dwyael, duach oedynt no'r muchyd; deu vann 20
gochyon vychein yn y gru[134]dyeu, cochach
oedynt no'r dim cochaf. Kyfarch gwell y Peredur
a oruc y vorwyn a mynet dwylaw mynwgyl idaw,
ac eisted ar y neill law. Nyt oed bell yn ol hynny,
ef a welei dwy vanaches yn dyuot y mywn, a
chostrel yn llawn o win gan y neill, a chwe thorth
o vara cann gan y llall.

'Arglwydes,' heb wy, 'Duw a wyr na bu y'r
gwfent hwnt heno namyn y gymeint arall o uwyt
a llyn.' 30

Odyna yd aethant y uwytta, a Pheredur a
adnabu ar y vorwyn mynnu rodi idaw ef o'r bwyt
a'r llyn mwy noc y arall.

'Tydi, vy chwaer,' heb ef, 'miui a ranaf y bwyt
a'r llyn.'

'Nac ef, eneit,' heb hi.

'Mefyl ar vy maryf,' heb ef, 'onyt ef.'

Peredur a gymerth attaw y bara ac a rodes y
bawb kystal a'e gilid, ac y velly heuyt o'r llyn y
10 uessur ffiol. Gwedy daruot bwytta,

'Da oed genhyf i,' heb y Peredur, 'pei kawn le
esmwyth y gyscu.'

Ystauell a gyweirwyt idaw ac y gyscu yd aeth
Peredur.

'Llyma, chwaer,' heb y gweisson wrth y vor-
wyn, 'a gyghorwn i itti.'

'Beth yw hynny?' heb hi.

'Mynet at y maccwy y'r ystafell yghot, y ym-
gynnic idaw yn y wed y bo da ganthaw, ae yn
20 wreic idaw, ae yn orderch.'

'Llyna,' heb hi, 'beth ny wedha. Miui heb
achaws ym eiroet a gwr, ac ymgynnic ohonaf
inheu idaw ef ymlaen vyg gorderchu i ohonaw
ef. Ny allaf i yr dim.'

'Dygwn y Duw an kyffes,' heb wynt, 'ony
wney ti hynny, ni a'th adawn ti y'th elynyon
yma.'

[135] Ar hynny kyfodi a wnaeth y vorwyn y
vynyd y dan ellwg y dagreu, a dyfot racdi y'r
30 ystauell. A chan twrwf y dor yn agori, deffroi a

oruc Peredur. Ac yd oed y uorwyn a'e dagreu ar
hyt y grudyeu yn redec.

'Dywet, vy chwaer,' heb y Peredur, 'py wylaw
yssyd arnat ti?'

'Dywedaf it, arglwyd', heb hi. 'Vyn tat i bieoed
y llys hon, a'r iarllaeth oreu yn y byt y danei. Sef
yd oed mab iarll arall y'm erchi inheu y'm tat. Nyt
awn inheu o'm bod idaw ef, ny rodei vyn tat inheu
o'm hanuod nac idaw nac y neb. Ac nyt oed o
plant y'm tat namyn mi hun. A gwedy marw vyn   10
tat y dygwydwys y kyfoeth y'm llaw inheu.
Hwyrach y mynnwn i efo yna no chynt. Sef a
oruc ynteu, ryfelu arnaf i a gorescyn vyg kyfoeth
namyn yr vn ty hwnn, a rac dahed y gwyr a
weleisti, brodyr maeth imi, a chadarnhet y ty, ny
cheit byth arnam, tra barhaei uwyt a llyn. A hynny
ryderyw, namyn mal yd oed y manachesseu a
weleisti yn an porthi, herwyd bot yn ryd udunt
wy y wlat a'r kyfoeth. Ac weithon nyt oes udunt
wynteu na bwyt na llyn, ac nyt oes oet bellach   20
auory yny del yr iarll a'e holl allu am pen y lle
hwn. Ac os miui a geif ef, ny byd gwell vyn
dihenyd no'm rodi y weisson y veirch. A dyuot y
ymgynnic ittitheu, arglwyd, yn y wed y bo hygar
genhyt, yr bot yn nerth in y'n dwyn odyma neu
y an hamdiffyn ninheu yma.'

'Dos vy chwaer,' heb ef, 'y gyscu. Ac [136] nyt
af y wrthyt heb vn o hynny.'

Trachefyn y doeth y vorwyn ac yd aeth y
gyscu.   30

Trannoeth y bore kyfodi a wnaeth y vorwyn
a dyuot yn yd oed Peredur a chyfarch gwell idaw.
'Duw a rodo da it, eneit. A chwedleu genhyt?'
'Nac oes namyn da, arglwyd, tra vych iach ti.
A bot yr iarll a'e holl allu gwedyr disgynnu wrth
y ty, ac ny welas neb lle amlach pebyll na march-
awc yn galw am arall y ymwan.'
'Ie,' heb y Peredur, 'kyweirher i minheu vy
march, a mi a gyfodaf.'

10   Y varch a gyweirwyt idaw, ac ynteu a gyfodes
ac a gyrchwys y weirglawd. A phan daw yd oed
marchawc yn marchogaeth y varch a gwedy
dyrchafel arwyd ymwan. Peredur a'e byryawd
dros pedrein y varch y'r llawr. A llawer a
uyrywys y dyd hwnnw. A phryt nawn, parth a
diwed y dyd, ef a doeth marchawc arbennic y
ymwan idaw, a bwrw hwnnw a oruc. Nawd a
erchis hwnnw.

'Pwy wyt titheu?' heb y Peredur.

20   'Dioer,' heb ef, 'penteulu yr iarll.'
'Beth yssyd o gyfoeth y iarlles y'th vedyant
ti?'
'Dioer,' heb ef, 'y trayan.'
'Ie,' heb ef, 'atuer idi trayan y chyfoeth yn
llwyr, ac a gefeist o da ohonaw yn llwyr, a bwyt
canhwr ac eu llyn ac eu meirch ac eu harueu heno
yn y llys idi, a thitheu yn garcharawr idi, eithyr
na bych eneituadeu.'

Hynny a gahat yn diannot. Y vorwyn yn hyfryt
30   lawen y nos honno, trayan y chyfoeth yn eidi, ac

amylder o veirch ac arueu, [137] a bwyt a llyn yn y
llys. Esmwythter tra uu da ganthunt a gymeras-
sant, ac y gyscu yd aethant.

Trannoeth y bore Peredur a gyrchwys y weir-
glawd, a lluossyd y dyd hwnnw a uyrywys ef. A
diwed y dyd ef a doeth marchawc kymeredus ar-
bennic, a bwrw hwnnw a oruc. A nawd a erchis
hwnnw.

'Pa vn wyt titheu?' heb y Peredur.

'Distein,' heb ef.   10

'Beth yssyd y'th law titheu o gyfoeth y uor-
wyn?'

'Y trayan,' heb ef.

'Trayan y chyuoeth y'r uorwyn, ac a gefeist o
da ohonaw yn llwyr, a bwyt deucanhwr ac eu llyn
ac eu meirch ac eu harueu, a thitheu yn garchar-
awr idi hi.'

Hynny yn diannot a gahat. A'r trydyd dyd y
doeth Peredur y'r weirglawd, a mwy y dyd
hwnnw a uyrywys noc vn dyd arall. Ac yn y   20
diwed ef a doeth y iarll y ymwan idaw, ac ef a'e
byrywys y'r llawr. A nawd a erchis y iarll.

'Pwy wyt titheu?' heb y Peredur.

'Nyt ymgelaf,' heb ef, 'mi yw'r iarll.'

'Ie,' heb ef, 'cwbyl o'e iarllaeth y'r vorwyn a'th
iarllaeth titheu, heuyt, yn achwanec, a bwyt
trychanhwr ac eu llyn ac eu meirch ac eu harueu,
a thitheu yn y medyant.'

Ac uelly y bu Peredur yn peri teyrnget a dar-
ystygedigaeth y'r vorwyn teir wythnos. A gwedy   30

y chyweiraw a'e gwastatau ar y chyfoeth,

'Gan dy ganhyat,' heb y Peredur, 'mifi a gychwynaf y ymdeith.'

'Ae hynny, vy mrawt, a vynny ti?'

'Ie myn vyg [138] cret. A phei na bei o'th garyat ti, ny bydwn yma er meitin.'

'Eneit,' heb hi, 'pwy wyt titheu?'

'Peredur vab Efrawc o'r Gogled. Ac o daw na gofit arnat nac enbytrwyd, manac attaf i a mi a'th
10 amdiffynaf os gallaf.'

Odyna kychwynnu a oruc Peredur, ac ympell odyno ef a gyuarfu ac ef marchoges a march achul gochwys y danei. A chyfarch gwell a oruc y'r marchawc.

'Pan deuy titheu, vy chwaer?' heb y Peredur.

Menegi a oruc idaw yr ansawd yd oed, a'r kerdet hwnnw. Sef oed honno, gwreic Syberw Llannerch.

'Ie,' heb y Peredur, 'mifi yw y marchawc y
20 kefeisti y gouut hwnnw o'e achaws, ac edifar uyd y'r neb a'e gwnaeth it.'

Ac ar hynny nachaf varchawc yn dyuot, ac amouyn a Pheredur a welsei y kyfryw varchawc yd oed ef yn y ol.

'Taw a'th son,' heb y Peredur, 'mi yd wyt yn y geissaw, ac myn vyg cret, gwiryon yw'r vorwyn ohonof i.'

Ymwan eissoes a orugant, a Pheredur a uyrywys y marchawc. Nawd a erchis ynteu.
30 'Nawd a gehy, gan vynet trachgefyn fford y

ryuuost, y venegi rygael y vorwyn yn wiryon, ac
yn wynebwerth idi hi, dy uwrw ohonof i.'

Y gret a rodes y marchawc ar hynny, ac ynteu
Peredur a gerdawd racdaw. Ac ar vynyd y
wrthaw ef a welei gastell, a pharth a'r kastell y
doeth a gwan y porth a'y wayw a oruc. Ar hynny
llyma was gwineu telediw yn agori y porth, a
meint milwr a'e praffter yndaw, ac oetran mab
arnaw. Pan daw Peredur y'r neuad, yd [139] oed
gwreic vawr delediw yn eisted y mywn kadeir a   10
llawuorynyon yn amhyl yn y chylch, a llawen uu
y wreicda wrthaw. A phan uu amser mynet y
uwyta, wynt a aethant. A gwedy bwyta,
    'Da oed itti, vnben,' heb y wreic, 'mynet y
gyscu y le arall.'
    'Pony allaf i gyscu yma?'
    'Naw gwidon, eneit,' heb hi, 'yssyd yma ac eu
tat ac eu mam gyt ac wynt. Gwidonot Kaer
Loyw ynt, ac nyt nes inni erbyn y dyd an dianc
noc an llad. Ac neur deryw udunt gwerescyn a   20
diffeithaw y kyfoeth, onyt yr vn ty hwnn.'
    'Ie,' heb y Peredur, 'yma y bydwn heno ac os
gouut a daw, o gallaf les, mi a'e gwnaf. Afles ny
wnaf inheu.'

Y gyscu yd aethant. Ac y gyt a'r dyd Peredur a
glywei diaspat, a chyfodi yn gyflym a oruc
Peredur o'e grys a'e lawdwr, a'e gledyf am y
vynwgyl, ac allan y doeth. A phan daw yd oed
widon yn ymordiwes a'r gwylwr, ac ynteu yn
diaspedein. Peredur a gyrchwys y widon ac a'e   30

trewis a chledyf ar y pen yny ledawd y helym a'e
ffenffestin mal dyscyl ar y phen.

'Dy nawd, Peredur dec vab Efrawc, a nawd
Duw.'

'Paham y gwdosti, wrach, mae Peredur wyf i?'

'Tyghetuen a gweledigaeth yw im godef gouut
y genhyt, ac y titheu kymryt march ac arueu y
genhyf inheu. Ac y gyt a mi y bydy yspeit yn
dyscu itt varchogaeth dy varch [140] a theimlaw
10 dy arueu.'

'Val hyn,' heb ynteu, 'y keffy nawd. Dy gret
na wnelych gam vyth ar gyfoeth y iarlles honn.'

Kedernit ar hynny a gymerth Peredur a chan
ganhat y iarlles, kychwynnu gyt a'r widon y lys
y gwidonot. Ac yno y bu teir wythnos ar vn tu,
ac yna dewis y varch a'e arueu a gymerth Peredur,
a chychwyn racdaw ymdeith.

A diwed y dyd ef a daw y dyffryn, ac yn diben
y dyffryn ef a doeth y gudygyl meudwy. A
20 llawen uu y meudwy wrthaw, ac yno y bu y nos
honno. Trannoeth y bore ef a gyfodes y vynyd,
a phan daw allan yd oed kawat o eira gwedy
ryodi y nos gynt, a gwalch wyllt gwedy rylad
hwyat yn tal y kudygyl. A chan twrwf y march,
kyfodi y walch a disgynnu bran ar y kic yr
ederyn. Sef a oruc Peredur, sefyll a chyffelybu
duhet y vran a gwynder yr eira a chochter y
gwaet, y wallt y wreic uwyhaf a garei, a oed kyn
duhet a'r muchyd, a'e chnawt y wynder yr eira, a
30 chochter y gwaet yn yr eira gwyn y'r deu van

gochyon yg grudyeu y wreic uwyhaf a garei.

Ar hynny yd oed Arthur a'e teulu yn y geissaw ynteu Peredur.

'A wdochi,' heb yr Arthur, 'pwy y marchawc paladyr [hir] a seif yn y nant uchot?'

'Arglwyd,' heb yr vn, 'mi a af y wybot pwy yw.'

Yna y doeth y mackwy yn yd oed Peredur a gofyn idaw beth [141] a wnaei yno a phwy oed. A rac meint medwl Peredur ar y wreic uwyhaf a garei, ny rodes atteb idaw. Sef a wnaeth ynteu, gossot a gwayw ar Peredur, ac ynteu Peredur a ymchoeles ar y maccwy, [ac a'e gwant] tros pedrein y varch y'r llawr.

Ac ol yn ol ef a doeth petwar marchaw[c] ar hugeint, ac nyt attebei ef y'r vn mwy no['e] gylid, namyn yr vn gware a phob vn, y wan ar vn gossot tros [pedrein] y varch y'r llawr. Ynteu Gei a doeth attaw ef ac a dywawt yn disgethrin anhygar wrth Peredur. A Pheredur a'e kymerth a gwayw dan y dwyen ac a'e byrywys ergyt mawr y wrthaw, hyny torres y vreich a gwahell y yscwyd. A thra yttoed ef yn y varwlewic rac meint y dolur a gawssei, yd ymhoelawd y varch a thuth grawth ganthaw. A phan wyl pawb o'r teulu y march yn dyuot heb y gwr arnaw, y doethant ar vrys parth a'r lle y bu y gyfranc. A phan doethant yno, y tybyassant rylad Kei. Gwelsont, hagen, or kaffei veddic y gyuanhei y ascwrn ac a rwymei y gymaleu yn da, na hanbydei waeth.

10

20

30

Ny symudawd Peredur y ar y vedwl mwy no
chynt, yr gwelet y penyal am pen Kei. Ac y
deuthpwyt a Chei hyt ym pebyll Arthur, ac y
peris Arthur vedygyon kywrein attaw. Drwc uu
gan Arthur kyfaruot a Chei y gofit hwnnw,
kanys mawr y karei. Ac yna y dywawt Gwalch-
mei,

'Ny dylyei neb kyffro marchawc vrdawl y ar
y me[142]dwl y bei arnaw yn aghyfartal, kanys
10 atuyd ae collet ar dothoed idaw, neu ynteu yn
medylyaw am y wreic uwyhaf a garei. A'r
aghyfartalwch hwnnw, ac atuyd, a gyfaruu a'r
gwr a amwelas ag ef yn diwethaf. Ac or byd da
genhyt ti, arglwyd, miui a af y edrych a symud-
awd y marchawc y ar y medwl hwnnw. Ac os
velly y byd, mi a archaf idaw yn hygar dyuot y
ymwelet a thi.'

Ac yna y sorres Kei, ac y dywawt geireu dic
keinuigenvs.

20 'Gwalchmei,' heb ef, 'hyspys yw genhyf i y
deuy ti ac ef herwyd y afwyneu. Clot bychan
hagen, ac etmyc, yw itt oruot y marchawc
lludedic gwedy blinho yn ymlad. Velly, hagen,
y gorfuost ar lawer onadunt wy ac hyt tra barhao
genhyt ti dy tauawt a'th eireu tec, digawn vyd it
o'r arueu peis o uliant teneu ymdanat. Ac ny byd
reit it torri na gwayw na chledyf yr ymlad a'r
marchawc a geffych yn yr ansawd honno.'

Ac yna y dywawt Gwalchmei wrth Gei,

30 'Ti a allut dywedut a uei hygarach pei as

mynhut. Ac nyt attaf i y perthyn itti dial dy ulwg
a'th dicofeint. Tebic yw genhyf i, hagen, y dygaf
i y marchawc gyt a mi heb torri na breich nac
yscwyd imi.'

Yna y dywawt Arthur wrth Walchmei,

'Mal doeth a phwyllic y dywedy ti, a dos titheu
ragot a chymer digawn o arueu ymdanat, a dewis
dy varch.'

Gwiscaw a wnaeth [143] Gwalchmei ymdanaw, a
cherdet racdaw yn chweric ar gam y varch   10
parth a'r lle yd oed Peredur. Ac yd oed ynteu yn
gorffowys wrth paladyr y wayw ac yn medylyaw
yr vn medwl. Dyuot a wnaeth Gwalchmei attaw
heb arwyd creulonder gantaw, ac y dywawt
wrthaw,

'Pei gwypwn i bot yn da genhyt ti, mal y mae
da genhyf i, mi a ymd[id]anwn a thi. Eissoes
negessawl wyf y gan Arthur attat, y atolwyn it
dyuot y ymwelet ac ef. A deu wr a doeth kyn no
mi ar yr vn neges honno.'   20

'Gwir yw hynny,' heb y Peredur, 'ac anhygar
y doethant. Ymlad a wnaethant a mi, ac nyd oed
da genhyf inheu hynny, gyt ac nat oed da genhyf
vyn dwyn y ar y medwl yd oedwn arnaw. Yn
medylyaw yd oedwn am y wreic uwyhaf a garwn.
Sef achaws y doeth kof im hynny, yn edrych yd
oedwn ar yr eira ac ar y vran, ac ar y dafneu o
waet yr hwyat ar ladassei y walch yn yr eira.
Ac yn medylyaw yd oedwn bot yn gynhebic
gwynhet [y chnawt] y'r eira, a duhet y gwallt   30

a'e haeleu y'r vran, a'r deu vann gochyon oed
yn y grudyeu y'r deu dafyn waet.'

Heb y Gwalchmei,

'Nyt oed anuonedigeid y medwl hwnnw, a
diryfed oed kyny bei da genhyt dy dwyn y arnaw.'

Heb y Peredur,

'A dywedy ti imi, a yttiw Kei yn llys Arthur?'

'Yttiw,' heb ynteu, 'ef oed y marchawc di-
wethaf a ymwanawd a thi. Ac ny bu da y deuth
10 idaw yr ymwan, torri a wnaeth [144] y vreich
deheu a gwahell y yscwyd gan y kwymp a gafas
o wth dy baladyr ti.'

'Ie,' heb y Peredur, 'ny'm tawr dechreu dial
sarhaet y corr a'r gorres velly.'

Sef a wnaeth Gwalchmei anryfedu y glybot yn
dywedut am y corr a'r gorres. A dynessau attaw
a mynet dwylaw mynwgyl idaw, a gofyn pwy
oed y enw.

'Peredur vab Efrawc y'm gelwir i,' heb ef. 'A
20 thitheu, pwy wyt?'

'Gwalchmei y'm gelwir i,' heb ynteu.

'Da yw genhyf dy welet,' heb y Peredur; 'dy
glot rygigleu ympob gwlat o'r y ryfuum o vil-
wryaeth a chywirdeb, a'th getymdeithas yssyd
adolwyn genhyf.'

'Keffy, myn vyg cret, a dyro titheu imi y teu.'

'Ti a'e keffy yn llawen,' heb y Peredur.

Kychwyn a wnaethant yn hyfryt gyttuun parth
a'r lle yd oed Arthur. A phan gigleu Gei eu bot yn
30 dyfot, ef a dywawt,

'Mi a wydwn na bydei reit y Walchmei ymlad
a'r marchawc. A diryfed yw idaw kaffel clot.
Mwy a wna ef o'e eireu tec no nini o nerth an
harueu.'

A mynet a wnaeth Peredur a Gwalchmei hyt
yn lluest Walchmei y diot eu harueu. A chymryt
a wnaeth Peredur vn ryw wisc a oed y Walchmei.
A mynet a wnaethant la[w] yn llaw yn yd oed
Arthur a chyfarch gwell idaw.

'Llyma, Arglwyd,' heb y Gwalchmei, 'y gwr y   10
buost ys talym o amser yn y geissaw.'

'Graessaw wrthyt, vnben,' heb yr Arthur, 'a
chyt a mi y trigye. A phe gwypwn uot dy gyn-
nyd val y bu, nyt aut y wrthyf i pan aethost.
Hwnnw, hagen, a darogannwys y corr [145] a'r
gorres it a uu drwc Kei wrthunt, a thitheu a'e di-
eleist.'

Ac ar hynny hyny vyd y vrenhines a'e llawuor-
ynyon yn dyfot, a chyfarch gwell a wnaeth
Peredur udunt. A llawen uuant wynteu wrthaw,   20
a'e raessawu a orugant. Parch ac enrydet mawr a
wnaeth Arthur am Peredur, ac ymchoelut a
orugant parth a Chaer Llion.

A'r nos gyntaf y doeth Peredur i Gaer Llion y
lys Arthur, ac adoeth yd ydoed yn troi yn y gaer
gwedy bwyt. Nachaf Agharat Law Eurawc yn
kyfaruot ac ef.

'Myn vyg cret, vy chwaer,' heb y Peredur,
'morwyn hygar garueid wyt. A mi allwn arnaf
dy garu yn uwyhaf gwreic, pei da genhyt.'   30

'Miui a rodaf vyg cret,' heb hi, 'val hyn, na
charaf i tidi ac na'th vynnaf yn tragywydawl.'

'Minheu a rodaf vyg cret,' heb y Peredur, 'na
dywedaf inheu eir vyth wrth Gristyawn, hyny
adefych titheu arnat vyg caru yn uwyhaf gwr.'

Tranoeth ef a gerdawd Peredur ymdeith, a'r
priff fford ar hyt kefyn mynyd mawr a dilynwys.
Ac ar diben y mynyd ef a welei dyffryn crwn, a
gororeu y dyffryn yn goedawc karregawc a
10 gwastat y dyffryn oed yn weirglodeu, a thired ar
y rwg y gweirglodyeu a'r coet. Ac ymynwes y
coet y gwelei tei duon mawr, anuanawl eu
gweith. A disgynnu a wnaeth ac arwein y varch
tu a'r coet, ac am talym o'r coet, ef a welei ochyr
carrec lem, a'r fford yn kyrchu ochyr y [146]
garrec, a llew yn rwym wrth gadwyn ac yn
kyscu ar ochyr y garrec. A phwll dwfyn, ath-
rugar y veint a welei dan y llew a'e loneit yndaw
o escyrn dynyon ac anifeileit. A thynnu cledyf a
20 wnaeth Peredur a tharaw y llew, hyny dygwyd
yn dibin wrth y gadwyn uch pen y pwll. Ar eil
dyrnawt taraw y gadwyn a oruc hyny tyrr, ac yny
dygwyd y llew yn y pwll. Ac ar traws ochyr y
garrec arwein y warch a oruc Peredur hyny
doeth y'r dyffryn.

Ac ef a welei am ganawl [y d]yffryn kastell tec
a thu a'r kastell y deuth. Ac ar weirglawd wrth y
kastell ef a welei gwr llwyt mawr yn eisted, mwy
oed noc gwr o'r a welsei eiroet, a deu was ieueinc
30 yn saethu karneu eu kyllyll o ascwrn morvil, y

neill ohonunt yn was gwineu a'r llall yn was
melyn. A dyfot racdaw a wnaeth yn yd oed y gwr
llwyt, a chyfarch gwell a oruc Peredur idaw. A'r
gwr llwyt a dywawt,
   'Mefyl ar varyf vym porthawr.'
   Ac yna y deallawd Peredur pan yw y llew oed
y porthawr. Ac yna yd aeth y gwr llwyt a'r gweis-
son gyt ac ef y'r kastell, ac yd aeth Peredur gyt
ac wy, a lle tec enrydedus a welei yno. A'r neuad
a gyrchassant a'r byrdeu oed gwedy eu dyrchafel,   10
a bwyt a llyn ditlawt arnadunt. Ac ar hynny, ef a
welei yn dyuot o'r ystafell gwreic ohen a gwreic
ieuanc, a mwyhaf gwraged o'r a welsei eiroet
oedynt. Ac ymolchi a orugant a mynet y uwyta.
A'r gwr llwyt a aeth y pen y bwrd yn [147] uchaf
a'r wreic ohen yn nessaf idaw, a Pheredur a'r
uorwyn a dodet y gyt, a'r deu was ieueinc yn
gwassanaethu arnadunt.
   Ac edrych a wnaeth y vorwyn ar Peredur a
thristau. A gofyn a oruc Peredur y'r vorwyn   20
paham yd oed trist.
   'Tydi, eneit, er pan yth weleis gyntaf, a gereis
yn uwyhaf gwr. A thost yw genhyf welet ar was
kyn uonhedigeidet a thi, y dihenyd a uyd arnat
auory. A weleisti y tei duon llawer ymron y coet?
Gwyr yw y rei hynny y'm tat i oll, y gwr llwyt
racco, a chewri ynt oll. Ac auory wynt a dygyf-
orant am dy pen ac a'th ladant. A'r Dyffryn Crwn
y gelwir y dyffryn hwn.'
   'Oia uorwyn tec, a bery ti bot vym march i a'm   30

harueu yn vn llety a mi heno?'
'Paraf, y rof i a Duw, os gallaf, yn llawen.'

Pan uu amserach ganthunt kymryt hun no
chyfedach, y gyscu yd aethant. A'r vorwyn a
beris bot march Peredur a'e arueu yn vn llety ac
ef. A thranoeth Peredur a glywei gordyar gwyr
a meirch yg kylch y kastell, a Pheredur a gyfodes
ac a wiscawd y arueu ymdanaw ac ymdan y varch,
ac ef a deuth y'r weirglawd. Ac y deuth [y] wreic
10 ohen a'r vorwyn at y gwr llwyt.

'Arglwyd,' heb wy, 'kymer gret y maccwy
na dywetto dim a welas yma, a ni a uydwn
drostaw y keidw.'

'Na chymeraf, myn vyg cret,' heb y gwr llwyt.

Ac ymlad a wnaeth Peredur a'r llu, ac er[148]
byn echwyd neur daroed idaw llad trayan y llu
heb argywedu neb arnaw. Ac yna y dywawt y
wreic ohen,

'Neur deryw y'r maccwy llad llawer o'th lu.
20 A dyro nawd idaw.'

'Na rodaf, myn vyg cret,' heb yr ynteu.

A'r wreic ohen a'r vorwyn tec, y ar uwlch y
gaer yd oedynt yn edrych. Ac yn hynny
ymgyfaruot o Peredur a'r gwas melyn a'e lad.

'Arglwyd,' heb y vorwyn, 'dyro nawd y'r
maccwy.'

'Na rodaf, y rof i a Duw.'

Ac ar hynny ymgyfaruot o Peredur a'r gwas
gwineu a'e lad.

30 'Buassei well itti bei roessut nawd y'r maccwy

kyn llad dy deu vab, ac abreid uyd ittitheu dy hun
or dienghy.'

'Dos titheu, vorwyn, ac adolwc y'r maccwy
rodi nawd inni, kynys roessam ni idaw ef.'

A'r vorwyn a doeth yn yd oed Peredur, ac erchi
nawd y that ac y'r sawl a diaghyssei o'e wyr yn
uyw.

'Kehy, dan amot mynet o'th tat a phawb o'r
yssyd y danaw y wrha y'r amherawdyr Arthur, ac
y dywedut idaw pan yw Peredur, gwr idaw, a   10
wnaeth y gwassanaeth hwnn.'

'Gwnawn, y rof i a Duw, yn llawen.'

'A chymryt bedyd ohonawch, a minheu a
anuonaf at Arthur y erchi idaw rodi y dyffryn
hwn itti, ac y'th etiued byth gwedy ti.'

Ac yna y doethant y mywn, a chyfarch gwell a
wnaeth y gwr llwyt a'r wreic vawr y Peredur.
Ac yna y dywawt y gwr llwyt,

'Yr pan yttwyf yn medu y dyffryn [149] hwnn,
mi ny weleis Gristyawn a elei a'e eneit gantaw   20
namyn ti. A ninheu a awn y wrha y Arthur, ac y
gymryt cret a bedyd.'

Ac yna y dywawt Peredur,

'Diolchaf inheu y Duw, na thorreis vy llw wrth
y wreic uwyhaf a garaf na dywedwn vn geir
wrth Gristyawn.'

Trigyaw yno a wnaethant y nos honno.
Tranoeth y bore yd aeth y gwr llwyt a'e nifer
gantaw y lys Arthur, ac y gwrhayssant y Arthur
ac y parawd Arthur eu bedydyaw. Ac y dywawt   30

y gwr llwyt y Arthur pan yw Peredur a'e goruu-
assei, ac Arthur a rodes y'r gwr llwyt a'e nifer y
dyffryn o'e gynhal y danaw ef, mal yd erchis
Peredur. A chan ganhat Arthur y gwr llwyt aeth
ymdeith tu a'r Dyffryn Crwn.

Peredur ynteu a gerdawd y bore tranoeth
racdaw talym mawr o diffeith, heb gaffel kyfan-
hed, ac yn y diwed ef a doeth y gyfanhed bychan
amdlawt. Ac yno y clywei bot sarff yn gorwed
10 ar vodrwy eur, heb adel kyfanhed seith milltir o
pop parth idi. Ac yd aeth Peredur lle y clywei
bot y sarff, ac ymlad a wnaeth a'r sarff yn
llityawcdrut ffenedicvalch, ac yn y diwed y
lladawd ac y kymerth y uodrwy idaw e hun. Ac
uelly y bu ef yn hir yn yr agherdet hwnnw, heb
dywedut vn geir wrth neb ryw Gristyawn ac
hyny yttoed yn colli y liw a'e wed o tra hiraeth
yn ol llys Arthur a'r wreic uwyhaf [150] a garei,
a'e getymdeithon.

20 Odyna y kerdawd racdaw y lys Arthur, ac ar
y fford y kyfaruu ac ef teulu Arthur, a Chei yn y
blaen, yn mynet y neges vdunt. Peredur a at-
waenat pawb onadunt, ac nyt atwaenat neb o'r
teulu efo.

'Pan doy ti, vnben?' heb y Kei, a dwyweith a
their. Ac nyt attebei ef.

Y wan a oruc Kei a gwayw trwy y vordwyt, a
rac kymell arnaw dywedut a thorri y gret, mynet
heibaw a oruc heb ymdiala ac ef. Ac yna y
30 dywawt Gwalchmei,

'Y rof i a Duw, Gei, drwc y medreist kyflauanu
ar vaccwy val hwn, yr na allei dywedut.'

Ac ymhoelut traegefyn y lys Arthur.

'Arglwydes,' heb ef wrth Wenhwyfar, 'a weldy
dryccet y gyflafan a oruc Kei ar y maccwy hwnn yr
na allei dywedut? Ac yr Duw ac yrof i, par y
vedeginyaethu erbyn vyn dyfot trachefyn, a mi a
talaf y bwyth it.'

A chyn dyuot y gwyr oc eu neges, ef a deuth
marchawc y'r weirglawd y emyl llys Arthur, y   10
erchi gwr y ymwan. A hynny a gafas. A bwrw
hwnnw a wnaeth, ac wythnos y bu yn bwrw
marchawc beunyd. A diwarnawt yd oed Arthur
a'e teulu yn dyfot y'r eglwys, sef y gwelynt y
marchawc gwedy drychafel arwyd ymwan.

'Ha wyr,' heb yr Arthur, 'myn gwrhyt gwyr,
nyt af odyma hyny gaffwyf vy march a'm harueu
y uwrw y iaghwr racco.'

Yna yd aeth y gweisson yn [151] ol y varch a'e
arueu y Arthur. A Pheredur a gyfaruu a'r gweis-   20
son yn mynet heibaw, ac a gymerth y march a'r
arueu, a'r weirglawd a gyrchwys. Sef a wnaeth
pawb o'e welet ef yn kyfodi ac yn mynet y ymwan
y'r marchawc, mynet ar pen y tei a'r brynneu a
lle aruchel, y edrych ar yr ymwan. Sef a wnaeth
Peredur emneidaw a'e law ar y marchawc, y
erchi idaw dechreu arnaw. A'r marchawc a os-
sodes arnaw, ac nyt ysgoges ef o'r lle yr hynny.
Ac ynteu Peredur a ordinawd y varch ac a'e
kyrchawd yn llityawcdrut engiryawlchwerw   30

awydualch, ac a'e gwant dyrnawt gwenwyn-
iclym, tostdrut, milwreidffyryf y dan y dwyen, ac
y drechefis o'e gyfrwy ac y byryawd ergyt mawr
y wrthaw. Ac yd ymchoelawd trachefyn ac yd
edewis y march a'r arueu gan y gweisson mal
kynt. Ac ynteu ar y troet a gyrchawd y llys. A'r
Mackwy Mut y gelwit Peredur yna.

Nachaf Agharat Law Eurawc yn kyfaruot ac ef.
'Y rof i a Duw, vnben, oed gryssyn na allut
10 dywedut. A phei gallut dywedut, mi a'th garwn
yn uwyhaf gwr. Ac myn vyg cret, kyn nys
gellych, mi a'th garaf yn uwyhaf.'

'Duw a talho it, vy chwaer. Myn vyg cret,
minheu a'th garaf ti.'

Ac yna y gwybuwyt mae Peredur oed ef. Ac
yna y delis ef gedymdeithas a Gwalchmei ac [152]
ac Owein vab Vryen ac a phawb o'r teulu. Ac y
trigywys yn llys Arthur.

Arthur a oed yg Kaer Llion ar Wysc a mynet a
20 wnaeth y hela a Peredur gyt ac ef. A Pheredur a
ellygawd y gi ar hyd, a'r ki a ladawd yr hyd mywn
diffeithwch. Ac ym pen ruthur y wrthaw ef a
welei arwyd kyfanhed a thu a'r kyfanhed y deuth.
Ac ef a welei neuad, ac ar y drws y neuad ef a
welei tri gweis moelgethinyon yn gware gwyd-
bwyll. A phan deuth y mywn ef a welei teir
morwyn yn eisted ar leithic, ac eurwiscoed ym-
danunt mal y dylyei am dylyedogyon. Ac ef a aeth
y eisted attunt y'r lleithic, ac vn o'r morynyon a
30 edrychawd ar Peredur yn graff, ac wylaw a

wnaeth. A Pheredur a ofynnawd idi beth a wylei.

'Rac dryccet genhyf gwelet lleassu gwas kyn deccet a thi.'

'Pwy a'm lleassei i?'

'Pei na bei pyt it arhos yn y lle hwn, mi a'e dywedwn it.'

'Yr meint uo y gwrthret arnaf yn arhos, mi a'e gwarandawaf.'

'Y gwr yssyd tat inni bieu y llys hon, a hwnnw a lad pawb o'r a del y'r llys hon heb y ganhat.' 10

'Py gyfryw wr yw awch tat chwi, pan allo lleassu pawb uelly?'

'Gwr a wna treis ac anuod ar y gymodogyon, ac ny wna iawn y neb ymdanaw.'

Ac yna y gwelei ef y gweisson yn kyfodi ac yn arllwyssaw y clawr o'r werin. Ac ef a glywei twrwf mawr, ac yn ol y twrwf ef a welei wr du mawr vnllygeityawc yn dyfot y mywn. A'r mo[153]rynyon a gyfodassant yn y erbyn, a diot y wisc y amdanaw a wnaethant ac ynteu a aeth y 20 eisted. A gwedy dyfot y bwyll idaw ac araf hau, ed-rych a oruc ar Peredur, a gofyn pwy y marchawc.

'Arglwyd,' heb yr hitheu, 'y gwas teccaf a bonhedigeidaf o'r a welest eiroet, ac yr Duw, ac yr dy syberwyt, pwylla wrthaw.'

'Yrot ti mi a bwyllaf, ac a rodaf y eneit idaw heno.'

Ac yna Peredur a doeth attunt wrth y tan, ac a gymerth bwyt a llyn, ac ymdidan a'r rianed a 30

oruc. Ac yna y dywawt Peredur gwedy y
urwyscaw,

'Ryfed yw genhyf kadarnet y dywedy ti dy
vot. Pwy a diodes dy lygat?'

'Vn o'm kynedueu oed, pwy bynnac a ofynhei
imi yr hyn yd wyt ti yn y ofyn, ny chaffei y eneit
genhyf, nac yn rat nac ar werth.'

'Arglwyd,' heb y uorwyn, 'kyt dywetto efo
ofered a brwysked a meddawt parthret ac attat ti,
10   kywira y geir a dywedesti gynheu ac a edeweist
wrthyf i.'

'A minheu a wnaf hynny yn llawen, yrot ti.
Mi a ataf y eneit idaw yn llawen heno.'

Ac ar hynny y trigyassant y nos honno.

A thranoeth kyfodi a oruc y gwr du a gwiscaw
arueu ymdanaw, ac erchi y Peredur,

'Kyfot, dyn, y vynyd, y diodef agheu,' heb y
gwr du.

Peredur a dywawt wrth y gwr du,
20   'Gwna y neill peth, y gwr du, os ymlad a
vynny a mi; ae diot dy arueu y ymdanat, ae
titheu a ro[154]dych arueu ereill im, y ymlad a
thi.'

'Ha, dyn,' heb ef, 'ae ymlad a allut ti pei kaffut
arueu? Kymer yr arueu a vynnych.'

Ac ar hynny y deuth y uorwyn ac arueu y
Peredur a oed hoff ganthaw, ac ymlad a wnaeth efo
a'r gwr du hyny uu reit y'r gwr du erchi nawd y
Peredur.

30   'Y gwr du, ti a geffy nawd tra uych yn dywedut

im pwy wyt, a phwy a tynnawd dy lygat.'

'Arglwyd, minheu a'e dywedaf; yn ymlad a'r
Pryf Du o'r Garn. Cruc yssyd a elwir y Cruc
Galarus, ac yn y cruc y mae carn, ac yn y garn y
mae pryf, ac yn lloscwrn y pryf y mae maen, a rin-
wedeu y maen ynt, pwy bynnac a'e kaffei yn y
neill law, a uynnei o eur ef a'e kaffei a'r llaw arall
idaw. Ac yn ymlad a'r pryf hwnnw y colleis i vy
llygad. A'm henw inheu yw y Du Trahawc. Sef
achaws y'm gelwit y Du Trahawc, nyt adwn vn   10
dyn y'm kylch nys treisswn, a iawn nys gwnawn
y neb.'

'Ie,' heb y Peredur, 'py gybellet odyma yw y
cruc a dywedy ti?'

'Mi a rifaf yt ymdeitheu hyt yno, ac a dywedaf
it py gybellet yw. Y dyd y kychwynnych odyma,
ti a doy y lys Meibon y Brenhin y Diodeifeint.'

'Pyham y gelwir wy uelly?'

'Adanc llyn a'e llad vn weith beunyd. Pan elych
odyno ti a deuy hyt yn llys Iarlles y Kampeu.'   20

'Py gampeu yssyd erni hi?'

'Trychanhwr teulu yssyd idi. Pob gwr dieithyr
a del y'r llys, ef a dywedir [155] idaw kampeu y
theulu. Sef achaws yw hynny y tri chanhwr teulu
a eisted yn nessaf y'r arglwydes, ac nyt yr amharch
y'r gwesteion namyn yr dywedut campeu y
theulu. Y nos y kychwynych odyno, ti a ey hyt
y Cruc Galarus, ac yno y maent perchen trychant
pebyll yg kylch y cruc yn kadw y pryf.'

'Can buost ormes yn gyhyt a hynny, mi a   30

wnaf na bych byth bellach.'

A'e lad a wnaeth Peredur idaw.

Ac yna y dywawt y vorwyn a dechreussei ym-
didan ac ef,

'Bei bydut tlawt yn dyfot yma, kyfoethawc
uydut bellach o tressor y gwr du a ledeist. A thi
a wely y sawl vorynyon hygar yssyd yn y llys
hon, ti a gaffut orderchat ar yr vn y mynhut.'

'Ny deuthum i o'm gwlat, arglwydes, yr
10 gwreicca. Namyn gweisson hygar a welaf yna,
ymgyffelybet pawb ohonawch a'e gilyd, mal y
mynho. A dim oc awch da nys mynnaf, ac nyt
reit im wrthaw.'

Odyno y kychwynnawd Peredur racdaw, ac y
doeth y lys Meibon Brenhin y Diodeifeint. A
phan deuth y'r llys, ny welei namyn gwraged.
A'r gwraged a gyfodes racdaw ac a uuont lawen
wrthaw. Ac ar dechreu eu hymdidan ef a welei
varch yn dyfot, a chyfrwy arnaw a chelein yn y
20 kyfrwy. Ac vn o'r gwraged a gyfodes y uynyd ac
a gymerth y gelein o'r kyfrwy, ac a'e heneinawd
y mwyn kerwyn oed is [156] law y drws a dwfyr
twym yndi, ac a dodes eli gwerthuawr arnaw.
A'r gwr a gyfodes yn uyw ac a deuth yn yd oed
Peredur, a'e raessawu a oruc, a bot yn llawen
wrthaw. A deu wr ereill a doethant y mywn yn
eu kyfrwyeu a'r vn diwygyat a wnaeth y vorwyn
y'r deu hynny ac y'r vn gynt. Yna y gofynawd
Peredur y'r vnben pyham yd oedynt uelly. Ac
30 wynteu a dywedassant vot adanc y mywn gogof,

a hwnnw a ladei wy peunyd. Ac ar hynny y tri-
gyassant y nos honno.

A thranoeth y kyfodes y maccwyeid racdunt,
ac yd erchis Peredur yr mwyn eu gordercheu y
adel gyt ac wynt. Wynt a'e gomedassant.

'Pei lledit ti yno, nyt oed it a'th wnelei yn uyw
drachefyn.'

Ac yna y kerdassant wy racdunt, ac y kerdawd
Peredur yn eu hol. A gwedy eu diflannu hyt nas
gwelei, yna y kyfaruu ac ef, yn eisted ar ben cruc, 10
y wreic teccaf o'r a welsei eiroet.

'Mi a wn dy hynt. Mynet yd wyt y ymlad a'r
adanc, ac ef a'th lad, ac nyt o'e dewred namyn o
ystryw. Gogof yssyd idaw, a philer maen yssyd ar
drws yr ogof, ac ef a wyl pawb o'r a del y mywn
ac nys gwyl neb efo. Ac a llechwayw gwenwynic
o gyscawt y piler y llad ef bawb. A phei rodut ti dy
gret vyg caru yn wwyhaf gwreic, mi a rodwn it
vaen val y gwelut ti efo pan elut y mwyn, ac ny
welei ef tydi.' 20

'Rodaf, myn vyg cret,' heb y Peredur. 'Yr pan
yth [157] weleis gyntaf mi a'th gereis. A phy le y
keisswn i tydi?'

'Pan geissych ti viui, keis parth a'r India.'

Ac yna y difflannwys y vorwyn ymdeith,
gwedy rodi y maen yn llaw Peredur. Ac ynteu
a doeth racdaw parth a dyffryn auon, a gororeu y
dyffryn oed yn goet ac o pop parth y'r auon yn
weirglodeu gwastat. Ac o'r neill parth y'r afon
y gwelei kadw o defeit gwynnyon, ac o'r parth 30

arall y gwelei kadw o defeit duon. Ac val y brefei
vn o'r defeit gwynyon, y deuei vn o'r defeit
duon drwod ac y bydei yn wen, ac val y brefei
vn o'r defeit duon, y deuei vn o'r defeit gwyn-
nyon drwod, ac y bydei du.

A phren hir a welei ar lan yr afon, a'r neill
hanher oed idaw yn llosci o'r gwreid hyt y vlaen,
a'r hanher arall a deil ir arnaw. Ac uch llaw hynny,
y gwelei mackwy yn eisted ar pen cruc, a deu
10 vilgi vronwynyon vrychyon, mywn kynllyfan,
yn gorwed ger y law. A diheu oed ganthaw na
welsei eiroet maccwy kyteyrneidet ac ef. Ac yn y
coet gyfarwyneb ac ef y clywei ellgwn yn kyfodi
hydgant. A chyfarch gwell a wnaeth y'r maccwy,
a'r maccwy a gyfarchawd well y Peredur. A their
fford a welei Peredur yn mynet y wrth y cruc, y
dwy fford yn vawr a'r tryded yn llei. A gofyn a
oruc Peredur py le yd aei y teir fford.

'Vn o'r ffyrd hyn a a y'm llys i, ac vn o'r deu a
20 gyghoraf i itti, ae mynet [158] y'r llys o'r blaen at
vyg gwreic i yssyd yno, ae titheu a arhoych yma.
A thi a wely y gellgwn yn kymell yr hydot blin
o'r coet y'r maes, a thi a wely y milgwn goreu a
weleist eiroet, a glewhaf ar hydot, yn y llad ar y
dwfyr ger an llaw. A phan vo amser in mynet y'n
bwyt, ef a daw vygwas a'm march y'm herbyn,
a thi a geffy lewenyd yno heno.'

'Duw a talho it; ny thrigyaf i, namyn ragof yd
af.'
30   'Yr eil fford a a y'r dinas yssyd yna yn agos, ac

yn hwnnw y keffir bwyt a llyn ar werth. A'r fford
yssyd lei no'r rei ereill a a parth a gogof yr adanc.'
'Gan dy ganhat, vaccwy, parth ac yno yd af i.'
A dyfot a wnaeth Peredur parth a'r ogof, a
chymryt y maen yn y llaw asseu a'e wayw yn y
llaw deheu. Ac val y daw y mywn, arganuot yr
adanc a wnaeth a'e wan a gwayw trwydaw, a llad
y penn. A phan daw y maes o'r ogof, nachaf yn
drws yr ogof y tri chetymdeith. A chyfarch gwell
a wnaethant y Peredur, a dywedyt pan yw idaw   10
yd oed darogan llad yr ormes honno. A rodi y pen
a wnaeth Peredur y'r maccwyeit, a chynnic a
wnaethant wynteu idaw yr vn a dewissei o'e teir
chwiored yn briawt, a hanher eu brenhinyaeth y
gyt a hi.
    'Ny deuthum i yma yr gwreicca, a phei myn-
hwn vn wreic, ac atuyd awch whaer chwi a vyn-
nwn yn gyntaf.'
    A cherdet racdaw a wnaeth [159] Peredur. Ac
ef a glywei twrwf yn y ol, ac edrych a wnaeth ef   20
yn y ol, ac ef a welei gwr ar geffyn march coch ac
arueu cochyon ymdanaw. A'r gwr a doeth ar
ogyfuch ac ef a chyfarch gwell a wnaeth y Peredur
o Duw ac o dyn. Ac ynteu Peredur a gyfarchawd
gwell y'r maccwy yn garedic.
    'Arglwyd, dyuot y erchi itti yd wyf i.'
    'Beth a erchy ti?' heb y Peredur.
    'Vyg kymryt yn wr itt.'
    'Pwy a gymerwn inheu yn wr, bei as kym-
erwn?'   30

'Ny chelaf vyg kystlwn ragot. Etlym Gledyf
Coch y'm gelwir, iarll o ystlys y dwyrein.'

'Ryfed yw genhyf i ymgynnic ohonawt yn wr
y wr ny bo mwy y gyfoeth no thi. Nyt oes i minheu
namyn iarllaeth arall. A chanys gwiw genhyt
dyfot yn wr imi, mi a'th gymeraf yn llawen.'

Ac y doethant parth a llys yr iarlles, a llawen
uuwyt wrthunt yn y llys, a dywedut wrthunt a
wnaethpwyt, nat yr amharch arnunt y dodit is
10 llaw y teulu, namyn kynnedyf y llys a oed y velly.
Kanys y neb a uyryei y thrychanhwr teulu hi,
bwyta a gaffei yn nessaf idi, a hi a'e karei ef yn
uwyhaf gwr. A gwedy bwrw o Peredur y
thrychanhwr teulu y'r llawr ac eisted ar y neill law,

'Y diolchaf y Duw kaffel gwas kyn deccet a
chyn dewret a thi kany chefeis [160] y gwr mwy-
haf a garwn.'

'Pwy oed y gwr mwyhaf a garut titheu?'

'Myn vyg cret, Etlym Gledyf Coch oed y gwr
20 mwyhaf a garwn i, ac nys gweleis eiroet.'

'Dioer,' heb ef, 'ketymdeith imi yw Etlym, a
llyma efo. Ac yr y uwyn ef y deuthum i y whare
a'th teulu, ac ef a'e gallei yn well no mi bei as
mynhei. A minheu a'th rodaf titheu idaw ef.'

'Duw a diolcho i titheu, vaccwy tec, a minheu
a gymerhaf y gwr mwyhaf a garaf.'

A'r nos honno, kyscu a wnaeth Etlym a'r iarlles
y gyt.

30   A thranoeth kychwynnu a wnaeth Peredur

parth a'r Cruc Galarus.

'Myn dy law ti, arglwyd, mi a af y gyt a thi,' heb yr Etlym.

Wynt a doethant racdunt hyt y lle y gwelynt y Cruc a'r pebylleu.

'Dos,' heb y Peredur, 'at y gwyr racco,' wrth Etlym, 'ac arch udunt dyfot y wrhau imi.'

Ef a deuth Etlym attunt ac a dywawt val hyn, 'Dowch y wrha y'm harglwyd i.'

'Pwy yw dy arglwyd ti?' heb yr wynt.   10

'Peredur Baladyr Hir yw fy arglwyd i,' heb yr Etlym.

'Pei dylyetus difetha kennat, nyt aut ti trachefyn yn vyw at dy arglwyd, am erchi arch mor trahaus y vrenhined a ieirll a barwneit, a dyfot y wrhau y'th arglwyd ti.'

Etlym a deuth traygefyn at Peredur. Peredur a erchis idaw vynet traegefyn attunt y rodi dewis vdunt, ae gwrhau [161] idaw, ae ymwan ac ef. Wynt a dewissyssant ymwan ac ef. A Pheredur a   20 uyryawd perchen cant pebyll y dyd hwnnw y'r llawr, a thranoeth ef a uyryawd perchen cant ereill y'r llawr. A'r trydyd cant a gawssant yn eu kyghor gwrhau y Peredur. A Pheredur a ofynawd udunt beth a wneynt yno. Ac wynt a dewedassant pan yw gwarchadw y pryf hyny vei varw.

'Ac yna ymlad a wnaem ninheu am y maen, a'r neb a uei trechaf ohonam a gaffei y maen.'

'Arowch vi yma, mi a af y ymwelet a'r pryf.'

'Nac ef, arglwyd,' heb wynt, 'awn y gyt y   30

ymlad a'r pryf.'

'Ie,' heb y Peredur, 'ny mynnaf i hynny. Pei
lledit y pryf, ny chawn i o glot mwy noc vn
ohonawch chwitheu.'

A mynet a wnaeth y'r lle yd oed y pryf, a'e
lad, a dyfot attunt wynteu,

'Kyfrifwch awch treul yr pan doethoch yma, a
mi a'e talaf iwch ar eur,' heb y Peredur.

Ef a dalawd udunt kymeint ac a dywawt pawb
10 y dylyu ohonaw, ac nyt erchis dim udunt eithyr
adef eu bot yn wyr idaw. Ac ef a dywawt wrth
Etlym,

'At y wreic uwyhaf a gery yd ey ti, a minheu
a af ragof ac a dalaf it dyfot yn wr im.'

Ac yna y rodes ef y maen y Etlym.

'Duw a talho it, a rwydheyt Duw ragot.'

Ac ymdeith yd aeth Peredur. Ac ef a deuth y
dyffryn afon, teccaf a welsei eiroet, a llawer o
pebylleu amliw a welei yno. A ryfedach ganthaw
20 no hynny gwelet y sawl a welei o velineu ar
dwfyr a melineu gwynt. Ef a gyhyrdawd ac ef
gwr gwineu mawr a gweith saer arnaw. A gofyn
pwy oed a oruc Peredur.

'Pen melinyd wyf i ar y melineu racco oll.'

'A gaffaf i lety genhyt ti?' heb [162] y Peredur.

'Keffy,' heb ynteu, 'yn llawen.'

Ef a deuth y ty y melinyd, ac ef a welas llety
hoff tec y'r melinyd. Ac erchi a wnaeth Peredur
aryant yn echwyn y'r melinyd, y brynu bwyt a
30 llyn idaw ac y tylwyth y ty, ac ynteu a talei idaw

kyn y vynet odyno. Gofyn a oruc y'r melinyd
py achaws yd oed y dygyfor hwnnw. Y dywawt
y melinyd wrth Peredur,

'Mae y neill peth; ae tydi yn wr o bell, ae titheu
yn ynuyt. Yna y mae amherodres Cristinobyl
vawr, ac ny myn honno namyn y gwr dewraf,
canyt reit idi hi da. Ac ny ellit dwyn bwyt y'r
sawl vilyoed yssyd yma, ac o achaws hynny y mae
y sawl velineu.'

A'r nos honno kymryt esmwythter a wnaeth-   10
ant. A thranoeth kyfodi y vynyd a wnaeth
Peredur a gwiscaw ymdanaw ac ymdan y varch
y vynet y'r twrneimeint. Ac ef a welei bebyll
ymplith y pebylleu ereill, teccaf o'r a welsei eiroet,
a morwyn tec yn ystynnu y phen trwy ffenestyr
ar y pebyll. Ac ny welsei eiroet morwyn tegach,
ac eurwisc o bali ymdanei. Ac velly y bu yn edrych
ar y vorwyn o'r bore hyt hanher dyd, ac o hanher
dyd hyny oed pryt nawn. Ac yna neur daroed y
twrneimeint, a dyfot a oruc y lety. A thynnu a   20
oruc y arueu y amdanaw ac erchi aryant y'r melin-
yd yn echwyn. A dic uu wreic y melinyd wrth
Peredur, ac eissoes y melinyd a rodes aryant yn
echwyn idaw. A thranoeth y gwnaeth yr vn wed
ac a wnathoed y dyd gynt. A'r nos [163] honno
y doeth o'y lety ac y kymerth aryant yn echwyn
y gan y melinyd.

A'r trydyd dyd, pan yttoed yn yr vn lle yn
edrych ar y vorwyn, ef a glywei dyrnawt mawr
rwg yscwyd a mynwgyl a mynybyr bwyall. A   30

phan edrychawd traegefyn ar y melinyd, y
melinyd a dywawt wrthaw,

'Gwna y neyll peth,' heb y melinyd, 'ae tydi a
tynho dy penn ymdeith, ae titheu a el y'r twrn-
eimeint.'

A gowenu a wnaeth Peredur ar y melinyd a
mynet y'r twrneimeint. Ac a gyfarfu ac ef y dyd
hwnnw, ef a'e byryawd oll y'r llawr wynt. A
chymeint ac a vyryawd, [ef] a anuones y gwyr yn
anrec y'r amherodres, a'r meirch a'r arueu yn
anrec y wreic y melinyd, yr ymaros am y haryant
echwyn. Dilin a oruc Peredur y twrneimeint hyny
vyryawd pawb y'r llawr. Ac a vyrywys ef y'r
llawr, anuon y gwyr a oruc y garchar yr amher-
odres, a'r meirch a'r arueu y wreic y melinyd yr
ymaros am yr aryant echwyn.

Yr amherodres a anuones at Varchawc y Velin
y erchi idaw dyfot y ymwelet a hi. A ffallu a
wnaeth y'r gennat gyntaf, a'r eil a aeth attaw. A
hitheu, y trydyd weith, a anuones cant marchawc
y erchi idaw dyuot y ymwelet a hi, ac ony delhei
o'e vod, erchi udunt y dwyn o'e anuod. Ac wynt a
doethant attaw ac a dywedassant eu kenhadwri [y]
wrth yr amherodres. Ynteu a wharyawd ac wynt
yn da. Ef a barawd eu rwymaw rwy[164]mat
iwrch ac eu bwrw yg clawd y velin. A'r amher-
odres a ofynnawd kyghor y wr doeth oed yn y
chyghor. A hwnnw a dywawt wrthi,

'Mi a af attaw ar dy gennat.'

A dyfot at Peredur a chyfarch gwell idaw, ac

erchi idaw yr mwyn y orderch dyfot y ymwelet
a'r amherodres. Ac ynteu a deuth, ef a'r melinyd.
Ac yn y gyfeir gyntaf y deuth y'r pebyll, eisted a
wnaeth, a hitheu a deuth ar y neill law. A byr ym-
didan a uu y rygthunt. A chymryt canhat a wnaeth
Peredur a mynet o'e lety.

Tranoeth ef a aeth y ymwelet a hi, a phan deuth
y'r pebyll nyt oed gyfeir ar y pebyll a uei waeth y
gyweirdeb no'e gilyd, kany wydynt wy py le yd
eistedei ef. Eisted a oruc Peredur ar neill law yr   10
amherodres, ac ymdidan a wnaeth yn garedic.
Pan yttoedynt uelly, wynt a welynt yn dyfot y
mywn gwr du, a gorflwch eur yn y law yn llawn o
win. A dygwydaw a oruc ar pen y lin ger bron yr
amherodres ac erchi idi nas rodei onyt y'r neb a
delei y ymwan ac efo ymdanei. A hitheu a edrych-
awd ar Peredur.

'Arglwydes,' heb ef, 'moes imi y gorulwch.'

Ac yfet y gwin a wnaeth, a rodi y gorflwch y
wreic y melinyd. A phan yttoedynt uelly, nachaf   20
wr du oed uwy no'r llall, ac ewin pryf yn y law ar
weith gorflwch, a'e loneit o win. A'e rodi y'r am-
herodres, ac erchi idi nas rodei onyt y'r neb a ym-
wanei ac ef.

'Arglwydes,' heb y Peredur, 'moes i mi.'

A'e rodi y Peredur a [165] wnaeth hi. Ac ywet
y gwin a oruc Peredur a rodi y gorflwch y wreic
y melinyd. Pan yttoedynt uelly, nachaf gwr
pengrych coch a oed uwy noc vn o'r gwyr ereill,
a gorflwch o vaen crissant yn y law, a'e loneit o   30

win yndaw. A gostwg ar pen y lin a'e rodi yn
llaw yr amherodres, ac erchi idi nas rodei onyt
y'r neb a ymwanei ac efo ymdanei. A'e rodi a
wnaeth hitheu y Peredur, ac ynteu a'e hanuones
y wreic y melinyd. Y nos honno mynet y letty.
A thranoeth gwiscaw ymdanaw ac am y varch,
a dyfot y'r weirglawd. A llad y trywyr a oruc
Peredur, ac yna y deuth y'r pebyll. A hitheu a
dywawt wrthaw,
10 'Peredur tec, coffa y gret a rodeist ti imi pan
rodeis i itti y maen, pan ledeist ti yr adanc.'
    'Arglwydes,' heb ynteu, 'gwir a dywedy, a min-
heu a'e coffaaf.'
    Ac y gwledychwys Peredur gyt a'r amherodres
pedeir blyned ar dec, megys y dyweit yr ystorya.

    Arthur a oed yg Kaer Llion ar Wysc, priflys
idaw, ac yghanawl llawr y neuad yd oed petwar
gwyr yn eisted ar len o bali, Owein vab Vryen,
20 a Gwalchmei vab Gwyar, a Hywel vab Emyr
Llydaw, a Pheredur Baladyr Hir. Ac ar hynny
wynt a welynt yn dyfot y mywn morwyn ben-
grych du ar gefyn mul melyn, a charreieu an-
uanawl yn y llaw yn gyrru y mul, a phryt an-
uanawl agharueid arnei. Duach oed y hwyneb a'e
dwylaw no'r hayarn [166] duhaf a darffei y bygu,
ac nyt y lliw hacraf, namyn y llun. Grudyeu
aruchel, ac wyneb kyccir y waeret, a thrwyn byr
ffroenuoll, a'r neill lygat yn vrithlas tratheryll, a'r
30 llall yn du val y muchyd ygheuhynt y phen. Dan-

hed hiryon melynyon, melynach no blodeu y
banadyl, a'e chroth yn kychwynnu o gledyr y
dwyvron yn uch no'e helgeth. Ascwrn y chefyn
oed ar weith bagyl. Y dwy glun oed yn llydan
yscyrnic, ac yn vein oll o hynny y waeret, eithyr
y traet a'r glinyeu oed vras.

Kyfarch gwell y Arthur a'e teulu oll eithyr y
Peredur a oruc, ac wrth Peredur y dywawt geireu
dic anhygar.

'Peredur, ny chyfarchaf i well itti, kanys dylyy.   10
Dall uu y tyghetuen pan rodes itti dawn a chlot.
Pan doethost y lys y brenhin cloff a phan weleist
yno y maccwy yn dwyn y gwayw llifeit, ac o
vlaen y gwayw dafyn o waet, a hwnnw yn
redec yn rayadr hyt yn dwrn y maccwy, ac en-
ryfedodeu ereill, heuyt, a weleist yno, ac ny
ofynneisti eu hystyr nac eu hachaws. A phei as
gofynnut, iechyt a gaffei y brenhin a'e gyfoeth yn
hedwch. A bellach brwydreu ac ymladeu, a cholli
marchogyon, ac adaw gwraged yn wedw a rianed   20
yn diossymdeith, a hynny oll o'th achaws ti.'

Ac yna y dywawt hi wrth Arthur,

'Gan dy ganhat, arglwyd, pell yw vy llety
odyma, nyt amgen yg Kastell Syberw. Ny wnn
a glyweist y wrthaw. [167] Ac yn hwnnw y mae
whech marchawc a thrugeint a phym cant o
varchogyon vrdawl, a'r wreic uwyhaf a gar pob
vn gyt ac ef. A phwy bynhac a vynho ennill clot
o arueu ac o ymwan ac o ymlad, ef a'e keiff yno
os dirper. A vynnei, hagen, arbenhicrwyd clot ac   30

etmyc, gwn y lle y kaffei. Kastell yssyd ar uynyd
amlwc, ac yn hwnnw y mae morwyn, ac yn y
gyfeistydyaw yd yttys, a phwy bynhac a allei y
rydhau, pen clot y byt a gaffei.'

Ac ar hynny kychwynu ymdeith a oruc. Heb
y Gwalchmei,

'Myn vyg cret, ny chysgaf hun lonyd nes
gwybot a allwyf ellwg y vorwyn.'

A llawer o teulu Arthur a guttunnawd ac ef.
10   Amgen, hagen, y dywawt Peredur,

'Myn vyg cret, ny chysgaf hun lonyd nes
gwybot chwedyl ac ystyr y gwayw y dywawt y
vorwyn du ymdanaw.'

A phan yttoed pawb yn ymgyweiraw, nachaf
uarchawc yn dyfot y'r porth a meint milwr a'e
angerd yndaw, yn gyweir o varch ac arueu, ac
a deuei racdaw ac a gyfarchei well y Arthur a'e
teulu oll eithyr y Walchmei. Ac ar yscwyd y
marchawc yd oed taryan eurgrwydyr a thrawst
20   o lassar glas yndi, ac vn lliw a hynny yd oed y
arueu oll. Ac ef a dywawt wrth Walchmei,

'Ti a ledeist vy arglwyd o'th twyll a'th vrat, a
hynny mi a'e profaf arnat.'

Kyfodi a wnaeth Gwalchmei y vynyd.

'Llyma,' heb ef, 'vyg gwystyl y'th erbyn ae
yma ae yn y lle y mynhych, nat wyf na thwyllwr
na bradwr.'

'Ker bron y brenhin yssyd arnaf i [168] y mynhaf
bot y gyfranc y rof i a thi.'

30   'Yn llawen,' heb y Gwalchmei, 'Dos ragot, mi

y'th ol.'

Racdaw yd aeth y marchawc, ac ymgyweiraw
a wnaeth Gwalchmei. A llawer o arueu a gyn-
igwyt idaw, ac ny mynnawd onyt y rei e hun.
Gwiscaw a wnaeth Gwalchmei a Pheredur ym-
danunt, ac y kerdassant yn y ol o achaws eu ket-
ymdeithas a meint yd ymgerynt. Ac nyt ymgyn-
halyssant ygyt, namyn pob vn yn y gyfeir.

Gwalchmei yn ieuenctit y dyd a deuth y dyff-
ryn, ac yn y dyffryn y gwelei kaer, a llys uawr o   10
uywn y gaer, a thyreu aruchelualch yn y chylchyn.
Ac ef a welei varchawc yn dyfot y'r porth allan y
hela, y ar palfrei gloywdu, ffroenuoll, ymdeithic, a
rygig wastatualch, escutlym, ditramgwyd gan-
thaw. Sef oed hwnnw, y gwr bieoed y llys.
Kyfarch gwell a wnaeth Gwalchmei idaw.

'Duw a rotho da it, vnben, a phan doy titheu?'
'Pan deuaf,' heb ef, 'o lys Arthur.'
'Ae gwr y Arthur wyt ti?'
'Ie, myn vyg cret,' heb y Gwalchmei.   20
'Mi a wnn gyghor da it,' heb y marchawc.
'Blin a lludedic y'th welaf. Dos y'r llys ac yno y
trigy heno, os da genhyt.'
'Da, arglwyd, a Duw a talho it.'
'Hwde vodrwy yn arwyd at y porthawr, a dos
ragot y'r twr racco. A chwaer yssyd i minheu
yno.'
Ac y'r porth y doeth Gwalchmei, a dangos y
vodrwy a wnaeth, a chyrchu y twr. A ffan daw
yd oed ffyryftan mawr yn llosci, a fflam oleu,   30

uchel, difwc ohonaw, a morwyn uawrhydic
telediw yn eisted y mywn kadeir wrth y tan. A'r
vorwyn a uu lawen wrthaw a'e raessawu a oruc, a
chychwynu yn y [169[erbyn. Ac ynteu a aeth y
eisted ar neill law y vorwyn. Eu kinyaw a gymer-
sant, a gwedy eu kinyaw dala ar ymdidan hygar a
orugant. A phan yttoedynt uelly, llyma yn dyfot
y mywn attunt gwr gwynllwyt, telediw.

'Oia, achenoges butein,' heb ef, 'bei gwyputi
10 iawnet itt chware ac eisted gyt a'r gwr hwnnw,
nyt eistedut ac ny chwaryut.'

A thynnu y pen allan ac ymdeith.

'A vnben,' heb y vorwyn, 'pei gwnelut vyg
kyghor i, rac ofyn bot pyt gan y gwr it, ti a
gayut y drws,' heb hi.

Gwalchmei a gyfodes y fynyd, a phan daw tu
a'r drws yd oed y gwr ar y trugeinuet, yn llawn
aruawc, yn kyrchu y twr y vynyd. Sef a oruc
Gwalchmei, a chlawr gwydbwyll, diffryt rac
20 dyfot neb y vynyd hyny doeth y gwr o hela.
Ar hynny, llyma y iarll yn dyuot.

'Beth yw hyn?' heb ef.

'Peth hagyr,' heb y gwr gwynllwyt, 'bot yr
achenoges racco educher yn eisted ac yn yfet a'r
gwr a ladawd awch tat, a Gwalchmei vab Gwyar
yw ef.'

'Peidwch bellach,' heb yr iarll, 'miui a af y
mywn.'

Y iarll a uu lawen wrth Walchmei.

30 'A vnben,' heb ef, 'kam oed it dyfot y an llys,

o gwyput lad an tat ohonot. Kyny allom ni y dial,
Duw a'e dial arnat.'

'Eneit,' heb y Gwalchmei, 'llyna mal y mae am
hynny. Nac y adef llad awch tat chwi, nac y diwat,
ny deuthum i. Neges yd wyf i yn mynet y
Arthur ac i mi hun. Archaf i oet ulwydyn, hagen,
hyny delhwyf o'm neges ac yna, ar vyg cret, vyn
dyfot y'r llys hon y wneuthur vn [170] o'r deu, ae
adef ae wadu.'

Yr oet a gafas yn llawen, ac yno y bu y nos 10
honno. Tranoeth kychwyn ymdeith a oruc, ac
ny dyweit yr istorya am Walchmei hwy no
hynny, yn y gyfeir honno.

A Pheredur a gerdawd racdaw. Crwydraw yr
ynys a wnaeth Peredur y geissaw chwedlydyaeth
y wrth y vorwyn du, ac nys kauas. Ac ef a deuth y
tir nys atwaenat mywn dyffryn auon. Ac val yd
yttoed yn kerdet y dyffryn, ef a welei varchawc
yn dyfot yn y erbyn ac arwyd balawc arnaw. Ac
erchi y vendith a wnaeth.   20

'Och a truan.' heb ef, 'ny dylyy gaffel bendith,
ac ny ffrwytha it, am wiscaw arueu dyd kyfuch
a'r dyd hediw.'

'A phy dyd yw hediw?' heb y Peredur.

'Duw Gwener Croclith yw hediw.'

'Na cheryd vi, ny wydwn hynny. Blwydyn y
hediw y kychwynneis o'm gwlat.'

Ac yna disgynnu y'r llawr a wnaeth, ac arwein
y varch yn y law. A thalym o'r prifford a
gerdawd hyny gyfaruu ochelfford ac ef, ac y'r 30

ochelford trwy y coet. A'r parth arall y'r coet ef
a welei gaer uoel, ac arwyd kyfanhed a welei o'r
gaer, a pharth a'r gaer y doeth. Ac ar borth y gaer
y kyfaruu ac ef y balawc a gyfaruuassei ac ef kyn
no hynny, ac erchi y vendith a oruc.

'Bendith Duw it,' heb ef, 'a iawnach yw kerdet
uelly. A chyt a mi y bydy heno.'

A thrigyaw a wnaeth Peredur y nos honno.
Trannoeth, arofun a wnaeth Peredur ymdeith.

10   'Nyt dyd hediw y neb y gerdet. Ti a uydy gyt
a mi hediw ac avory a threnhyd, a mi a dywedaf
it y kyfarwydyt [171] goreu a allwyf am yr hynn
yd wyt yn y geissaw.'

A'r petweryd dyd arofun a wnaeth Peredur y
ymdeith, ac adolwyn y'r balawc dywedut kyfar-
wydyt y wrth Gaer yr Enryfedodeu.

'Kymeint a wypwyf i, mi a'e dywedaf it. Dos
dros y mynyd racco, a thu hwnt y'r mynyd y
mae afon, ac yn dyffryn yr auon y mae llys
20   brenhin, ac yno y bu y brenhin y Pasc. Ac or
keffy yn vn lle chwedyl y wrth Gaer yr Enryfed-
odeu, ti a'e keffy yno.'

Ac yna y kerdawd racdaw, ac y deuth y
dyffryn yr afon. Ac y kyfaruu ac ef nifer o wyr
yn mynet y hela, ac ef a welei ymplith y nifer
gwr urdedic. A chyfarch gwell idaw a oruc
Peredur.

'Dewis ti, vnben, ae ti a elych y'r llys, ae titheu
dyuot gyt a mi y hela. A minheu a yrraf vn o'r
30   teulu y'th orchymyn y verch yssyd im yno, y

gymryt bwyt a llyn hyny delwyf o hela. Ac or byd
dy negesseu hyt y gallwyf i eu kaffel, ti a'e keffy
yn llawen.'

A gyrru a wnaeth y brenhin gwas byrrvelyn
gyt ac ef. A phan doethant y'r llys, yd oed yr
vnbennes gwedy kyfodi ac yn mynet y ymolchi.
Ac y deuth Peredur racdaw, ac y graessawawd hi
Peredur yn llawen a'e gynnwys ar y neill law. A
chymryt eu kinyaw a orugant. A pheth bynhac a
dywettei Peredur wrthi, wherthin a wnai hitheu   10
yn vchel mal y clywei pawb o'r llys. Ac yna y
dywawd y gwas byrruelyn wrth yr vn[172]
bennes,

'Myn vyg cret,' heb ef, 'or bu wr itti eiroet, y
maccwy hwnn a uu, ac ony bu wr it, mae dy
vryt a'th uedwl arnaw.'

A'r gwas byrrvelyn a aeth parth a'r brenhin,
ac ynteu a dywawt mae tebyccaf oed gantaw vot
y maccwy a gyfarfu ac ef yn wr o'e verch.

'Ac onyt gwr, mi a tebygaf y byd gwr idi yn y   20
lle onyt ymogely racdaw.'

'Mae dy gyghor ti, was?'

'Kyghor yw genhyf ellwg dewrwyr am y pen
a'e dala, hyny wyppych diheurwyd am hynny.'

Ac ynteu a ellygawd gwyr am pen Peredur o'e
dala ac y dodi y mywn geol. A'r vorwyn a doeth
yn erbyn y that, ac a ofynnawd idaw py achaws
y parassei karcharu y maccwy o lys Arthur.'

'Dioer,' heb ynteu, 'ny byd ryd heno nac auory
na threnhyd, ac ny daw o'r lle y mae.'   30

Ny wrthneuawd hi ar y brenhin yr hyn a
dywawt, a dyfot at y maccwy.

'Ae anigryf genhyt ti dy vot yma?'

'Ny'm torei kyn ny bydwn.'

'Ny byd gwaeth dy wely a'th ansawd noget
vn y brenhin, a'r kerdeu goreu yn y llys, ti a'e
keffy wrth dy gyghor. A phei didanach genhyt
titheu no chynt vot vyg gwely i yma y ymdidan
a thi, ti a'e kaffut yn llawen.'

10   'Ny wrthneuaf i hynny.'

Ef a uu yg karchar y nos honno, a'r vorwyn a
gywirawd yr hyn a adawssei idaw. A thranoeth y
clywei Peredur kynhwrwf yn y dinas.

'Oia vorwyn tec, py gynhwrwf yw hwnn?'

'Llu y brenhin a'e allu yssyd yn dyfot y'r
dinas hwn hediw.'

'Peth a uynant [173] wy uelly?'

'Iarll yssyd yn agos yma, a dwy iarllaeth idaw,
a chyn gadarnet yw a brenhin. A chyfranc a uyd
20   y rydunt hediw.'

'Adolwyn yw genhyf i,' heb y Peredur, 'itti
peri imi varch ac arueu, y vynet y discwyl ar y
gyfranc, ar vyg kywirdeb inheu dyfot y'm
karchar trachefyn.'

'Yn llawen,' heb hitheu, 'Mi a baraf itt varch
ac arueu.'

A hi a rodes idaw march ac arueu, a chwnsallt
purgoch ar uchaf y arueu, a tharyan velen ar y
yscwyd. A dyfot y'r gyfranc a wnaeth. Ac a gyfarfu
30   ac ef o wyr yr iarll y dyd hwnnw, ef a'e byryawd

oll y'r llawr. Ac ef a doeth drachefyn o'e garchar.
Gofyn chwedleu a wnaeth hi y Peredur, ac ny
dywawt ef vn geir wrthi. A hitheu a aeth y ofyn
chwedleu o'e that, a gofyn a wnaeth pwy a
uuassei oreu o'e teulu. Ynteu a dywawt nas at-
waenat.

'Gwr oed a chwnsallt coch ar uchaf y arueu, a
tharyan velen ar y yscwyd.'

A gowenu a wnaeth hitheu, a dyfot yn yd oed
Peredur. A da uu y barch y nos honno.   10

A thri dieu ar un tu y lladawd Peredur wyr yr
iarll, a chyn caffel o neb wybot pwy vei, y doei
o'e garchar trachefyn. A'r petweryd dyd y lladawd
Peredur yr iarll e hun. A dyfot a oruc y vorwyn
yn erbyn y that, a gofyn chwedleu idaw.

'Chwedleu da,' heb y brenin. 'Llad yr iarll,' heb
ef, 'a minheu bieu y dwy iarllaeth.'

'A wdosti, arglwyd, pwy a'e lladawd?'

'Gwn,' heb y brenhin, 'Marchawc y cwnsallt
coch a'r taryan velen a'e lladawd.'   20

'Arglwyd,' heb hi, 'miui [174] a wn pwy yw
hwnnw.'

'Yr Duw,' heb yr ynteu, 'pwy yw ef?'

'Arglwyd, y marchawc yssyd yg karchar genhyt
yw hwnnw.'

Ynteu a doeth yn yd oed Peredur, a chyfarch
gwell idaw a wnaeth, a dywedut idaw y gwas-
sanaeth a wnathoed, y talei idaw megys y mynhei
e hun. A phan aethpwyt y uwytta, Peredur a dodet
ar neill law y brenhin, a'r vorwyn y parth arall   30

y Peredur. A gwedy bwyt y brenhin a dywawt
wrth Peredur,

'Mi a rodaf it vym merch yn briawt, a hanher
vym brenhinyaeth genthi, a'r dwy iarllaeth a
rodaf it y'th gyfarws.'

'Arglwyd, Duw a talho it. Ny deuthum i yma
y wreicca.'

'Beth a geissy titheu, vnben?'

'Keissaw chwedleu yd wyf y wrth Gaer yr
10   Enryfedodeu.'

'Mwy yw medwl yr vnben noc yd ym ni yn y
geissaw,' heb y vorwyn. 'Chwedleu y wrth y
gaer ti a'e keffy, a chanhebrygyeit arnat trwy
gyfoeth vyn tat, a threul digawn. A thydi, vnben,
yw y gwr mwyhaf a garaf i.'

Ac yna y dywawt wrthaw,

'Dos dros y mynyd racco, a thi a wely lyn, a
chaer o vywn y llyn, a honno a elwir Kaer yr
Enryfedodeu. Ac ny wdam ni dim o'e enryfed-
20   odeu hi, eithyr y galw velly.'

A dyfot a oruc Peredur parth a'r gaer, a phorth
y gaer oed agoret. A phan doeth tu a'r neuad, y
drws oed agoret. Ac val y deuth y mywn, gwyd-
bwyll a welei yn y neuad a phop vn o'r dwy
werin yn gware yn erbyn y gilyd. A'r vn y bydei
borth ef idi a gollei y gware, [175] a'r llall a dodei
awr yn vn wed a phe bydynt gwyr. Sef a wnaeth
ynteu digyaw, a chymryt y werin yn y arfet a
thaflu y clawr y'r llyn. A phan yttoed uelly, nachaf
30   y vorwyn du yn dyuot y mywn.

'Ny bo graessaw Duw wrthyt. Mynychach it wneuthur drwc no da.'

'Beth a holy di imi, y vorwyn du?'

'Colledu ohonot yr amherodres o'e chlawr, ac ny mynnei hynny yr y amherodraeth.'

'Oed wed y keffit y clawr?'

'Oed, bei elhut y Gaer Ysbidinongyl. Mae yno wr du yn diffeithaw llawer o gyfoeth yr amherodres; a llad hwnnw, ti a gaffut y clawr. Ac ot ey ti yno, ny doy yn vyw trachefyn.'   10

'A vydy ti gyfarwyd imi yno?'

'Mi a uanagaf fford it yno.'

Ef a deuth hyt yg Kaer Ysbidinongyl ac a ymladawd a'r gwr du. A'r gwr du a erchis nawd y Peredur.

'Mi a rodaf nawd it. Par vot y clawr yn y lle yd oed pan deuthum i y'r neuad.'

Ac yna y doeth y vorwyn du.

'Emelltith Duw it, yn lle dy lafur, am adaw yr ormes yn uyw yssyd yn diffeithaw kyfoeth yr   20
amherodres.'

'Mi a edeweis,' heb y Peredur, 'idaw y eneit, yr peri y clawr.'

'Nyt yttiw y clawr y lle kyntaf y keueist. Dos trachefyn a llad ef.'

Mynet a oruc Peredur a llad y gwr. A phan doeth y'r llys yd oed y vorwyn du yn y llys.

'Ha, vorwyn,' heb y Peredur, 'mae yr amherodres?'

'Y rof i a Duw, nys gwely ti hi yn awr ony bei   30

lad gormes yssyd [176] yn y fforest racco ohonot.'

'Py ryw ormes yw?'

'Karw yssyd yno a chyebrwydet yw a'r edein-
yawc kyntaf, ac vn corn yssyd yn y tal, kyhyt a
phaladyr gwayw, a chyn vlaenllymet yw a'r dim
blaenllymaf. A phori a wna bric y coet ac a uo o
wellt yn y fforest. A llad pob aneueil a wna o'r a
gaffo yndi, ac ar nys llado marw vydant o newyn.
Ac ys gwaeth no hynny, dyuot a wna beunoeth ac
10   yfet y byscotlyn yn y diawt, a gadu y pyscawt yn
noeth, a meirw vydant eu can mwyhaf kyn
dyfot dwfyr idi trachefyn.'

'A, vorwyn,' heb y Peredur, 'a doy ti y dangos
imi yr aneueil hwnnw?'

'Nac af. Ny lafasswys dyn vynet y'r forest ys
blwydyn. Mae yna colwyn yr arglwydes, a
hwnnw a gyfyt y karw ac a daw attat ac ef. A'r
karw a'th gyrch ti.'

Y colwyn a aeth yn gyfarwyd y Peredur, ac a
20   gyfodes y karw, ac a doeth parth a'r lle yd oed
Peredur ac ef. A'r karw a gyrchawd Peredur ac
ynteu a ellygwys y ohen heibyaw ac a trewis y
pen y arnaw a chledyf. A phan yttoed yn edrych
ar pen y karw, ef a welei varchoges yn dyfot attaw
ac yn kymryt y colwyn yn llawes y chapan a'r
pen y rygthi a choryf, a'r torch rudeur oed am y
vynwgyl.

'A vnben,' heb hi, 'ansyberw y gwnaethost, llad
y tlws teccaf oed y'm kyfoeth.'

30   'Arch a uu arnaf am hynny. Ac a oed wed y

gallwn i kaffel dy gerenhyd ti?'

'Oed. Dos y vron y mynyd ac yno ti a wely [177] lwyn. Ac ymon y llwyn y mae llech, ac erchi gwr y ymwan teir gweith ti a gaffut vyg kerenhyd.'

Peredur a gerdawd racdaw ac a deuth y emyl y llwyn ac a erchis gwr y ymwan. Ac ef a gyfodes gwr du y dan y llech, a march yscyrnic y danaw, ac arueu rytlyt mawr ymdanaw ac ymdan y varch. Ac ymwan a wnaethant. Ac val y byryei Peredur y gwr du y'r llawr, y neidei ynteu yn y gyfrwy trachefyn. A disgynnu a oruc Peredur a thynnu cledyf ac yn hynny difflannu a oruc y gwr du, a march Peredur ac a'e varch e hun gantaw, hyt na welas yr eil olwc arnunt.

Ac ar hyt y mynyd kerdet a wnaeth Peredur, a'r parth arall y'r mynyd ef a welei gaer yn dyffryn auon, a pharth a'r gaer y doeth. Ac val y daw y'r gaer neuad a welei, a drws y neuad yn agoret, ac y mywn y doeth. Ac ef a welei wr llwyt, cloff yn eisted ar tal y neuad a Gwalchmei yn eisted ar y neill law, a march Peredur a welei yn vn presseb a march Gwalchmei. A llawen uuant wrth Peredur, a mynet y eisted a oruc y parth arall y'r gwr llwyt. Ac hyny vyd gwas melyn yn dyfot ar pen y lin ger bron Peredur ac erchi kerenhyd y Peredur.

'Arglwyd,' heb y gwas, 'mi a deuthum yn rith y vorwyn du y lys Arthur, a phan vyryeist y clawr, a phan ledeist y gwr du o Yspidinongyl, a phan ledeist y karw, a phan uuost yn ymlad a'r

gwr du o'r llech. A mi a deuthum a'r pen yn
waedlyt [178] ar y dyscyl, ac a'r gwayw a oed y
ffrwt waet o'r pen hyt y dwrn ar hyt y gwayw.
A'th gefynderw biowed y pen a gwidonot
Kaer Loyw a'e lladassei, ac wynt a gloffassant dy
ewythyr. A'th gefynderw wyf inheu, a darogan
yw itti dial hynny.'

A chyghor uu gan Peredur a Gwalchmei anuon
at Arthur a'e teulu, y erchi idaw dyfot am pen y
10 gwidonot. A dechreu ymlad a wnaethant a'r
gwidonot, a llad gwr y Arthur ger bron Peredur
a wnaeth vn o'r gwidonot, a'e gwahard a wnaeth
Peredur. A'r eil weith llad gwr a wnaeth y widon
ger bron Peredur, a'r eil weith y gwahardawd
Peredur hi. A'r tryded weith llad gwr a wnaeth y
widon ger bron Peredur, a thynnu y gledyf a
wnaeth Peredur a tharaw y widon ar vchaf yr
helym, hyny hyllt yr helym a'r arueu oll a'r pen
yn deu hanher. A dodi llef a wnaeth ac erchi y'r
20 gwidonot ereill ffo, a dywedut pan yw Peredur
oed gwr a uuassei yn dyscu marchogaeth gyt ac
wy yd oed tyghet eu llad.

Ac yna y trewis Arthur a'e teulu gan y gwi-
donot, ac y llas gwidonot Kaer Loyw oll. Ac
velly y treythir o Gaer yr Ynryfedodeu.

NODIADAU TESTUNOL

Cyfeiria'r rhifolion at linellau'r testun. Rhoddir rhifolion
colofnau'r llawysgrif mewn cromfachau.

(117)

7·1 **Efrawc iarll.** Tarddiad Efrawc, yr Efrog fodern, yw
Eburācon. Mewn Brythoneg golygai **ebur-on* 'efwr' (cow
parsnip) sydd wedi mynd yn 'ewr' ar lafar. Ar y Cyfandir
yr oedd *eburo-* yn elfen gyffredin mewn enwau priod ac
enwau lleoedd, mannau lle'r oedd y planhigyn yn tyfu. e.e.
Eburodunum, Eburones, Eburobriga. Erys yr enwau Yverdun
yn y Swisdir, Dinefwr yng Nghymru, Efrog yn Lloegr.
Rhoddwyd *caer* o flaen yr enw, ac felly fe aethpwyd i
gredu mai enw priod oedd ail elfen *Caer Efrawc.* Yma fe
geir enghraifft o enw priod a chymeriad dychmygol wedi eu
llunio gan goel gwlad allan o enw a gamddeellid. cf. hanes
tebyg Caerfyrddin, lle daw'r ail elfen o *Moridunon,* caer y
môr, nid o'r enw priod Myrddin. gw. *Rav. Cos.*, 24; R.
J. Thomas, B. viii, 29; TYP, 489-490.

bioed. 3. un. amh. myn. *pieu.* Brawddeg Annormal sydd
yma, ni fwriedir pwyslais ar Efrawc.

y Gogled. Nid gogledd Cymru a olygir yma, ond gog-
ledd Prydain, yr Hen Ogledd.

·2 **seith meib.** eng. o ffurf luosog yr enw ar ôl y rhifol, cf.
chwemeib, ll. 5-6 isod.

oed idaw. Yn fanwl, seith meib *a* oed idaw, ond mewn
Cymraeg Canol yr oedd tuedd i golli'r *a* o flaen *oed.* gw.
GCC, 40. Yma *idaw*=ganddo.

gyfoeth. Nid arian yw ystyr *cyfoeth* yma, ond gwlad neu
deyrnas, gan fod safle a llwyddiant materol dyn yn dibyn-
nu ar y tir yr oedd yn berchen arno. Ystyr y frawddeg
felly yw, 'nid o amaethyddiaeth yr ymborthai Efrawc . . .'
T. Jones, 183—'But it was not by his dominion chiefly
that Efrawc maintained himself.'

·4 **ual y may.** 'Fel y digwydd yn aml . .' *y may*=y mae. cf.
B, ix, 48. 25.

·5 **ac ef a'y chwemeib.** Defnyddir *a(c)...a(c)* mewn Cym-

raeg Canol fel *et* . . . *et* y Lladin, neu *et* . . . *et* y Ffrangeg, =
both . . . *and* . . . Ystyr *chwemeib* yw 'chwech o'i feibon.
Yn y llsgr. ceir y ffurf *ch*ᵂ*emeib*.
idaw.=ganddo.cf. ll.–2 uchod.

· 6   **y gelwit.**=y y gelwit, y'i gelwid, cywasgiad o'r geiryn *y*
a'r rhagenw gwrthrychol mewnol 3. un. gwr. *y*= '*i*.

· 7   **nyd oed.** eng. o orgraff –*d*=–*d*; –*t*=–*d* a geir yn y testun
gan amlaf. cf. ll. 2 uchod.

· 8   **pei oet ef a ledit. pei**=calediad o *bei*, 3. un. amh. dib. *bot*;
datblygodd yn gysylltair ac fe'i dilynwyd gan ffurf
Amherffaith neu Orberffaith dibynnol y ferf. Yma swydd
ferfol sydd i *pei* a golyga *pe bai*.
ledit yw amhersonol amherffaith *llad*, ond mae'r ystyr yn
orberffaith, felly ystyr y cymal yw, 'pe bai digon o oedran
ganddo, ef a laddesid'. *oet*=oedran. –*t*=–*d*, cf. *nyd*. ll.5
uchod.

· 10   **kymen.**=medrus, call. gw. GPC, 759. Ni cheir Tr. Meddal
yn yr ansoddair am fod y ddwy *g* yn caledu i *g c*–.

· 15   **ny ellynt ac ny wedei udunt.** Cystrawen anghyflawn. Fe
ddylai fod berfenw ar ôl *ellynt*—ny ellynt ymlad . . .='na
allent ymladd ac na byddai ymladd yn gweddu iddynt'.

· 16   **ny lywassei.** 3. un. amh. *llafassu*=beiddio. Yma *w*=*f*, cf.
BBC, 25. 2, *a*>*y* gw. WG, 16(3). gw. hefyd, LaP, 376, n2.

· 17   **yn y clywei.** =lle y clywai.

· 19   **gaflacheu kelyn.** Yn y llsgr. fe geir *a gaflacheu*, nid oes
rhaid wrth yr *a*, gellir darllen y frawddeg gyda hi neu
hebddi.
gaflacheu.=llu. *gaflach*, sef gwaywffon fechan, 'dart'.

· 21   **diwarnawd.** Eng. arall o –*d*=–*d*, cf. *diwarnawt*, 8.10.
kadw geifyr. Yma defnyddir berfenw fel enw gwrywaidd yn
golygu *haid*. Ceir eng. hefyd o beidio â threiglo'r gwrth-
rych ar ôl 3. un. amh. y ferf, cystrawen a welir yn gyffredin
mewn Cymraeg Canol.
y uam. Yn llawn *y y uam*=i'w fam, cywasgiad o'r ar-
ddodiad *i* a rhagenw mewnol 3. un. gwr.

· 23   **gweled.** –*d*=–*d* eto. cf. *gwelet*, 32·2.

·24 **o rei ereill.** Mae'n debyg mai *o'r rei ereill* a olygir. Yn RM, 193. 22 fe geir *ar y rei ereill.* Cf. *ymdidan a rianed*, 43·30 = RM, *ar rianed* (221·27). gw. Weisgerber, *ZCP*, xv (1925), 85.

·25 **rygolli.** Yma y mae *ry*–yn rhoi ystyr Orberffaith i'r ferf, 'fe gollasent eu cyrn'.

·26 **y ty.** = i dŷ, nid yw'r treiglad yn ymddangos.

(118)

·27 **ffedestric.** Daw *pedestric* o'r Lladin *pedestris* + y terfyniad ansoddeiriol *–ic* = –*ig*. Golygai ddyn ar droed; gallu i gerdded. Yma *cyflymdra* neu *fuandra* troed yw'r ystyr.
ef a gymhellawd. Eng. o 3. un. gorff. *cymell* yn yr hen ys tyr = gyrrodd, cf. 48·22.

8·2 **yghot.** = adferf yn golygu *gerllaw*, ceir *ygho* hefyd. Mae'n perthyn i *wng* = agos, ac yn debyg i *uwch* ac *is*, fe ddefnyddid y person cyntaf unigol, a'r ail berson unigol, fel adferfau. gw. WG, 403, (5), (ix).

·3 **gwedy ryuynet.** Nid oes llawer o ystyr i'r geiryn *ry* yma, gan fod grym perffeithiol eisoes yn 'gwedy'.

·4 **rac hyt.** = gan mor hir, cystrawen gyffredin mewn Cymraeg Canol, cf. *rac dahet* = gan mor dda, *rac duhet* = gan mor ddu, isod, lle mae grym enwol i radd gyfartal yr ansoddair.

·4 **ygwyllt.** = yng ngwyllt. Ceir 'mynd yn wyllt', ond mewn ymadrodd traethiadol Treiglad Trwynol, 'yng ngwyllt' a geir. Cf. WM, (452.10), *ygwylldawc.* gw. YTC, 245.

·9 **wilwraeth.** = filwraeth, eng. o orgraff *w* = *f*.

·14 **Owein yn kadw yr ol.** Ym Mhen. 14 fe welir Gwalchmei 'yn kadw ol', a phan â Peredur i ymladd â'r marchog sydd wedi sarhau Gwenhwyfar, ceir Owein yn ceryddu Cai ym Mhen. 4, ond Gwalchmei ym Mhen. 7 a 14.

·15 **y marchawc a ranassei yr aualeu.** Cyfeiriad at chwedl sydd wedi mynd ar goll.

·16 **Y mam.** = fy mam, collwyd yr *f*– fel ar lafar heddiw. Cf. *Uy mam*, ll. 2, uchod.

·18 **yd af i.** = mi af i. Geiryn rhagferfol yw *yd* = *ydd*, gw.

GCC, 114.

·19 **yn erbyn.** =arddodiad yn golygu 'cyfarfod â'. gw. GCC,
     140(d).

·22 **Na wn.** Heddiw fe ddywedir 'Ni wn', ond mewn Cym-
     raeg Canol defnyddid *ni* mewn gosodiad, *na* mewn ateb.

·23 **y ryw beth.** =yr un math o beth.

·24 **bei dywettut.** Cysylltair yw bei yma, yn golygu pe+
     amh. dib. *dywedut.* Cf. 7·8, uchod.

(119)

·27 **heb yr Owein.** Ychwanegwyd y geiriau hyn er mwyn
     eglurder. Ceir *ebr Owein*, yn RM, (194.24), ond *heb y(r)*
     yw'r ffurf a geir fel rheol ym Mhen. 4.

·28 **hwn.** Nis ceir yn y llsgr., ond ychwanegwyd y gair er
     mwyn eglurder. *y'r kyfrwy.*=am y cyfrwy.

9·1 **a ellit.** =yr hyn a ellid.

· 5 **y'th ol.** =yn dy ôl, eng. o ddefnyddio *y*=*i*, am *yn.*

· 7 **yn yd oed.** =lle yr oedd, cf. 7·17 uchod.

·13 **gynnut.** Yma fe dreiglir y gwrthrych ar ôl 3. un. amh. y
     ferf. Cf. *a dygei bwyt.*

·15 **kryfaf a tebygei.** = 'cryfaf, fel y tybiai ef.' Nid yw'r
     Treiglad Meddal yn cael ei ddangos
     fynorec.=Tr. Llaes *pynoreg*, sef basged, 'pannier'. Dyry
     P, 444, 'a pack-saddle'

·16 **arnaw.** Ceir y frawddeg 'Ac o wydyn . . . bob peth', yn
     WM, (120. 7-9), felly trefn RM a ddilynir yma,
     o wydyn.=â gwdyn. *Gwdyn*=llu. *gwden,* = 'withe'. Gw.
     WG, 409 (iii); BH, xlvii, am y defnydd o'r arddodiad.

·17 **y daroed idaw danwaret.** Daroed=3. un. amh. *daruot.*
     Defnyddid y gystrawen darfod+*i*+berfenw, i gyfleu'r
     Gorberffaith; 'yr oedd ef wedi dynwared'.

·18 **o bob peth.** =ym mhob peth.

·22 **aro.** =ail un. gorch. *arhos.* gw. WG, 343.

·23 **haroaf.** =har*h*oaf=1af. un. pres. myn. *arhos,* gw. uchod.
     Collwyd –*h*– o'r ffurf hon.

·26 **can dy pater.** Llafarganu gweddïau oedd arfer yr Oesoedd
     Canol.

·28 **y rodi.** =y y rodi, i'w roddi.

·28 **tu hun.** =dy hun. Calediad sy'n peri i'r *d* > *t*, a cheir *y* . . *u* > *u* . . . *u* yn aml mewn Cymraeg Canol. gw. GCC, 2; PKM, 143.29.

(120)

·29 **anat.** =yn anad, o flaen.

10·2 **kyn ny'th vynho.** er na'th fynno. Defnyddid *kyt* (cyd) mewn Cymraeg Canol i olygu 'er', a ffurf negyddol ar *kyt* yw '*kyn ny*'.

·3 **ffenedigach.** Gradd gymharol *ffenedig*, *ffynedig*, < *fanaticus < *fānāticus*. gw. YCM, 204. Golygai 'di-ysgog', ac yn ddiweddarach, 'ffortunus'.
Yma 'grymusach' yw'r ystyr. gw. GCC, 201.

·4 **chychwynu.** =hen ffurf *cychwyn*.
ymdeith. Defnyddid *ymdeith* ac *y ymdeith* fel adferfau. Cf. ll. 6, isod. gw. GCC, 143(dd); WG, 438.

·7 **diawt.** Yn y llsgr. ceir *d*ⁱ*awt*.

·8 **llanerch.** =gwrthrych heb ei dreiglo, cf. *pebyll* ll. 9, isod.

·9 **pebyll.** Unigol yw *pebyll* mewn Cymraeg Canol ac fe'i defnyddir felly yn y testun, lle ceir enghreifftiau o'r lluosog *pebylleu* hefyd. Ffurfiad diweddarach yw *pabell*, *pebyll* ar ddelw *castell*, *cestyll* etc. gw. WG, 197 (iv).

(121)

11·1 **y gwelwn.** =y'i gwelwn.

·7 **biewoed.** Ffurf ar *pieuoed*, sef amherffaith *pieu*. Camgopïo *u* sy'n cyfrif am yr –*w*–.

·10 **pwy a ryfu.** Nid oes angen *a* a *ry*–, byddai Pwy a fu? neu Pwy ryfu? yn rhoi'r un ystyr, gan fod grym perthynol yn y naill a'r llall. gw. GCC, 41, 112; WG, 429.

·13 **ansawd Peredur.** =ymddangosiad Peredur. T. Jones, 186 . . . 'Peredur's appearance and manner.'

·24 **yr dala.** =er dala, am ddal.

·29 **dineuis.** = 3. un. gorff. *dineu*, =arllwys.

·30 **bronfoll.** =bron, mynwes. RM, (197. 7), *bronffoll*. Pen. 7, WM, (606. 12), *bronnell*, Pen. 14, WM, (288.6), *bronnoll*. gw. GPC, 332.

12·1   **Ossit.** =os oes, < o yssit.

·1-2 **amwyn y gorflwch hwn a mi.** Amwyn a=ymladd am,
amwyn (heb yr arddodiad *a*)=amddiffyn. Y gystrawen a
welir yma yw *amwyn*+gwrthrych+*a*(=â)+rhagenw, a'r
ystyr yw, 'ymladd â mi am y gorflwch'.

·6   **estwg y wyneb.** =edrych i lawr. Darlun anffafriol o
farchogion dewr Arthur.

·7   **sarhaet Wenhwyfar.** 'O tri mod y sarheir y vrenhines:
pan torher y nawd, neu pan trawher trwy lit, neu pan
tynher peth gan treis o'e llaw. Trayanwerth sarhaet brenhin
a telir y'r vrenhines dros y sarhaet, heb eur a heb aryant.'
gw. LlB, 4: AL, i, 6, 349, 624-626.

·14   **adanaw.** *arnaw* yw'r arddodiad a geir yn RM, (197.19),
ond cf. Pen. 7, WM, (605.24), 'a chyweirdeb go vvsgrell
ydanaw'.

·16   **y gwr hir.** =eng. o ddefnyddio'r fannod o flaen enw
mewn cyfarchiad. *mae.* =Ple mae?

·23   **y arganuot o'r teulu.** =eng. o ddefnyddio berfenw +
o o flaen y goddrych yn lle berf bendant, 'gwelodd y teulu
ef.' Yr oedd y gystrawen hon yn creu'r un effaith â'r
Presennol Dramatig, sef gwneud y sefyllfa mor fyw ag
sy'n bosibl.

·24   **dyfalu.** =gwawdio, gwatwar. Arferai graddau isaf y
beirdd 'ymddyfalu' sef gwneuthur sbort am ben ei gilydd.
gw. THSC, (1913-1914), 305.
   bwrw llyscon idaw. =ffordd o ddangos dirmyg yn yr
Oesoedd Canol. Dywed Dafydd ap Gwilym, "Rhai a
rydd . . . i'm llaw . . . llysgon, oedd well eu llosgi."
DG, 234.
   llyscon. =lluosog llysg, gwialen.
   idaw. =ato.

·25   **y chwedyl arall.** =y digwyddiad arall, y marchog yn
sarhau'r frenhines.

(123)

·27 **ar doethoed.**=a ddaethai. *ar*=*a ry*, ac yn wreiddiol, pan ddefnyddid y geiryn *ry* byddai'r rhagenw yn diflannu gan ei fod yn gynwysedig yn y geiryn. gw. GCC, 41.

oed blwydyn.=oedd blwyddyn: cystrawen adferfol a welir yn amlach gyda'r ferf yn y presennol, cf. *ys blwydyn*, 68. 15-16

·28-29 **erchi trwydet.**=ceisio lletygarwch, gofyn hawl i fyw yn y llys.

·30 **Namyn hynny.**=ar wahân i hynny.

yg gouot.=yn ystod.

13·4 **arbenhic.** Ceir *–nh–* dan yr acen weithiau, a dim *–h–* mewn enghreifftiau eraill o'r un gair, ond lle ni cheir *–h–* ceir dwy *n*. e.e. kyuanned (7·13), kyfanhed (9·14); arbenhic (uchod) arbennic (13·10); mynhwn (49·16) a vynnwn (49·17); bynhac (15·19) bynnac (44·5).

Arbennic=enw ac ansoddair. Yma fe'i defnyddir yn enw. G, 35, 'pennaf, prif; blaenor'. Cf. CT, 3.26, 'arbenhic teyrned', ond 3.7 '. . . ef yn arbennic yn dinas . . .'. T. Jones, 187, 'chief of warriors.'

·15 **chanhwyll y marchogyon.** 'Mewn Gwyddeleg ceir *ánchaindel* "a brilliant candle" medd Kuno Meyer, "an epithet for a hero", C.I.L. 96; *caindel* "candle". . . metaph. *a hero*," 303.' gw. AP, 41.

·22 **gwan gwth troet yndi.** gwan=taro, felly 'rhoi cic iddi.'

(124)

·26 **dos yn ol.**=ar ôl.

·29 **vrdaw.** Cyffyrddiad o wawd.

14·3 **phan daw.** Eng. o ddefnyddio'r Presennol Dramatig neu'r Presennol Byw, yn lle'r Gorffennol. Digwydd 'pan daw' yn aml yn y testun.

·10 **y my hun.**=im my hun, i mi fy hun.

·11 **tra'th gefyn.**=dos yn dy ôl. Yr oedd yr arddodiad *tra* mewn Cymraeg Canol yn golygu 'dros', 'y tu hwnt i', a defnyddid ef gyda *cefn* yn yr ystyr 'yn ôl'. Gellid rhoi rhagenw mewnol rhwng y ddwy elfen, e.e. tra*m*cefn, tra*th*gefn, traechefn, gw. GCC, 136.

·18 **y gyrchu o'r marchawc ef.** Cf. 12.23 uchod.

·20 **drychaf llaw.** Ceir *law* yn y llsgr. Yn llythrennol
drychaf llaw=codi llaw, ond yma 'taro' yw'r ystyr. Traws-
osodiad o *dyrchafael* yw *drychaf*, cf. *drychafal llaw* 18·6, isod.

·21 **ny wharyei weisson.** Treiglad y goddrych ar ôl 3. un.
amh. y ferf mewn brawddeg negyddol.

·23-4 **a'e dyfwrw . . . a'e vedru.** *Bwrw* yma=taflu at, 'to
aim', *medru*=taro. Yr oedd llawer o ystyron i'r ferf *medru*
mewn Cymraeg Canol, cf. *uedru yn drwc*, 13·6, uchod, lle
golyga 'ymddwyn'—'dyna enghraifft o ymddygiad
gwael'.

·25 **yn allmarw.**=yn hollol farw. Mae'n bosibl mai 'creulon'
yw ystyr *gall-* yma. Dyry G, 520, 'marw o farwolaeth
echryslon (echrydus, arw)'. cf. D, 'semimortuus'.
llawr. Yn y llsgr. rhoir y gair mewn bach petryal ar
waelod y golofn.

(125)

·27 **ol.** Nis ceir yn y testun, ond fe'i ceir yn RM ac ym Mhen.
7.

·28 **vn o deu ar deryw.** *Ar deryw*=ar ry deryw, *ry*+3. un.
pres. *daruot* a ddefnyddir â grym perffeithiol; 'un o ddau
beth a ddigwyddodd'.
Defnyddir y ferf *daruot* i olygu 'digwydd' a 'dod i ben'. Yn
yr ystyr gyntaf dilynir y ferf gan yr arddodiad *y*, e.e. 15.4,
38.16, 38.19. Ceir yr ail ystyr yn 17.17, 25.17, 53.19.
ae uwrw ae lad.=ae y fwrw ae y lad; ai ei fwrw ai ei ladd.

·29 **ryderyw.** Yma y mae grym perthynol i'r *ry-*.
eiryf gwr mwyn.=cyfrif gŵr mwyn . Bydd y marchog
yn credu mai un o farchogion Arthur yw'r dyn rhyfedd a
rhoir cywilydd ei farwolaeth ar lys Arthur.

15·2 **a gertha.**=a gerdda, a fydd.

·3 **ny chattwyf i vy wyneb.** Yma wyneb=anrhydedd,
felly 'na fydded i mi gadw fy anrhydedd,' Defnyddir
y modd dibynnol i fynegi dymuniad.

·11 **yd henyw.**=3. un. pres. *hanuot*, 'y mae'n hanfod ohono'.
Ychydig iawn o farchogion a welsai, felly fe gredai Peredur

mai rhan o'r dyn oedd yr arfwisg.

15·15 **ar Arthur.** =at Arthur.

·21 **y lys.** =y y lys, i'w lys.

(126)

·29 **Py le pan deuy.** =O ba le y . . . gw. GCC, 51-52.

16·3 **yd ymardelw o Arthur.** Gellir darllen *yd* (a) fel *yt* =i ti—
Dyma le da iti hawlio Arthur fel brenhin, (b) fel *y* =*i*—
Dyma le da i ymarddelw o Arthur, neu efallai, (c) fel *yd* =
ydd + ymardelw*i*, a'r *-i* wedi colli trwy gamgopïo. Cf.
21.30, yd ymgystlyny o Arthur.

·5 **herwr.** =ysglyfaethwr, lleidr.
dieberwr. < berfenw diebryt =atal, rhwystro. Dyry GPC,
943, 'Camataliwr, un sy'n rhwystro hawl gyfreithlon:
one who witholds wrongfully, one who frustrates or
thwarts a legal right, reaver'.

·6 **a gyhyrdwys a mi o wr idaw.** =y sawl o ŵr iddo sydd
wedi cyfarfod â mi. Cyhwrd a =cyfarfod â, cwrdd â.

·8-9 **ny bu bell y buant.** =nid fawr o amser. Defnyddir *pell*
yma am ysbaid o amser, cf. *talm* a ddefnyddir am amser a
hyd, 35·11, 36·14.

·12 **gan dy lw.** =gan roddi dy lw. Cf. gan y gret, ll.17, isod.

·18 **lys Arthur.** Dynodir y cyrchfan heb ddefnyddio'r
arddodiad *y*. Cf. ll. 13, uchod, lle ceir arddodiad.

·19 **y gyfranc.** Datblygodd cyfranc o'r ystyr *cyfarfyddiad* i
(ii) brwydr (iii) hanes y frwydr (iv) hanes, yn syml. Yma
fe geir y drydedd ystyr. gw. CLlLl, 9-10.

·23 **parabyl.** =hanes, stori.

·26 **goualus.** =pryderus, yma.

(127)

·28 **goet mawr.** =unigol o ran ystyr, coedwig.

·30 **llys vawr.** Mewn Cymraeg Canol y mae *llys* yn fen-
ywaidd.

17·2 **bali.** =pali, sidan gwerthfawr. Cf. Ffrangeg *paille.*

·4 **gwyl.** Hen ffurf ar *gwêl*, 3. un. pres. *gwelet.*

·9 **ffyryftan.** =tân cryf. Daw *ffyryf-* o'r Lladin *firmus* =cryf.
gw. G, 516.

·10 **teulu a niuer.** Ceir *teulu aniuer* yn y llsgr. Gellir darllen *a niuer*, neu fe ellir ei gymryd fel un gair, a theulu yn y cyflwr genidol—nifer o'r teulu. T. Jones, 190, 'a number of the household'. Yn RM fe geir *y teulu ar nifer*, (201.3); Pen. 7, *niuer mawr*, (610.20).

·17 **guedy.** Hen orgraff *u=w*. Cf. *gwedy*, 19.5 isod.

·19 **Na wn.** Na yn hytrach na *ni* mewn ateb. Cf. 8.22, uchod. *na wn*='am a wn i.'

·21 **a wypei.** 3. un. amh. dib. *gwybot*—'he who might know'.

·22 **a wybydei.** 3. un. amh. myn. *gwybot.*—'he who would know'.

(128)

18·1 **er meitin.** ='for a considerable time'.

·2 **pei as mynnei.** =pes mynnai. Yma ceir *pei* fel cysylltair; ffurf lawn y cysylltair oedd *pei y*. Amrywiad ar *pei y* yw *pei a*, fe gydir '*s*, sef y rhagenw mewnol gwrthrychol 3. un., wrth y geiryn *a*. gw. GCC, 36.

·6 **drychafal llaw.** Ffurf arall ar *dyrchafael llaw*=taro, rhoi ergyd. Cf. *drychaf llaw*, 14.20, ichod.

·12 **y wers hon.** *gwers*=tro, 'while, a turn'. gw. CLlH, 202.18. **moes a mynut.** ='manners and etiquette'. Daw *mynut* o'r Lladin *minutus*. Ceir *mynudrwydd*, 'etiquette' hefyd, y gair a ddefnyddir yn RM, (201.27).

·13 **ieith.** =iaith. Yma yr ystyr yw 'cynghorion'. Y mae Peredur wedi sôn am ei fam wrth Forwyn y Babell, ond nid yw wedi dweud gair amdani wrth ei ewythr.

·16 **nac amofyn ymdanaw.** =paid â cheisio amdano.

·17 **y venegi.** =y y venegi, i'w fynegi.

·19 **gwassanaeth.** =bwyd, yma.
gymersant. Ffurf lafar *gymerassant*, 3. un. gorff. *cymryt*. gw. 60·5-6 isod.

(129)

·30 **y maccwy.** Cyfeirir at Peredur.

19·2 **biewed.** Ffurf ar pieu+oed, cf. *biewoed*, 11.7, uchod. Yma fe symleiddiwyd y ddeusain—*oe*-, a chamgopïwyd *eu* fel -*ew*-.

·7 **llad a chledyf.**=ymladd â chleddyf. Cafodd Peredur yr un cwestiwn gan yr ewythr cyntaf, ac y mae ei ateb yn debyg. Yn 17.18, ceid Tr. Meddal yn y berfenw ar ôl 3. un. amh. y ferf, ond yma ni cheir treiglad.

·10 **ystyffwl.**=colofn o haearn. gw. CLlH, 147.59.

·11 **amgyffret.**=gafael llaw, naill ai ag un llaw, neu â dwy law.

(130)

·27 **a chledyf.** Yn y llsgr. ceir *a cledyf.*

·28 **deuparth.**=dwy ran o dair.

dy dewred.=dy nerth. Yn y llsgr. ceir *dedewred.* Efallai fod *dy* > *de* dan ddylanwad y ddwy *-e-* sy'n dilyn, neu fe all fod yn enghraifft o hen orgraff.

trayan.=y traean olaf.

·29 **ny bydy wrth neb.** '*Bod wrth* appears to mean 'to submit to, to abide by, to yield to'. . .', B, i, 106. gw. hefyd, PKM, 142, 20. T. Jones, 192, '. . . thou wilt yield to none'.

20·5 **anuedrawl.**=anfesuradwy o ran maint. Ceir *anfedrawl* ac *anfeidrawl*, gw. RM (203.8), GPC, 115, 116.

·6 **their ffrwt.** Yn RM, (203.9) fe geir 'a thri ffrwt o waet yn redec or mwn hyt y llawr', ac ym Mhen. 7, WM, (612. 32), 'a theirfrwt o waet aryt y paladyr'.

ar y hyt. Ceir *ary hyt* yn y llsgr.

(131)

·28 **ach.**=ger, gerllaw, yn agos iddi. gw. GCC, 121.

21·4 **yscymmun.** 'O Beredur felltigedig', yw'r ystyr yn hytrach nag 'excommunicated', T. Jones, 193, '. . . thou accursed Peredur'. Dyry P, 35, 'Excommunicate, accursed, execrable, detestable'.

·4-5 **bychan gwaret.**=ychydig o waret fy ngofid a gefais i gennyt ti.

·9 **gwayw.**=poen.

·14 **na dos ditheu.** Yma fe geir Tr. Meddal yn y rhagenw, cf. *Dos titheu,* 39.3.

·17 **chwi.** Mae'n bosibl mai dylanwad Anglo-Normaneg a welir yma, gw. BH, cliv-clv.

· 19 **nys goruydwn.** Fel rheol *goruot ar* a ddywedir, ond yma
mae'r ferf yn cymryd gwrthrych uniongyrchol, sef
rhagenw mewnol gwrthrychol *'s* yn *nys.* Cf. 40.2, isod.

· 20 **kanys nes gwaret it.** 'y mae gwaredigaeth yn nes i ti na
chynt'. Yn y llsgr. ceir *kanyᵗs,* ond *kanys* yw'r darlleniad
cywir.

(132)

· 25 **ar hynt.** =ar unwaith.

· 26 **pan deuei.** Defnyddir *pan* yn berthynol mewn brawddeg
ofynnol. gw. GCC, 52.

· 30 **yd ymgystlyny o Arthur.** Mae'r marchog yn ail-adrodd
yr hyn a geir yng ngholofn 126, (16.3), uchod. *Ymgystlwn o,
ymgystlwn a*=arddel perthynas â, 'acknowledge fealty to
. . .' Gall olygu 'dweud, yngan', hefyd. gw. GPC, 817;
CA, 100. 101.

22·4 **gan gymryt.** =ar yr amod dy fod yn cymryd.

· 6 **yn wiryon.** =heb achos.

· 16 **rywylltaw.** =gyrru ymaith. Grym perffeithiol sydd i *ry-*
yma.

· 18 **ynteu Gei.** Eng. o dreiglo'r enw pan ddaw yn union ar ôl
y rhagenw personol y cynhwysir ef ynddo. gw. YTC, 145.
Fel rheol ni cheir y treiglad hwn yn y testun, cf. *ynteu
Peredur* 11·21, 15·26, ond eto, *Ynteu Gei,* 31·18.

· 20 **yny kaffwyf.** =yny y kaffwyf; hyd onis caffwyf.

(133)

· 24 **amsathyr.** Gall olygu 'tyrfa', gw. WM, (456.16), 'ac
amsathyr y neuad arthur'. Yma ceir y syniad o sathru i
lawr â thraed felly, 'olion dynion'. gw. GPC, 102.

· 25 **alafoed.** =gwartheg; alaf=gyrr o wartheg. gw. CA, 178,
340.

· 26 **gwydwaled.** =gwyddwaledd, tyfiant gwyllt. Ystyr yr
elfen gyntaf gŵydd- yw 'gwyllt'.
llysseu. Nid llysiau ond 'vegetation', planhigion yn
gyffredinol.

· 29 **yn lle.** =mewn lle, eng. o ddefnyddio *yn* o flaen enw
amhendant. Ceir enghraifft arall yn 'ef a welei gaer *yn*

dyffryn auon', 69.16-17. gw. GCC, 139; Ff BO, 63.

Yn RM, (205.12) ceir yma frawddeg arall, sef, 'Ac arllost y waew ef a ffustawd y porth.' Fe all fod yn ychwanegiad ar ran copïwr RM, neu fe'i gadawyd allan gan gopïwr WM. Mae'r olaf yn fwy tebygol oherwydd ym Mhen. 7 fe geir, 'ac agarllost y waew hyrdu y porth', WM, (615.6).

23·1 **agorwyf.** Defnyddir y modd dibynnol er mwyn cyfleu dewis. Gwelir y gystrawen hon yn aml yn y testun. e.e. ae mynet y'r llys . . . ae tithau a arhoych yma (48. 20-21); ae tydi a tynho dy penn ymdeith, ae tithau a el y'r twr-neimeint (54.3-4).

·6 **trachefyn.** Mae defnyddio'r adferf yn awgrymu bod y gwas wedi mynd i weld 'y neb penhaf' a'i fod wedi dod yn ôl eto. Efallai fod brawddeg wedi mynd ar goll, cf. Pen. 7, 'ar gwas a venegis vot ped' yn y porth ac yn gyflym y doeth i agori', WM, (615.10).

·8-9 **deunaw weis.** Eng. o enw lluosog ar ôl y rhifol. Cf. *seith meib,* 1·2.

·9 **vn twf ac vn pryt.** Ansoddeiriol yw grym yr *un* yma, yn golygu 'yr un fath, tebyg', ac fel rheol fe dreiglid enwau gwrywaidd a benywaidd ar ei ôl. gw. YTC, 39.

·12 **y disgynnu a'e diarchenu.** Yr oedd yn rhaid i weision marchog ei dynnu oddi ar ei farch yn ei arfwisg. Gallai *diarchenu* olygu 'tynnu esgidiau, arfwisg, neu wisg deithio', ond yma mae'n debyg mai 'tynnu arfwisg' yw'r ystyr. Dengys Weisgerber, ZCP, xv, (1925), 183-4, fod Pen. 4 yn adlewyrchu cymdeithas hŷn na Phen. 7 ac RM, oherwydd ynddynt hwy ni cheir sôn am ddisgynnu. Buasai'n rhaid iddo farchogaeth i mewn i'r neuadd, fel y gwna Kulhwch, er mwyn i'r gweision ei ddisgynnu yno, peth na chaniateir gan awduron diweddarach.

·16 **dremynt.** Ceir *tremynt* hefyd, gw. PKM, 194.17.

kymryt. Yn wreiddiol golygai 'o'r un olwg â', yna 'cyn hardded â'. Yma fe geir yr ystyr olaf.

·17 **a uuassei da.** =gwisg a oedd wedi bod yn dda ar un adeg.

·18 **trwyddaw.** Ceir yma un o'r enghreifftiau cynharaf o

ysgrifennu *dd.*

·19 **blawt.** Gall fod yn unigol neu dorfol. Yma fe'i defnyddir yn dorfol.

·20 **dwyael.** Ceir *dwylaw* yn y llsgr.

muchyd. gw. BH, 118. 1963, '. . . A barnu wrth y glos *muchid* yn Llsgr. Leyden, buasid yn disgwyl *muchud* mewn CymC (cf. WG. 14)'.

Dyna a geir y rhan amlaf megis yn WM 615, 622; RB 148, 149; etc.; ond *muchyd* yn WM 133, 166 fel yn BH. Tybed ai copïwr yn camddarllen *v=u* fel *y* (yr oedd y ddwy lythyren bron yn unffurf) sy'n gyfrifol am y ffurf ag *y?*

·20-21 **deu vann gochyon vychein.** Eng. o arfer Cymraeg Canol o dreiglo'r ansoddair yn feddal ar ôl y rhif deuol. Cf. *deu vilgi vronwynyon vrychyon,* 48.9-10, isod. gw. GCC, 11.

(134)

·24 **Nyt oed bell.** Eng. arall o *pell* yn cael ei ddefnyddio am amser, cf. 16. 8-9, uchod.

·29 **y gymeint arall.** Defnyddir gradd gyfartal yr ansoddair fel enw benywaidd, 'an equal amount'.

24·2 **adnabu.** =gwelodd. Cf. defnyddio *perceive* y Saesneg yn yr un modd. Y mae'r ddwy ferf yn golygu 'gweld' a 'gwybod, deall', GPC, 28, 'adnabod ar'='to know from observation'.

·4 **Tydi, vy chwaer.** Cyfarchiad neu ebychiad. T. Jones, 195, 'Sister mine . . .' Defnyddid ail berson unigol a lluosog y rhagenw annibynnol dwbl mewn cyfarchaid. gw. WS, 172.

·7 **Mefyl ar fy maryf.** =mefl ar fy marf. Llw ysgafn.

·11 **oed.** =byddai. Defnyddir *oed* yn gyffredin mewn Cymraeg Canol i olygu 'byddai', 'would be'.

·15 **Llyma.** Wethiau ceir *ll̄* am *ll* yn y llsgr., fel yn yr eng. *yma.* Ni ddigwydd yn aml, ac *ll* a geir fel rheol.

·23 **ymlaen.** =cyn (iddo ef . . .).

·25 **an.** =ein, rhagenw blaen, 1af. llu.

(135)

25·6   **bieoed.** Ffurf ar pieu+oedd, cf. uchod.

·7   **Sef.** Yn wreiddiol 'ys ef', yna fe ddatblygodd fel cysylltair, 'ond' yw'r ystyr yma.
y'm erchi. =yn fy erchi. Eng. o *y=yn*.

·10   **mi hun.** Ceir *my hun* hefyd, gw. GCC, 60.

·12   **Sef a oruc.** Yma fe geir ystyr i 'sef'=*y peth* a wnaeth yntau.

·14   **rac dahed.** =gan mor dda, cf. 8·4, uchod. Yma fe geir–*d*= -*d*, fel yn orgraff Llyfr Du Caerfyrddin, ond cf. cadarnhet isod.

·15   **brodyr maeth.** Arferid rhoddi meibion brenhinoedd i'w magu yn nhai uchelwyr, ac yr oedd llysoedd yr uchelwyr hyn yn gartref iddynt. Fel canlyniad yr oedd perthynas agos rhyngddynt a phlant yr uchelwyr, ac yma fe ddibynna'r forwyn ar ei brodyr maeth am ei bywyd. Fe welir Peredur yn cyfarfod â'i chwaerfaeth ar ôl iddo adael llys yr ail ewythr. gw. HW, i, 310; ii, 549-550.

·15-16   **ny cheit arnam.** Ceit=amh. amhers. *kael*, cf. BH, ll. 123, 1643, 2190. T. Jones, 196, '. . . it would never be taken, and we in it . . .' Yn BH, fe ddywedir, 'ny cheit y kastell hwnnw yn dragywydawl hyt tra barhaei fwyt yndaw', ll.2190-2193

·16   **barhaei.** =parhâi. 3. un. amh. *parhau*. Yn y llsgr. ceir *barahei*.

·17   **ryderyw.** ry+3. un. pres. *daruot* yn yr ystyr o 'dod i ben', felly 'a ddaeth i ben'.

·20   **oet.** =oed, oediad o amser.

·20-21   **bellach auory.** =bellach nag yfory. Enghraifft o hen gystrawen y radd gymharol. Ni cheir *no(c)*=*na(g)* yn dilyn yr ansoddair, ac mae *auory* yn y cyflwr genidol. gw. GCC, 27 n1.

·23   **dihenyd.** Yma 'tynged' yw'r ystyr, ond fel rheol golygai 'marwolaeth' neu 'farwolaeth gyfreithiol'.

·25   **yr bot yn nerth in.** =yn gyfnewid am, yn dâl am, fod yn nerth i ni.

(136)

·28   **vn o hynny.** =un o'r pethau hynny.

26·3   **a chwedleu genhyt.** =a oes newyddion gennyt?

·5   **gwedyr disgynnu.** =gwedy ry disgynnu. Nid oes
llawer o ystyr i'r *ry* yma.

·6   **lle amlach pebyll.** =lle mwy aml ei babell.

·15   **a phryt nawn.** =tri o'r gloch yn y prynhawn < *nona* Lladin,
sef nawfed awr y dydd.

·20   **penteulu.** =pen milwyr yr iarll. 'captain of the body-
guard'.

·21   **y iarlles.** Cf. 27·22, 30·12, 60·27, 65·11-12.
y'th uedyant. =yn dy feddiant; γ=*yn*+rhagenw
mewnol ail un.

·23   **y trayan.** Cyfetyb y rhaniadau hyn i'r drefn a sefydlwyd
yn y Cyfreithiau. 'Sarhaet pennteulu yw trayan sarhaet y
brenhin, a'e werth yw trayan gwerth y brenhin; a phob
vn heb eur a heb aryant' LlB, 8; AL, i, 14, 358, 636.

·25   **a gefeist o da.** =y llog neu yr elw, a wnaethost ohono.

·28   **eneituadeu.** Eneit=einioes, maddau=gollwng i fynd,
felly 'yn colli einioes, yn marw.'

(137)

27·6   **kymeredus.** =balch. gw. G, 242.

·10   **Distein.** =stiward y llys. gw. LlB, 11; AL, i, 22, 362, 642.

·16   **a thitheu.** Yn y llsgr. ceir *a thitheu*.

·22   **y iarll.** Cf. 26·21.

·24   **nyt ymgelaf.** =nid ymguddiaf oddi wrthyt.

28·1   **y chyweiraw.** =ei threfnu, 'establishing and settling her
into her domain', T. Jones, 197.

(138)

·6   **er meitin.** Dywedwn heddiw *ers meitin* < *er ys meitin*. Yn
yr enghraifft hon *meitin*=ysbaid hir o amser. Defnyddir
'er ys' o flaen ysbaid o amser e.e. 'er ys blwyddyn', ond os
cyfeirir at bwynt penodol defnyddir 'er', e.e. 'er blwyddyn
i heddiw'. Nid yw *meitin* yn benodol ond efallai fod ystyr
y gair ychydig yn wahanol, neu fe all fod Peredur yn
cyfeirio at ddechreuad yr ysbaid yn bendant. gw. PKM,

128. 10.

·8-9 **na gofit.** Yn y llsgr. fe geir *nac gofit*, dan ddylanwad *nac* sydd yn dilyn, efallai.

·9 **enbydtrwyd.** =perygl. Yn *–byt–* fe welir elfen a geir yn *pyt*= perygl, gw. 43·5, 60·14.

·12 **ef a gyfarfu.** Yn y llsgr. ceir *af a* . . .

·13 **gochwys.** Defnyddir *go–* fel rhagddodiad cryfhaol yn yr enghraifft hon, ond yn aml nid oes llawer o ystyr iddo. Cf. *gohen*, 37·12, isod.

·16 **ansawd.** Yma=cyflwr, ystad.

·20 **gouut.** Ceir *gofid* a *gofud* yn yr hen lawysgrifau. gw. PKM, 157·5; CLlH, 74; Cf. *gofit*, 21·5, uchod.

·24 **yn y ol.** =ar ei ôl.

·28 **eissoes.** =er hynny.

·30 **gan vynet.** =ar yr amod dy fod yn mynd.

trachgefyn. Ffurfiad afreolaidd. 'Yn ôl' yw'r ystyr. Datblygodd y ffurf *trachefn* o'r arddodiad *tra*=yn ôl +cefn. Ceid hefyd tra'm cefn; tra'th gefn; tra'e gefn, etc. Datblygodd ffurf arall, sef *trach* o *trachefn*, a cheid trach fy nghefn; trach dy gefn; trach e chefn, etc. Yma fe geir *trech*+*cefn*, ond heb ragenw mewnol. Fe ddisgwylid *trathgefyn*. gw. GCC, 136.

29·2 **wynebwerth.** =iawndal am ei hanrhydedd. Cf. wyneb, 15·3, yn golygu 'anrhydedd'. gw. PKM, 175-176.

·8 **meint.** =maintioli.

praffter. =grym, nerth.

oetran mab. Ceir yma fath o gyferbyniad a oedd yn hoff gan y Cynfeirdd. Fe'i gwelir yn y Gododdin hefyd, 'Gredyf gwr oed gwas'. CA, l.1; gw. hefyd, 61·1.

(139)

·14 **oed.** =byddai.

·17 **yssyd.** Yn y llsgr. fe geir *yssy*^d.

yma. Ceir *yna* ym Mhen . 4, *yma* yn RM, (210.14).

·18-19 **Gwidonot Kaer Loyw.** Gwelir yma elfen o hen lên gwerin. Fel y sylwyd, mae Peredur yn dysgu trin ei arfau yn llys y Gwiddonod fel Cuchulain yn llys Scathach, ac fe ddysgwyd Finn gan wragedd hefyd. gw. CS, 75-76; *Eriu*, i, (1904), 182.

·19 **nyt nes inni.** Brawddeg enwol bur a geir yma. Yr *an* sy'n dilyn=rhag. gen. 1af. llu. T. Jones, 198, 'And by daybreak we shall be no nearer to escaping than to being slain.'

·20 **neur deryw udunt.**=neu ry deryw iddynt, 'y maent wedi . . .'

·22 **y bydwn.**='yma y dymunwn fod'.

30·1-2 **y helym a'e ffenffestin.** Y mae'r Gwiddonod yn gwisgo arfwisg fel milwyr. Gwisgid y penffestin, sef cap o fodrwyau dur, o dan yr helm. Ystrydeb yw'r ymadrodd, gw. BD, 213.16.

·5 **mae.**=mai, taw.

(140)

·9-10 **theimlaw dy arueu.**=trin dy arfau.

·12 **y iarlles. Cf.** *y iarll*, 27.22, uchod.

·15 **ar vn tu.**=tair wythnos yn olynol.

·23 **ryodi.**=ry +odi. Ffurf wreiddiol y ferf oedd *odif*, yna fe gollwyd yr *-f.* gw. WM, (477.25), (478.39), (479.2), (477.23). Yn gyntaf golygai 'bwrw', yna 'bwrw eira'. Nid yw'r *ry-* yn ychwanegu at yr ystyr.

gwalch wyllt. Gan fod yr ansoddair yn treiglo mae *gwalch* yn fenywaidd, 'heboges'. gw. BH, cxliv.

·24 **yn tal.**=yn agos i.

·25-26 **ar y kic yr aderyn.** Mae'n debyg mai olion cyfieithu a welir yma. gw. BH. cxlviii-cxlix; FfBO, xxviii.

·27 **duhet.**=duwch. Yn y disgrifiad sy'n dilyn gwelwn hoffter yr Oesoedd Canol o liwiau llachar. (ond cf. Syr Ifor Williams, EWP, 32). Mae'r gymhariaeth yn ddryslyd gan fod yr awdur yn ymgolli ynddi. Byddai'r gystrawen yn well pe gadewid allan 'a gwynder yr eira a chochter y gwaet . . .'

·28 **uwyhaf a garei.**=a garai fwyaf. Ystyrid 'mwyaf a garai' fel un gair cyfansawdd, a ddatblygodd yn fformiwla neu ystrydeb lenyddol. gw. PKM, 128.8.

31·4   **pwy y marchawc.**=pwy yw y marchog?

·5   **paladyr [hir]**. Ni cheir *hir* yn y llsgr. ond mae'n amlwg fod y copïwr wedi ei adael allan. Fe'i ceir yn RM, (211.22).

(141)

·13   **[ac a'e gwant]**. Gadawyd y geiriau hyn allan o destun Pen. 4, ond fe'u ceir yn RM, (211.28), ac ym Mhen. 7 fe geir 'ay vwrw yr llawr', WM, (622.31).

·15   **marchaw[c]**. Ceir *marchaw* yn y llsgr.

·16   **no'[e] gylid.**—*mwy no gylid.* a geir yn y llsgr.

·18   **[pedrein]**. Ychwanegwyd *pedrein* yma, cf. ll. 13 uchod.

·19   **yn disgethrin anhygar.**=yn anghwrtais ac yn sarrug. Ym *Mheredur* fel yn y Rhamantau eraill, natur sorllyd, gas, sydd gan Gai. Nid ydyw'n rhyfelwr dewr a chanddo gyneddfau arbennig fel yng *Nghulhwch ac Olwen*, ond nid ydyw'n llwfrddyn ac yn ffigur gwawd fel Keu y chwedlau Ffrengig. Y mae'n ddigon parod i ymladd ym *Mheredur* ond eto, fe adlewyrchir gradd o ddirywiad yng ngeiriau Owen, 'Nyt a ynteu Gei o'r llys allan', 22.18. Teimla Cai yn 'ofalus' (h.y. yn bryderus), wrth glywed am orchestion Peredur.

·20   **a'e kymerth.**=a'i trawodd.

·21   **dwyen.**=ffurf ddeuol.

      ergyt mawr.=pellter mawr. Datblygodd yr ystyr o'r ergyd ei hun i un o'i ganlyniadau, sef 'y pellter y gellid bwrw dyn ag ergyd'. Mewn Cymraeg Canol enw gwrywaidd yw *ergyt*.

      Yn RM fe geir brawddeg arall yma, sef 'a marchogaeth un weith ar hugeint drostaw', (121.6). gw. Mülhausen, ZCP, xxii, (1941), 68. Cyfieithir y frawddeg o RM gan T. Jones, 200.

·24   **grawth.**=gwyllt. gw. DGG, 229.

·25   **phan wyl.**=pan wŷl, hen ffurf ar 'gwêl', 3. un. pres. *gweld*, cf. 17.4 uchod.

·27   **y gyfranc.** Yma gallai olygu 'cyfarfyddiad' neu 'frwydr', ac efallai y ceir rhywbeth o'r ddau syniad, fel yn y Saesneg 'encounter'. gw. T. Jones, 200; GPC, 711.

·28-29 **or kaffei.** =os câi . . . Defnyddir *or* < *o ry* yn yr ystyr *os*.
Ni phair Dreiglad Meddal yn y gair sy'n dilyn. gw. GCC,
153; YTC, 375.

·29 **veddic.** =feddyg. Yma eto ceir enghraifft gynnar o
ysgrifennu *-dd-*. Cf. *trwyddaw*, 23.18, uchod.

y gyuanhei. =a gyfannai. Ffurf ar y rhagenw perthynol
a yw *y*. Nid yw'n anghyffredin mewn Cymraeg Canol,
efallai am fod y ddwy sain yn dywyll ac yn cael eu
hynganu'n aneglur. gw. YTC, 173-174.

·30 **na hanbydei.** =na byddai.

32·1 **y ar y vedwl.** =oddi ar ei fyfyrdod.

·2 **y penyal.** 'Y cytras yw Gw. *cendgal* 'a dashing or striking,
a pressing or crushing' . . . Gellir awgrymu mai'r ystyr
gyntaf yn Gymr. yw 'gwasgu pennau ynghyd, terfysg,
helynt' . . . Fe weddai'r ystyr hon yn WM, 141'. DG, 480.
gw. hefyd, Loth, *Les Mab.*, ii, 204.

·3 **pebyll.** gw. 10·9, uchod.

·6 **y karei.** =y'i carai.

(142)

·10 **ar dothoed.** =a ry dothoed, a ddaethai. Cf. *doethoed*, 12.27,
uchod.

·12 **aghyfartalwch.** 'Anfoesgarwch, anghymedroldeb', GPC,
59.

·13 **gwr.** Ceir *gwyr* yn y llsgr.

·16 **yn hygar.** =yn gyfeillgar. Gwneir ymgais yma i wrth-
gyferbynnu dau gymeriad Cai a Gwalchmai, arfer a fab-
wysiadwyd yn y chwedlau cyfandirol.

·18 **dywawt geireu.** =dywedodd eiriau, ond gan fod y ferf
yn yr amser Gorffennol, ni cheir Tr. Meddal y gwrthrych.

·19 **keinuigenvs.** Mae'n bosibl fod yr *i* yn ail sillaf *keinuigenvs*
yn affeithio'r *e* wreiddiol i *ei*.

·21 **herwyd.** =gerfydd.

y afwyneu. Yn y llsgr. fe geir *y yafwyneu*.

bychan. Rhaid cymryd yr ansoddair gyda'r ddau enw,
clot ac *etmyc*.

·25-26 **digawn fyd it o'r arueu.** =digon o arfau fydd i ti, lle mae '*r* yn gweithio fel bannod amhendant.

·26 **uliant.** =bliant, lliain main. gw. PKM, 146.2.

·30 **a uei.** =yr hyn a fyddai.

pei as mynhut. Cf. 18·2, uchod.

33·6 **doeth a phwyllic.** Defnydd enwol o'r ansoddeiriau.

·9 **Gwiscaw.** Defnyddir gwisgo yn gyffredin yn yr ystyr 'gwisgo arfau'.

(143)

·10 **yn chweric.** =yn hamddenol, yn araf. 'Quickly' yw cyfieithiad T. Jones, 201, ond y mae symudiad hamddenol yn fwy tebygol yn y cyswllt hwn. gw. GPC, 849.

ar gam y varch. =gyda chyflymdra naturiol ei farch.

·12 **gorffowys.** =hen ffurf ar 'gorffwys'.

·14 **creulonder.** =gelyniaeth yma.

·16 **Pei gwypwn.** Defnyddir *pei* fel cysylltair, =*pe* heddiw.

bot yn da genhyt. =y byddai'n dda gennyt.

·17 **ymd[id]anwn.** Ceir *ymdanwn* yn y llsgr.

·19 **deu wr.** Dau a geir yn *Perceval,* sef Saigremor a Keu (Roach, 5598 yml.) and yn y testun (31.15) fe ddywedir bod 'petwar marchawc ar hugeint' yn ymwan â Pheredur yn ogystal â'r macwy a Chai. Ym Mhen. 7 ni chrybwyllir dau ŵr arbennig yma, ond dywedir 'a llawer . . .', WM, (624.22-23).

·22 **nyd.** Yma –*d* =–*d* fel yn Llyfr Du Caerfyrddin, ond –*t* = –*d* yw arfer cyfnod WM, cf. 1·7, etc.

·23 **gyt ac nat oed.** =yn gymaint ag nad oedd . . .

·24 **y ar.** =oddi ar. Yn y llsgr. ceir *ya.*

·25 **uwyhaf a garwn.** Cf. *uwyhaf a garei,* 32·11 uchod.

·28 **ar ladassei.** =a ry laddasai, ond nid oes grym arbennig i'r *ry* yma.

·30 **[y chnawt].** Gadawyd allan y geiriau hyn yn y testun.

34·2 **deu dafyn waet.** Treiglad y Deuol. Cf. *deu vann gochyon,* 23.20-21.

·3 **Gwalchmei.** Yn y llsgr. ceir *gwa*l*chmei.*

·4 **nyt.** Cf. *nyd,* 33.22, uchod.

·5 **diryfed kyn ny bei da.** Ceir *diryded* yn y llsgr. = 'Nid

rhyfedd nad oedd yn dda gennyt dy ddwyn oddi arno'.
Defnyddid *kyn ny* 'though not' gyda'r modd dibynnol,
gw. WG, 446-447; GCC, 150. Grym *kyn ny* yma=*pe na*,
cf. GCC, 150, n1. Guest, *The Mabinogion*, (Llundain), 1877,
99, '. . . and I should marvel if it were pleasant to thee to
be drawn from it'. T. Jones, 201-202, '. . . nor was it
strange though thou disliked to be drawn from them'.

- ·7   **yttiw.** Ffurf ar ydyw. Cf. *yttoed*, 40.17=ydoedd.
- (144)
- ·12   **wth.**=gwth, ergyd.
- ·13   **ny'm tawr.** 3. un. pres. myn. *darbot*, a'r *d*– wedi caledu 'n
  t–. Ceir hefyd *torei*, 64.4. Yma fe geir y gystrawen wreidd-
  iol, sef trydydd person unigol y ferf mewn brawddeg
  negyddol, gyda'r rhagenw mewnol yn y cyflwr derbyniol.
  Yn ddiweddarach fe'i defnyddiwyd fel berf gyffredin, a
  chafwyd ffurfiau ar gyfer y personau eraill, e.e. *doraf*,
  dorwn. Ystyr *ny'm dawr* oedd 'nid yw o wahaniaeth i mi'.
  Yma mae wedi gwanhau i 'Rwy'n eithaf bodlon . . . I
  don't mind'. gw. WG, 373-374; PKM, 246.14; G, 303
  ChCC, 153.18.
- ·15   **y glybot.**=y y glybot, i'w glywed.
- 17-18 **pwy oed.**=beth oedd. gw. GCC, 48, n1.
- ·23   **gwlat.** Yn y llsgr. ceir $g_w^a lt$.
  o'r y ryfuum. =o ar a ryfuum, 'o'r rhai y bûm (ynddynt)'.
  Rhagenw dangosol yw *ar* yn golygu 'yr hwn, y rhai'.
  Troes *o'r* yn *a'r* yn ddiweddarach. gw. GCC, 46. Yma fe
  hepgorir y ffurf ragenwol ar yr arddodiad a fyddai'n
  cyfeirio'n ôl at y rhagflaenydd, gw. GCC, 43, n1. Cf. *a
  uu drwc Kei wrthunt*, 35.16.
  –fu–=*–f–* hen orgraff, neu fe all–*fuum* fod yn hen ffurf heb
  ei chywasgu ar 'bum', 1af. 1n. gorff. *bot*.
- ·26   **y teu.** =yr eiddot ti, sef ail berson un. y rhagenw meddian-
  nol.
- ·29   **Gei.** Treiglad y goddrych.
- 35·1   **Mi a.** Yn y llsgr. ceir *Ma*.
- ·6   **diot.**=tynnu ymaith, diosg.

·7   **vn ryw wisc.** =yr un math o wisg.

·8   **la[w] yn llaw.** Yn y llsgr. fe ge *lla yn llaw.*

·11   **ys talym.** Ceir yr un gystrawen ag *oed blwydyn,* 12.27, ac *ys blwydyn,* 68.15-16.

·13   **trigye.** Gellir cymryd yr *-e* fel gwall copïo a darllen *trigyy,* cf. RM, (215.2); neu fe all fod yn hen orgraff am *y* glir, cf. BH, 1909 a gw. ciii.

   phe gwypwn uot. =a phe gwypwn y byddai dy gynnydd . . . Yma mae'r cysylltair *pei* wedi datblygu i *pe.*

·14   **nyt aut.** =nid aethit.

·15   **Hwnnw.** Sef y cynnydd.

(145)

·16   **a uu drwc Kei wrthunt.** Heddiw fe ddywedem 'y bu Cai yn ddrwg wrthynt'. Gellid defnyddio *a* yn ogystal ag *y* ar ddechrau cymal perthynol dan reolaeth arddodiad. gw. GCC, 42-43.

·18   **hyny vyd.** Geiryn cadarnhaol yw *hyny* yma, fel 'fe, wele' —'fe ddaeth y frenhines, 'wele'r frenhines . . . yn dyfod'. gw. GCC, 155; PKM, 205; B, i, 103.

·21   **enrydet.** *-t* = *-dd,* sef orgraff y Llyfr Du.

·22   **ymchoelut.** *Ychoelut* a geir yn y llsgr.

·25   **adoeth.** *Y doeth* a geir yn y llsgr. Ffurf o'r ferf *aduot* sydd yma. Gellir darllen *ac adoeth* neu *ac attoeth,* digwydd y ffurfiau *agadoed, agattoed* mewn Cymraeg Canol hefyd. Ceir ffurf arall y ferf yn *atuyd,* 32.12. Fel rheol 'efallai' yw'r ystyr, ond yma mae'n golygu 'trwy siawns' neu 'y digwyddai iddo'. gw. PKM, 97.9; GCC, 96; WG, 440; T. Jones, 282.203.

·30   **pei da genhyt.** =pe bai'n dda gennyt. Grym berfol sydd i *pei* yma, cf. 1.8, uchod.

36·7   **kefyn.** =esgair, cefnen.

·14   **talym.** =am ryw bellter. Heddiw fe ddefnyddir *talm* am amser, ond fe geir y ddwy ystyr yn y testun. gw. 35.11, cf. hefyd *pell,* 16.8-9.

·15   **carrec lem.** =craig serth.

(146)

·17-18 **athrugar.** Yn llythrennol=anhrugagrog, ond 'aruthrol' yw'r ystyr yma. Defnyddid y gair i olygu 'iawn' fel y defnyddir 'dreadfully, awfully' yn Saesneg yn yr ystyr 'very'. Gair cyfansawdd yw *athrugar* o *a+trugar*. Treiglad Llaes a geir yn yr hen gyfansoddeiriau, ffurfiad diweddar yw'r Tr. Trwynol a welir yn *anhrugarog* etc.

·20 **dygwyd.**=dygwydd, 3. un. pres. *dygwydaw*=cwympo, syrthio. Defnyddir y Presennol Byw yma yn lle'r amser Gorffennol.

yn dibin.=yn hongian.

·24 **y warch.**=farch, ei farch. Hen orgraff *w*=*f*.

·26 **[y d]yffryn.** Yn y llsgr. ceir *yffryn*.

·29 **noc gwr.** Disgwylir *no gwr*.

·30 **saethu.** Darlleniad cywir y frawddeg hon fyddai—a deu was ieueinc yn saethu kyllyll, a charneu eu kyllyll o ascwrn morvil. Un o gonfensiynau'r Rhamantau yw cael carnau cyllyll wedi eu gwneud o asgwrn morfil. Mae'r olygfa ei hun yn ystrydeb a welir yn aml yn y Rhamantau; saif y ddau was bob amser tu allan i'r gaer gan saethu eu cyllyll, gw. *Iarlles y Ffynnawn*, WM, (225. 13, 27; 234.33). Pen 7, 'ac asgwrn morvil aoed yny karneu', WM, (627.22).

37·10 **dyrchafel.**=codi. Bwrdd ar ddreslau a ddefnyddid.

·12 **gwreic ohen.**=hen wraig. Digwydd *go*- fel rhagddodiad yn golygu 'rather', ond yn aml nid oes ystyr bendant iddo. Cf. *gochwys*, 28.13, lle mae grym iddo.

·13 **mwyhaf gwraged.** Dywedir am y gŵr llwyd 'mwy oed noc gwr o'r a welsei eiroet', 36.28-29, felly yr oedd y teulu oll yn gewri. Cyfeirir at 'y wreic fawr', 39.17, ac fe ddywed y forwyn wrth Beredur fod gwŷr ei thad yn gewri, ll.27 isod.

(147)

·22 **pan yth weleis.** Yn y llsgr. ceir *pan o yth*, ond gwall copïo yw'r *o*. Nid y geiryn *y* a welir yma, ond ffurf lafarog ar y rhagenw mewnol gwrthrychol *'th*. gw. GCC, 35; WG, 279 (3).

- ·24 **dihynyd.** =marwolaeth. Cf. 25.23.
- ·26 **gwyr.** =gwŷr yn yr ystyr ffiwdal, 'vassals'.
- 38·3 **Pan uu amserach.** Gwelir yma fformiwla sydd ar gael yn y Mabinogi, gw. PKM, 7. 3. Fe'i defnyddid gan y chwedleuwyr i lanw bwlch o amser, gan fod meddwl cyntefig y gwrandawyr am glywed y manylion oll a chyfrif am bob eiliad. Dyna'r rheswm sydd y tu ôl i ymadroddion fel, 'a phan uu amser, y gyscu yd aethant,' 18.20: 'Esmwythter . . . a gymerassant, ac y gysgu yd aethant', 27.2-3. gw. T. J. Morgan, *Ysgrifau Llenyddol*, (Llundain), 1951, 164.
- ·9 **[y] wreic.** Yn y llsgr. mae'r fannod ar goll.
- ·13 **y keidw.** =y'i keidw, sef ei gred, ei addewid.
- (148)
- ·16 **echwyd.** =canol dydd, yn wreiddiol, naw o'r gloch yn y bore. Cyfieithiad T. Jones, 205, yw 'by evening'. gw. AP, 62-64.
- ·19 **neur deryw.** =y mae ef wedi lladd, *neur daroed*, ll.16= yr oedd ef wedi lladd.
- ·22 **a'r vorwyn.** Yn y llsgr. ceir *a^r vorwyn.*
  Yn y llsgr. ceir y. . . ar ddiwedd y llinell.
- ·30 **roessut.** =ail un. gorberffaith *rodi.*
- 39·3 **adolwc.** =ymbil. Ail un. gorch. *adolwyn.* Bôn y ferf yw *adolyg-.*
- ·4 **kynys.** =er nas. Ceir *kanys* yn y llsgr.
- ·6 **y that.** =y y that, i'w thad.
- ·10 **pan yw.** =mai, taw.
- ·19 **yttwyf.** Cf. *yttiw*, 34.7, *yttoed*, 40.17.
- (149)
- ·30 **parawd.** Ceir *paranawd* yn y testun, *parawd*, RM, (218.19).
- 40·3 **o'e gynhal.** =i'w gynnal. Ceid *o'e* ac *o'y* mewn Cymraeg Canol yn golygu i'w. gw. CLlLl, 19-20; GCC, 34, n2; WG, 277.
- ·13 **llityawcdrut ffenedigvalch.** Gwelir yma fath o arddull a ymddangosodd tua diwedd y cyfnod canol, sef arddull yr Araith, lle ymhyfryda'r ysgrifenwyr mewn pentyrru ansoddeiriau cyfansawdd. Y mae'n dechrau datblygu yn

y chwedlau, e.e. y disgrifiad o farch Kulhwch, WM, (455.35) yml. Mae'r ansoddeiriau yn ychwanegu at y dar- lun o'r march, ond erbyn cyfnod yr areithiau maent yn ddiystyr. gw. D. Gwenallt Jones, *Yr Areithiau Prôs*, (Caerdydd), 1934, xiii-xx.

- ·14   **y lladawd.**=y'i lladdodd.
- ·15   **agherdet.**=angherdded, crwydr, disberod.
- ·18   **yn ol.**=ar ôl.

(150)

- ·22   **vdunt.**=drostynt.
- ·23   **atwaenat.**=3. un. amh. *adnabot*, adwaenai. Cf. *wydyat*, 19·6, *wydat*, 17.18.
- ·25   **Pan doy ti.**=O ba le y dôi ti?
- 41·1   **kyflauanu.**=ymosod ar.
- ·2   **yr na allei.**=oblegid na allei.
- ·3   **traegefyn.**=yn ôl, gw. uchod, 28·30.
- ·5   **dryccet.**=mor ddrwg.
- ·8   **y bwyth.**=ei bwyth, talaf yn ôl i ti. gw. CLlH, 166.12c; PKM, xxix.
- ·9   **oc eu neges.**=o'u neges.
- ·10   **y emyl.** Enghraifft o *y*=*yn*, 'yn ymyl'. Neu efallai *ymyl*= enw= 'y ymyl'.
- ·12   **a wnaeth.** Yn y llsgr. ceir *a waeth*.
- ·16   **myn gwrhyt gwyr.** Llw ysgafn. Cymysgid **gwryt**= 'dewrder', yn aml â *gwrhyt*='fathom', hyd gŵr ar draws ei ddwy fraich. Dewrder yw'r ystyr yma, felly nid oes angen yr –*h*–. gw. CA, 61-62.
- ·18   **iaghwr.**=gŵr ieuanc. gw. B, i, 17-18.

(151)

- ·19   **yn ol.**=i geisio'r march a'r arfau. Yr oedd *yn ôl* yn arddodiad yn wreiddiol, ond erbyn Cymraeg Diweddar y mae wedi datblygu grym berfenw. Ceir *i ôl* yn y De ac *i nôl* yn y Gogledd, lle mae'r berfenw wedi datblygu'n ferf gyflawn, a chlywir ffurfiau fel *nolwch, nola*. gw. Fynes- Clinton, *The Welsh Vocabulary of the Bangor District*, 397.
- ·23   **o'e welet.** Yn y llsgr. ceir *o welet*.

·30 **llityawcdrut engiryawlchwerw** ... Gwelir dylanwad
yr Araith yma eto.

42·9 **gryssyn.** Fe all fod yn ffurf ar 'gressyn' neu efallai fe gam-
gopïwyd *-e-* fel *-y-*. Yn y llsgr. fe geir *glyssyn*, cf. RM.
(220.16), *gryssyn*.

·16 **delis.** =3. un. gorff, *dal*. Dal cymdeithas â=parhau mewn
cyfeillgarwch â rhywun.

(152)

·17 **ac Owein.** =ag Owein, $c=g$, cf. ag arllost, 14.19, $g=g$.

·19 **Kaer Llion.** Enghraifft o ddylanwad Sieffre o Fynwy.
Nid oedd llys Arthur yng Nghaer Llion yn yr hen
chwedlau, lleolid ef yng Nghelli Wig yng Nghernyw. gw.
WM, (497.26), (505.23). Yr oedd olion Rhufeinig yng
Nghaer Llion yn nyddiau Sieffre, fe'u disgrifir gan Gerallt
Gymro hanner canrif yn ddiweddarach. gw. T. Jones,
Gerallt Gymro, 53-54. Mae'n bosibl fod yr adfeilion hyn
wedi awgrymu'r lleoliad newydd iddo. gw. ChCC, 174-
175.

·21 **ellygawd.** =ellyngodd. Ellwng yw'r term technegol am
ryddhau'r ci.

·22 **ruthur.** =pellter. Ceir yma yr un math o ddatblygiad ag
a welir yn 'ergyt.' Ystyr *ruthur* yma yw'r pellter y gellid
rhedeg mewn un rhuthr. gw. CA, 181; YCM, 195.23.

·24 **ar y drws y neuad.** Mewn Cymraeg Canol ystyr *ar drws*
=o flaen. Cf. RM, (220.29). Mae'n debyg mai olion
cyfieithu a welir yma, sef dylanwad cystrawen a genidol
yn Hen Ffrangeg. Cf. 'le corn Rollant', 'le paleis l'evesque',
gw. BH. cxlviii-cxlix, a cf. 'meibion y Brenhin y Diodei-
feint', 45.17.

·25 **tri gweis.** Cf. *deunaw weis*, 23.8-9; *deu was*, 20.3-4,
trywyr, 56.7.

moelgethinyon. moel- 'Os ansoddair, di-wallt, neu di-
flew ar ei wyneb, ...'gw. CLlH, 139.45.-*gethinyon*=llu.
cethin, o bryd tywyll; bygythiol o bryd a gwedd. gw.
G, 138; CA, 363.

·25-26 **gwydbwyll..** Nid 'chess' oedd gwyddbwyll er mai

dyna'r cyfieithiad arferol. Y mae brenin y naill chwaraewr
yn ceisio torri allan o ganol y clawr i'r ymyl, tra ceisia
gwerin y llall ei rwystro. Yr oedd yr un math o chwarae
gan y Gwyddyl, sef *fidceall*. Esboniwyd gwyddbwyll yn
THSC, (1941), 185. gw. hefyd nodyn gan T. Jones, 80.

· 27-28 **teir morwyn.** =gwrthrych heb ei dreiglo.

43·1   **beth a wylei.** =i ba peth, am ba reswm.

·2   **rac dryccet.** =gan mor ddrwg.
       lleassu. =lladd.

·5   **pyt.** Ceir *hyt* yn y llsgr. ac yn y lle cyfatebol yn RM,
       (221.8).

·7   **gwrthret.** =er maint fo y perygl. Yn wreiddiol ystyr
       gwrthret oedd 'gwrthwynebiad'. gw. B. iii, 261.

·9   **yssyd tat.** =sydd dad, ni ddangosir y treiglad.

·11   **awch.** =eich.

·13   **y gymodogyon.** =ei gymdogion. Ffurf unigol *cymodog-
       yon* yw *cymodawc*.

·16   **arllwyssaw.** =clirio, datblygiad diweddarach yw arllwys
       'to pour'. Ceir 'arllwyssaw llwybr' yng *Nghulhwch*, WM,
       (466.34). Yn wreiddiol golygai *arloesi*. Mewn Cymraeg
       Canol fe geid *arlloesi*, heb dreiglo'r *-ll-*. Ffurf ar *arlloesi*
       yw *arllwys*.

·17-18 **wr du vnllygeityawc.** Yma fe geir Tr. Meddal yn y
       gwrthrych ar ôl 3. un. gorff. y ferf. Mae'n anodd pender-
       fynu ai gŵr du fel y cyfryw a olygir, ai gŵr erchyll.
       Byddai gŵr â chroen du yn rhyfeddod i'r rhan fwyaf o
       bobl yr Oesoedd Canol. Mae'n debyg nad rhyw fath o
       Cyclops oedd y dyn hwn ym meddwl y copïwr am ei fod
       wedi colli ei lygad wrth ymladd â'r Pryf Du.

(153)

·20   **a aeth.** Yn y llsgr. ceir *a^eth*.

·21   **y bwyll.** =ei synnwyr, wedi iddo ymdawelu.
       araf hau. =ymdawelu, ymlonyddu. gw. CLlH, 206.30.

·22-23 **pwy y marchawc.** =pwy oedd y marchog. Cf. 31.4.

·25   **welest.** Gall y ffurf hon fod yn gamgymeriad am *weleist*,
       neu fe all fod yn ffurf lafar sydd wedi dod i mewn ar

ddamwain. Cf. *dywedesti . . . edeweist*, 44.10 isod.

·26 **pwylla.**=bydd yn dirion.

·30 **a'r rianed.** Ceir *a rianed* yn y llsgr. Yn RM, (221.27), fe geir *ar rianed*.

44·2 **y urwyscaw.**=ei feddwi. Y mae'n anghyffredin yn y chwedlau i weld yr arwr yn ymddwyn yn y fath fodd, ond efallai na byddai'n gofyn cwestiwn mor anghwrtais i'r gŵr du heb gymhelliad anghyffredin, ac mae'r cwestiwn yn angenrheidiol i'r digwyddiadau dilynol.

·9 **a brwysked a meddawt.**=o frwysged a meddwdod. Enghraifft o *a*=*o*. yn RM, (222.3), ceir *o vrwysged*; Pen. 7, WM, (637.11), *o vaswed*. Yn RGP, 29, fe ddywedir mai enghraifft gynnar o *–dd–* a geir yma, ond gw. RC, xxxi, 382, lle sylwir bod y *d* gyntaf yn cynrychioli *–dd–* felly *medd* (*w*)-*dawt* a geir. gw. hefyd, WG, 51.

·13 **a ataf.**=a adaf.

·14 **y trigyassant.**=yr arosasant.

·21 **diot.** Yn y llsgr. ceir *diost*.

·22 **rodych.** Defnyddir y modd dibynnol yma fel yr ail o ddau ddewis. Ar *titheu* gw. GCC, 32-33; WG, 273 (2).

(154)

–27 **hoff.** Ystyr *hoffi* mewn Cymraeg Canol oedd 'canmol', felly *hoff*=canmoladwy, ond yma 'derbyniol' yw'r ystyr.

·30 **y gwr du.** Defnyddir y Fannod mewn cyfarchiad. Cf. 12·16.

45·3 **pryf.** Defnyddid *pryf* i olygu anifail gwyllt. Yma mae'n debyg mai 'sarff' yw'r ystyr. gw. CLlLl, xvi; PKM, 254.17; Loth, *Les Mab.*, ii, 209.

Nid yw'r ateb yn cystrawennu â'r cwestiwn. Dylid cael enw'r Du Trahawc yn gyntaf a hanes ei ymladd â'r Pryf Du wedyn. Mae'n bosibl fod gan y copïwr fwy o ddiddordeb yn y Pryf Du a'r maen rhyfeddol nag yn y Du Trahawc.

o'r Garn. carn=carnedd, 'bedd' yw'r ystyr yn aml. Mae'n debyg mai math o gromlech a olygir yma gan fod y garn yn y crug. Ym Mhen. 7 WM, (638.4), ceir 'yn y cruc y mae karn vaur o gerric'.

·5   **lloscwrn.** =cynffon. Ceir yr elfen *llost-* yn *llostlydan*,
'beaver'; *arllost* y waywffon; yn yr Wyddeleg *loss* =
cynffon, a'r Llydweg *lost* =cynffon. gw. GPC, 207.

·6   **ynt.** Yma fe geir berf luosog a goddrych lluosog yn ei
rhagflaenu.

·7   **a uynnei.** =yr hyn a fynnai.

·8-9 **vy llygad.** *-d* = *-d.* Cf. dy lygat, 45.1, uchod.

·10 **nyt adwn.** Disgwylid *ny adwn*, gan fod *adwn* < *gadu.*

·13 **py gybellet.** =pa mor bell.

·15 **rifaf.** =enwaf.

     ymdeitheu. =ysbeidiau taith, 'the stages of thy journey',
     T. Jones, 209.

·17 **y Brenhin y Diodeifeint.** Olion cyfieithu a geir yma eto.
     gw. 42.24, uchod. Yn RM, (223.2) fe geir 'meibion y
     brenhin y diodeyueynt', ac ym Mhen. 7 fe geir, 'meibion
     diodeivieint', WM, (638.16), 'meybyon y diodeivieint',
     (638.18).

·19 **Adanc llyn.** Ceir y ffurf *afanc* hefyd. Gwelir yr anghenfil
     hwn yn aml mewn llên gwerin, ac fe'i cysylltir fel rheol â
     dŵr. Datblygodd ystyron eraill i'r gair, fel 'llostlydan',
     'crocodil'. gw. GPC, 41. Nid oes sicrwydd beth a olygir
     yn y testun, oblegid ni cheir disgrifiad gan yr awdur.
     Cysylltir yr *adanc* â dŵr, ond ni wyddys pa un ai ger llyn
     ai yn y llyn y mae ei ogof. Y cwbl sydd yn hysbys amdano
     yw ei fod yn byw mewn ogof, a'i fod yn ddigon dynol i
     ddefnyddio 'llechwayw'.

·22 **Trychanhwr teulu.** =gwarchodlu yn cynnwys tri chant
     o wŷr. Y mae teulu yma yn y cyflwr genidol. Ym Mhen,
     7, WM, (638.23), ceir 'Trychannwr o deulu'.
     idi. =ganddi.

(155)

·28 **y maent perchen.** Mae'n bosibl mai ffurf ar yr hen
     gystrawen, berf luosog + goddrych lluosog, sydd yma. Ceir
     berf luosog oherwydd mai enw torfol yw *perchen* yma, =
     perchenogion. Mae'n bosibl hefyd mai olion cyfieithu a

geir, gw. FBO, xxvii.

·29 **kadw.** =gwarchadw, amddiffyn.

46·7 **y sawl vorynyon.** Ystyr *y sawl* + enw un. a llu. = cynifer, cf. 53.9, isod. gw. GCC, 64.

·15 **Brenhin y Diodeifeint.** Y gystrawen arferol a geir yma.

·22 **kerwyn.** = twb coed. Mae'r gerwyn yn debyg i *Bair Dadeni*, *Branwen*, Mae'r pair gyda'r gallu i adfywio dynion yn elfen boblogaidd yn llenyddiaeth Iwerddon a Chymru. Ym *Mheredur* ceir elfen arall sydd yn digwydd mewn themâu adfywio fel *Parhad* Gerbert de Montreuil, sef yr 'eli gwerthuawr' a roir ar y celanedd. gw. Mac Cana, *Branwen*, 59.

is law. Fel rheol *is llaw* ac *uch llaw* a geir yn y testun. Cf. ll. 50.9-10, 48.8. gw. YTC, 401.

(156)

·27 **diwygyat.** = yr un driniaeth; gwellhad.

·28 **yr vn gynt.** Gradd gymharol yr ansodair *kynnar* oedd *kynt* a defnyddid *gynt*, y ffurf dreigledig, fel adferf. Fel rheol byddai *gynt* yn cyfeirio at y gorffennol pell a *kynt* at y gorffennol agos. Fe'u defnyddid yn yr ystyron hyn heb dreiglad hyd yn oed pan ddylai dreiglo. Disgwylid *kynt* yma oherwydd bod y marchog newydd wedi dod i'r llys. gw. YTC, 58-59 ar yr enghraifft hon.

·29 **y'r vnben.** = y gŵr a ddaeth i mewn yn gyntaf ac a aeth i siarad â Pheredur.

·1 **a ladei.** = a'u lladdai. Cf. *o welet ef*, = o'i weled ef, 41.23.

47·1 **peunyd.** Ffurf gysefin *beunyd* = bob dydd. 'Oherwydd eu harfer yn abladol o hyd ac o hyd daeth *beunydd*, *beunoeth* yn ffurfiau sefydlog a chollwyd yr hen gysefin.' YTC, 258.

·3 **maccwyeid.** Ceir *-d* = *-d* eto, cf. *maccwyeit*, 49.12.

·6 **nyt oed.** = ni byddai.

·10 **yna y kyfaruu.** Yn y llsgr. ceir *Ac yna* . . .

·13-14 **ar drws.** = o flaen.

·16 **llechwayw.** = gwayw o faen; llech = maen.

·18 **wwyhaf.** Camgopïwyd *u*, *v* fel *w* dan ddylanwad yr *w* ddilynol; neu fe all fod yn hen orgraff *w* = *f*.

·19 **vaen.** Golygai 'carreg' mewn Cymraeg Canol, ond efallai mai gem neu faen gwerthfawr yw'r ystyr yma. Enghraifft o thema'r Dyn Anweledig a geir, thema boblogaidd yn yr Oesoedd Canol. Fe'i gwelir ym *Mranwen* (PKM, 46), lle mae Caswallon yn gwisgo mantell hud, ac yn chwedl *Iarlles y Ffynnawn*, WM, (237.32), lle ceir y maen mewn modrwy a rhaid ei throi nes dal y maen yn y dwrn.

·21-22 **pan yth weleis.** Cf 37.22 uchod.

(157)

·24 **India.** Defnyddir yr enw er mwyn creu awyrgylch o hud a lledrith o amgylch y forwyn. Cf. 'Mi a uum gynt yn yr india fawr ar india fechan', WM, (457.30-32).

·30 **kadw o defeit.** =praidd o ddefaid. Cf. kadw geifyr, 1.21.

48·3 **drwod.** =drosodd.

·6 **a phren.** Yn y llsgr. ceir *a pʰren.* h.y. yr oedd y copïwr wedi dangos y treiglad yn naturiol ac yna fe geisiodd ei ddileu. Cred Dr. Williams, RGP, 29, nad oedd y treiglad yn ymddangos yn y testun gwreiddiol a bod y copïwr am gadw'r hen ffurf, ond nid dyna farn Weisgerber, ZCP, xv, (1925), 103.

48·9-10 **deu vilgi vronwynyon vrychyon.** Enghraifft enwog o dreiglad y Deuol.

·13 **gyfarwyneb.** Eng. o air a geidw'r ffurf dreigledig hyd yn oed pan ddaw ar ôl yr enw fel ansoddair. gw. YTC, 259-260.

ellgwn. Gellgwn=llu. *gellgi*, 'staghound'. Ystyrid y cŵn hyn yn ôl y Cyfreithiau yn ddwywaith gwerth milgwn. Ansoddair yw *gell* yn golygu melyn neu frown, melyngoch, rhuddgoch. Mae'n gytras â'r Saesneg 'yellow'. gw. LlB, 53; AL, i, 280-282, 498, 730; PKM, 142-143.

·14 **hydgant.** =llu o hyddod. Ystyr *cant* yw llu, mintai. Ceir yr un ffurfiad yn *peddydgant*, sef llu o filwyr traed. gw. GPC, 418.

·17 **y dwy ffordd.** =dwy o'r ffyrdd. Nid grym bannod bendant sydd i'r *y* yma, ond 'dwy o'r tair'.

·19 **vn o'r deu.** =un o ddau beth. Sylwer pa fodd y cyfleir y dewis sydd yn dilyn. Ceir *ae . . . ae titheu*+modd dibynnol. Defnyddir y gystrawen hon yn aml yn y testun, cf. 44.21-22, ae diot . . . ae tithau a rodych . . . Mewn Cymraeg Diweddar ceir *un ai . . . neu ynteu*, mae *ynteu* wedi colli ei ystyr bersonol ac fe'i defnyddir yn y gystrawen hon gyda phob person a gyda ffurfiau benywaidd. Bydd berfenw, neu ferf yn y gorchmynnol, yn dilyn. gw. GCC, 32n, 58, n7.

(158)

·24 **ar hydot.** =yn ymosod ar hyddod.

·27 **lewenyd.** =croeso. Cf. FfBO, 46.3. 'Am y Wenhwyseg y meddylir pan drawer ar *e* lle disgwylid *a* megis yn *(auu) lewen* . . .', BH, xlvi.

·28 **ny thrigyaf i.** Nid yw'r *i* yn eglur iawn yn y llsgr., ond mae'n debyg mai esgeulustod y copïwr yw'r esboniad; ysgrifennodd *i* ond fe anghofiodd roi dot arni.

·30 **dinas.** Gwrywaidd yw *dinas* yma, gw. *hwwnw* isod. Nifer o dai y tu mewn i furiau a'r gaer yn y canol oedd.

49·17 **vn wreic.** Ystyr *vn*=unrhyw. gw. WS, 136-137.

·19 **wnaeth.** Ceir *wnaet* yn y llsgr. Y mae *t*=*th* yn hen orgraff ond mae'n debyg mai esgeulustod yw'r esboniad yma, gan fod *wnaet* yn air olaf y golofn.

(159)

·28 **yn wr.** Gŵr yn yr ystyr ffiwdal eto, 'vassal', 'liege man'.

·29-30 **bei as kymerwn.** =pes cymerwn.

50·1 **kystlwn.** ='identity'.

·2 **o ystlys y dwyrain.** O gyfeiriad y dwyrain.

·5 **iarllaeth arall.** Grym *arall* yma yw dangos nad oedd Peredur ei hun ond iarll, fel Edlym.
chanys gwiw. = gan mai gwell. Yma *kanys*=*kan*+*ys*, 'since it is'.

·9 **y dodit.** =y'u dodid.

·13 **A gwedy bwrw.** Ceir gwedy *y* bwrw yn y llsgr. Ni cheir disgrifiad o'r ymladd, efallai am fod y chwedleuwr yn blino ar gampau'r arwr. Rhaid i'r gwrandawyr gymryd manylion yr ymwan yn ganiataol.

·15 **kaffel.** *kaffes* a geir yn y llsgr.

·16 **kany chefeis.** =gan na chefais.

(160)

51·9 **y'm harglwyd.** =*harlwyd* yn y llsgr. Ceir enghreifftiau o 'arglwydd' heb –*g*– e.e. Waunarlwydd ym Morgannwg. Ffurf y gair mewn Cernyweg oedd *arluth*. gw. YTC, 104, 445. Ysgrifennwyd *Peredur* Pen, 4, ym marn Dr. J. Gwenogvryn Evans, yn Abaty Castell Nedd. gw. WM, xiii, gw. hefyd, BH, xxviii, xxix, Ceir *arglwyd* yn y llinell nesaf, felly fe all *harlwyd* fod yn wall copïo. gw. WG, 186(4).

·13 **Pei dylyetus.** =petai'n gyfreithlon; *dylyetus* =iawn, rhywbeth a ganiateid.

·14 **arch.** =gorchymyn.

·17-18 **traygefyn . . . traegefyn.** =yn ôl, cf. 28.30, uchod.

·19 **ae gwrhau . . . ae ymwan.** Cystrawen seml a geir yma, *ae* + berfenw. Cf. 48.20-21.

(161)

·21 **perchen.** Ffurf unigol ond fe gyfeiria at gant o bobl.

·25 **dewedassant.** Cf. *dy dewred—dedewred*, 19.28. Gall *de*- yma fod yn hen orgraff neu yn wall copïo am *dy*- dan ddylanwad yr ail –*e*–.

·26 **hyny vei.** =nes byddai. gw. GCC, 155; WG, 446 (4).

52·10 **y dylyu ohonaw.** =ei ddylyu. Cyfeiria'r rhagenw *y* at 'kymeint' a'r arddodiad 'ohonaw' at 'Ef', a ddaw ar ddechrau'r frawddeg.

·14 **ac a dalaf it.** Cf. mi a *t*alaf, 41.7-8.

·16 **rwydheyt.** Eng. o 3. un. gorch. y ferf gyda'r terfyniad –*yt*. Weithiau fe geid –*it*; –*et* yw'r terfyniad a gyfetyb i –*ed* Cymraeg Diweddar, rhwyddhaed. gw. GCC, 87; WG, 329; LaP, 284.

·17 **ymdeith.** =adferf, cf. 10.4, uchod.

·19 **amliw.** =amryliw.

·20-21 **velineu ar dwfyr.** =melinau dŵr.

·22 **gweith saer.** =golwg, ymddangosiad crefftwr. Yr oedd

ystyr ehangach i *saer* mewn Cymraeg Canol nag sydd
iddo heddiw, sef rhywun yn medru crefft. gw. PKM, 181-
182.

·25 **A gaffaf i.** Ceir y ferf ddwywaith yn y llsgr., ond fe
ddilewyd y ffurf gyntaf.

(162)

·28 **hoff.** Nid 'canmoladwy' a olygir yma ond 'pleserus,
hardd'.

53·4 **neill.** =y naill beth neu'r llall.
      ae tydi . . . ae tithau. Ceir dewis heb ferf yma, cf. 48.20-
      21.

·5 **Cristinobyl.** Daearyddiaeth wahanol iawn i leoliad pen-
    dant y Mabinogi a geir yn y Rhamantau, felly gellir sôn
    am yr India a Christinobyl mewn ffordd gredadwy.
    Cristinobyl=Caer Gystennin, 'Constantinople'. Ceir *Cos-
    tinob*(γ)*l, Constinob*(γ)*l, Corstinob*(γ)*l*, gw. G, 168.

·7 **canyt reit idi hi da.** =gan nad oes rhaid iddi wrth eiddo.

·9 **sawl velineu.** Sawl, cf. 46·7.

·15 **ystynnu.** =estyn.

·17 **eurwisc.** =darlleniad RM, (229.19), *emwisc* a geir ym
     Mhen. 4. Ceir 'gwisc o bali eureit' yn Mhen. 7, WM,
     (646.1).

·19 **neur daroed.** =*daruot* yn yr ystyr 'dod i ben'—'yr oedd y
     twrnamaint wedi dod i ben'.

·23 **eissoes.** =er hynny.

·25 **y dyd gynt.** =y dydd blaenorol, felly fe ddisgwylid *y dyd
     kynt*, cf. 46·28, gw. YTC, 258.

(163)

·26 **o'y lety.** =*i'w* lety. Cf. 40.3.

·29 **ef a glywei.** =fe deimlodd. Defnyddid *clywed* mewn
     Cymraeg Canol yn yr ystyr arferol 'clywed' a hefyd i
     olygu 'teimlo'.

·30 **mynybyr.** =menybr, coes unrhyw erfyn neu offeryn.

54·3 **y neyll.** =y naill neu y llall. Cf. *y neill*, 53·4.
      ae tydi . . . Ceir ffordd wahanol o fynegi'r dewis yma.
      Y mae'r ferf gyntaf yn y modd dibynnol, 3. un., ac fe'i

rhagflaenir gan ail bers. un. y rhagenw. Cf. *titheu a arhoych*,
48.21.

·6   **gowenu.** =gwenu'n ysgafn.

·9   **a chymeint.** Defnyddir *cymeint* yma yn lle *cynifer*, 'as
many as'.

 [**ef**] **a.** Ni cheir *ef* yn y llsgr., ond fe'i ceir yn RM, (230.9)

·12   **Dilin.** =dilyn. gw. CLlH, 197.106; CA, 207.

·18   **a ffallu.** =a phallu, gwrthododd fynd.

·19   **gennat.** Enw benywaidd yw *kennat* er mai gŵr a olygir.

·20   **y trydyd weith.** Disgwylid *tryded*, cf. *tryded*, 19.20.

·23-24 [**y**] **wrth.** Ni cheir *y* yn y llsgr.

·25-26 **rwymat iwrch.** =rhwymiad iwrch. Rhywmir troed
carw ar ôl ei ddal. gw. B, iv, 135, lle cyfeirir at ddisgrifiad
o rwymiad iwrch ym Mhen. 27, ii, 26:

 'J vlingo i bedwar troyd hyd yn gyuagos at y korff a [i]
 dori yngymale yr arddyrne a chymryd yr hegl ol asw ai
 rroi drwy y morddwyd deav rrwng y penelin ar korff
 rrwng y giewyn ar asgwrn a chymryd y morddwyd ai
 rroi drwy iewyn y goys asw or tv allan ir morddwyd i
 may drwyddo. A chymryd yr hegl deav a [i] rroi drwy
 y goys hono a thori giewyn y goys ai gadel velly eithr
 rraid troi y pen os iyrchell amgylch y morddwyd asw, os
 iwrch amgylch y morddwyd deav. [A]r wyneb at y gwddw
 a rroi kwlym kyredic ar groyn y pedwar troyd ar y trayd'.

·29   **ar dy gennat.** Mewn Cymraeg Canol, fel heddiw, gall
kennat olygu *neges* a *negesydd*; yr ystyr gyntaf a geir yma.
Cf. ll.19.

55·3 **y gyfeir gyntaf.** =yn y lle cyntaf, h.y. eisteddodd Peredur
yn rhan gyntaf y babell, tua'r drws.

·6   **o'e lety.** =i'w lety, cf. 53.26.

·9   **y gyweirdeb.** Ceir anghysondeb yma, oblegid benywaidd
yw *cyfeir*, felly fe ddisgwylid Tr. Llaes—*y chyweirdeb*.

·18   **moes.** =dyro. Berf ddiffygiol ydyw, ac ni cheir ond y
ffurfiau gorchmynnol, un. =*moes*, llu. =*moesswch*. gw.
GCC, 103.

·20   **yttoedynt.** =oeddynt. Cf. *yttiw*, 34.7; *yttoed*, 40.17.

yttwyf, 39.19.

·21 **ewin pryf.** =crafanc anifail.

·21-22 **ar weith.** =ar ffurf.

(165)

·26 **ywet.** =yfed, *w*=*f*.

56·5 **y lety.** =y y lety, i'w lety. Ni chedwir at ffurf arbennig, ceir *y*, *oe*, ac *oy*=i'w.

·7 **trywyr.** =y tri gŵr; *tri*≥*try* mewn ffurfiau cyfansawdd. Cf. *trychant*, 45.28, *trychanhwr*, 45.22. gw. GCC, 10.29.

·16 **ystorya.** =hanes. Ceir *istorya* hefyd, 61.12.

·22-23 **morwyn bengrych du.** Yma fe geir disgrifiad adnabyddus o'r Forwyn Hagr, y 'Loathly Damsel'. Yr oedd cysylltiadau annymunol gan y lliw du i feddyliau yr Oesoedd Canol, a chan felyn weithiau, cf. 'falve mule' Chrétien, Roach, ll.4612.

·23 **charreieu.** =afwynau, llinynnau lledr, 'thongs'.

·23-24 **anuanawl.** =trwsgl, 'rough'. gw. GPC, 114.

(166)

·26 **a darffei.** =3. un. amh. dib. *daruot* yn yr ystyr 'digwydd'; 'a fyddai wedi cael ei bygu'.

y bygu. =ei drochi mewn pyg.

·27 **y llun.** =ei ffurf.

·28 **kyccir.** Dyma'r unig enghraifft hysbys o'r gair hwn a geir. Mae'n debyg mai 'yn hongian i lawr' yw'r ystyr. gw. GPC, 656.

ffroenuoll. =â ffroenau llydan.; ffurf arall oedd *ffroen-ffoll*. Daw *–ffoll* o'r Lladin *follis*='bag'. Defnyddid y gair fel rheol mewn Cymraeg Canol i ddisgrifio march, cf. 59.13. gw. B, i, 225 am drafodaeth.

·30 **ygheuhynt.** =yng ngheuhynt; *ceuhynt*=ceudod, 'cavity'. gw. GPC, 473.

57·1-2 **blodeu y banadyl.** Ceir cyffyrddiad o ddychan yma eto, oblegid fe ddefnyddid y fformiwla hon i ddisgrifio harddwch merch. Pan gysylltid yr ansoddair 'melyn' ag anifail, mul yn arbennig, yr oedd yn arwydd o ddigrifwch neu o berygl. Mae mul y forwyn yn felyn a mul y Demoiselle

Hideuse yn 'falve'.

·2-3 **o gledyr y dwyvron.**=breast bone.

·3 **helgeth.**=ei gên.

·10 **kanys dylyy.**_Kan_ – _nys_+ail un. pres. _dylyu_; 'gan nad oes gennyt hawl i gyfarchiad'. gw. GCC, 149.

·13 **y maccwy.** Ceir rhai anghysonderau yn y disgrifiad hwn, yn llys ewythr Peredur yr oedd _dau_ facwy yn dwyn y gwayw; _tair_ ffrwd o waed, nid dafn yn unig; rhedai'r gwaed i'r llawr.

·18 **gofynnut.** Ffurf yr amh. dib. a geir, ond mae'r ystyr yn orberffaith.

·24 **Kastell Syberw.** Elfen adnabyddus arall yn y chwedlau am Beredur, Perceval, Parzival, a'r Greal, sef y _Château Orgueilleus_, gw. Roach, ll.46489. gw. _Llên Cymru_, v, (1958), 68: y Crug Galarus='the Dolorous Tower'.

·25 **y wrthaw.**=amdano, yn ei gylch.

(167)

·30 **os dirper.**= os haedda. _Dirper_=3. un. pres. _dirper_= haeddu; _os_=_o_+'_s_ a'r rhagenw mewnol yn cyfeirio at _clot_. gw. GCC, 153.

arbenhicrwyd. Weithiau mewn Cymraeg Canol fe geir _h_ yn tyfu o flaen yr acen. Cf. 13.4, uchod.

58·1 **y kaffei.**=y'i kaffei.

·2 **y mae.** Yn y llsgr. fe geir $\overset{a}{m}e$.

·3 **gyfeistydyaw.** Yn y llsgr. _gyfeist$\overset{y}{e}\overset{dy}{a}$wd_ a geir yma.

·3 **yd yttys.**=yr ydys, ffurf amhers. pres. _bot_, 'y mae yn cael ei warchae'.

·12 **ystyr.** Gall olygu _hanes_ mewn Cymraeg Canol, yn ogystal ag 'ystyr' fel mewn Cymraeg Diweddar. Yma fe geir yr ail ddatblygiad. gw. WM, (499.38); CLlLl, 2-6.

·16 **angerd.**=nerth, grym. gw. PKM, 264-265.

·19 **eurgrwydyr.**=tarian â rhwyllwaith aur, 'gold-chased'.

·20 **lassar.**=lliw glas, asur. gw. PKM, 233-234.

·25 **gwystyl.**=cred, sicrwydd, 'gage'. Maneg a ddefnyddid fel rheol.

(168)

·29 **y gyfranc.** Yr ystyr yma yw 'brwydr'.

59·1 **mi y'th ol.** Berfenw yw *ol* yma, yn golygu 'dilyn'. Cf. WM, (505.17).

·8 **yn y gyfeir.** =yn ei le, 'aethant i gyfeiriadau gwahanol'.

·11 **yn y chylchyn.** =yn ei chylch.

·13 **y ar palfrei.** Yma *y ar*=ar, *palfrei*=march ysgafn, 'palfrey'. gw. EEW, 76. Yn y disgrifiad o'r march ceir cyffyrddiad arall o arddull yr Araith.

ffroenuoll. G, 511, 'ffroen-lydan, ffroen agored'.

·14 **rygig.** =rhygyng, cerdded arferol march. *i*=*y*, *-g*=*-ng*, cf. PKM, 10.29.

escutlym ditramgwyd. (i)=buan a grymus, (ii)= di-feth.

·17 **rotho.** =roddo, 3. un. pres, dib. *rodi*.

·25 **Hwde.** =cymer. Berf ddiffygiol, ceid ail un. gorch. yn unig. Ceir *hwdiwch* heddiw. gw. WG, 379.

y porthawr. Cymeriad pwysig yw y porthor yn y chwedlau Cymraeg, gw. *Kulhwch ac Olwen*, WM, (456.1, yml.); ymddiddan Arthur a Glewlwyd Gafaelfawr yn *Pa gur yw y porthaur*, BBC, 94.1 yml. Dywedir yn *Rhiannon*, 3, mai cyfraniad hollol Gymreig i lenyddiaeth ydyw, a bod Shakespeare yn defnyddio'r traddodiad hwn yng nghymeriad y porthor yn *Macbeth. Rhiannon*, W. J. Gruffydd, (Caerdydd), 1953.

·29 **a ffan daw.** *ff*=*ph*, efallai dan ddylanwad *ffyryftan* . . . *fflam*, sydd yn dilyn.

·30 **ffyryftan.** G, 516, 'ffyr(y)fdan . . . tanllwyth'.

60·4 **a chychwynu.** =codi.

(169)

·5-6 **a gymersant.** Ffurf lafar 3. llu. gorff. *cymryt*. Y ffurf lenyddol lawn fyddai *a gymerassant*. Ni ddigwydd y ffurfiau llafar yn aml yn y chwedlau, ond cf. 18.19.

·9 **achenoges.** =cardotes. Ffurf ar *achanawg, achenawg*= cardotyn. Yn fanwl golygai 'tlawd'; amrywiad yw *achen*- ar *angen*-, gw. GPC, 7.

- ·14 **pyt.** Fel rheol golyga 'perygl', ond yma 'trap' yw'r ystyr.
- ·15 **gayut.**=ail un. amh. *caeu,,* 'cau yn dynn'.
- ·17 **ar y trugeinuet.**='yn un o drigain' neu 'â thrigain o farchogion gydag ef'. gw. PKM, 130.16; GCC, 31.
- ·23 **hagyr.**=amhriodol, anweddus.
- ·24 **educher.**=hyd yr hwyr; *ucher*=yr hwyr. Datblygiad yw *ed*– o'r hen arddodiad *bet*=hyd at, a aeth yn *fed*– ac yn *ed*–. gw. WG, 415(6).
- ·29 **y iarll.** gw. uchod a cf. *yr iarll* yn yr un llinell. yn y llsgr.
- 61·1 **o gwyput.** Eng. o ddefnyddio *o* lle defnyddir *pe* mewn Cymraeg Diweddar. gw. GCC, 92.2, 177.
     kyny allom.=er na allom.
- ·6 **i mi hun.**=i mi fy hun. *i*=hen orgraff am *y*, cf. *y my hun*, 14·10, uchod.

(170)

- ·8-9 **ae adef ae wadu.**=ai ei addef ai ei wadu, lle mae'r rhagenw wedi colli yn yr *ae*.
- ·12 **yr istorya.** Cf. *yr ystorya*, 56.16.
- ·13 **yn y gyfeir honno.**=dan y pen hwnnw.
- ·15 **chwedlydyaeth.**=newyddion.
- ·17 **mywn dyffryn.** Cf. 22.29, 69.16.
- ·19 **balawc.** Offeiriad yw'r ystyr. Benthyciad yw 'balog' o'r Llydaweg Canol *baelek*, Llydaweg Diweddar *beleg*= offeiriad. gw. GPC, 252.
- ·22 **kyfuch.**=cyfuwch, mor ddyrchafedig.
- ·25 **Duw Gwener Croclith.**=Dydd Gwener y Groglith; *duw*=hen ffurf ar *ddydd*.
- ·30 **ochelfford.**='a by-way', T. Jones, 221. Yma fe geir treiglad y goddrych.
- 62·1 **y'r ochelford.**=fe gymerodd yr ochelffordd.
- ·2 **gaer uoel.**=caer â mur amddiffynnol yn unig, heb dyrau.
- ·6 **iawnach.**=gwell.
- ·9 **arofun.**=ceisio, gofyn caniatâd, bwriadu. Weithiau fe geir *darofun*, ac ar lafar fe glywir 'drofun'.
     'Gan na ellid gadael llys heb ofyn am ganiatâd (canhyat) daethpwyd i arfer *arofun* am y cais ffurfiol am ganiatâd i

ymadael, weithiau gydag *ymeith*, *e ymdeith*, ceir y ddwy
ffurf yn y testun weithiau hebddynt , . . nid 'intend' yw'r
meddwl ynddo; cf. ymhellach RM 236, 'Trannoeth
arofun a wnaeth peredur ymeith'. Yr ateb yw 'Nyt dyd
hediw y neb y gerdet'. gw. PKM, 172-173. GPC, 209.
ymdeith. Berfenw yw *ymdeith* yma.

· 12 **kyfarwydyt.** Ceir yma yr ystyr fodern, sef 'directions',
cyfeiriadau.

(171)

· 14-15 **y ymdeith.** Defnyddir yr arddodiad *y* fel petai'r ym-
adrodd wedi magu ystyr adferfol.

· 16 **Enryfedodeu.** Ceir *enryfededeu* yn y llsgr.

· 26 **gwr urdedic.** =uchelwr, gŵr o radd uchel.

· 28-29 **ae . . . elych . . . ae . . . dyuot.** Ceir ffurf arall ar y
gystrawen yma. Yn lle *ae . . . ae tithau*+modd dibynnol, fe
geir *ae ti*+dibynnol . . . *ae titheu*+berfenw. Cf. 48.20-21.

· 29 **A minheu.** Ceir *ae* yn y llsgr.

· 30 **y'th orchymyn.** Ystyr 'cyflwyno' sydd i *gorchymyn* yma,
mae'r uchelwr am roddi Peredur yng ngofal y ferch.

63 · 1 **or byd.** =os bydd. Cf. 31.28-29.

· 8 **ae gynnwys.** Fel rheol ystyr 'croesawu' sydd i'r ferf
cynnwys ond yma 'gwneud lle iddo' a olygir. gw GPC, 788.
y neill law. Ceir *neillaw* yn y llsgr. Mae'r *l-* wedi colli yn
yr *ll*.

· 12 **dywawd.** dywawt yw'r ffurf sy'n digwydd fel rheol yn y
testun.

(172)

· 19 **o'e.** =i'w.

· 20-21 **yn y lle.** =yn fuan iawn.

· 22 **Mae dy gyghor.** =ble mae, beth yw, dy gyngor?

· 23 **ellwg.** =anfon.

· 26 **geol.** Mae'r gair hwn yn peri i Loth gredu bod sail
ysgrifenedig i *Beredur*,
'Certains emprunts gallois dénoncent une *source écrite
française*, par exemple *geol*, prison . . . D'après l'ortho-
graphe galloise de toute époque une forme geol se pro-

noncerait en français aujourd 'hui *gueol* (*gu* comme *gu* dans *guerre*), la forme orale *geole* (jeole) eût été écrite *ieol* ou *jeol*; la forme française la plus ancienne est *jaiole*'. *Les Mab.*, i, 55. gw. BH, cxlii; T. Chotzen, RC, xliv, (1927), 72–75.

- ·27 **ac a ofynnawd.** Yn WM *ac ofynnawd* a geir, ond yn RM (238.2), fe roir y geiryn *a* o flaen y ferf.
- 64·1 **ny wrthneuawd.** =ni wrthwynebodd.
- ·4 **ny'm torei.** Amherffaith *dawr*, gw. 34.13.
- ·5 **ansawd.** =dy gyflwr yn y carchar.
  noget. =hen ffurf ar *nogyt*.
- ·6 **vn y brenhin.** = gwely y brenhin.
- ·15 **llu.** Yn y llsgr. ceir $\overline{n}$ =*ll*.

(173)
- ·18 **idaw.** Eng. arall o *i*=gan.
- ·22 **adolwyn.** =cais, dymuniad.
- ·27 **cwnsallt.** =cot uchaf.
- ·28 **purgoch.** =coch iawn, coch i gyd.
  ar uchaf. =dros, ar. Mae'r gair wedi aros yn nhafodiaith Morgannwg fel *acha*, yn golygu *ar*, gw. FfBO, 60.
- 65·7 **ar uchaf.** Yn y llsgr. ceir *ar* ᵘᶜ *uchaf.*
- ·11 **ar un tu.** =yn olynol.
  lladawd. Ystyr Cymraeg Diweddar sydd i *llad* yma, mewn Cymraeg Canol gallai olygu 'taro'. gw. PKM, 133. 13, 236.55

(174)
- ·28 **y talei idaw.** =y'i talai iddo, y talai iddo am y gwasanaeth a wnaethai.
- 66·5 **y'th gyfarws.** Fel rheol cais a ofynnid i frenhin oedd y *cyfarws*, yma rhodd yw'r ystyr.
- ·11 **mwy.** =mwy dyrchafedig.
  noc yd yma . . . geissuw. =nag yr ydym ni yn anelu ato.
- ·13 **chanhebrygyeit.** =cyfarwyddwyr. -*g*- = -*ng*-.
- ·14 **threul.** =bwyd a diod.
- ·18 **o vywn y llyn.** Y mae cysylltiadau'r gaer ag Annwfn yn amlwg, ond nid ydyw'n eglur pa un ai ar ynys ai o dan y dŵr y mae hi.

·24-25 **phob vn o'r dwy werin.** =y darnau i gyd, felly mae'n debyg mai 'chess' sydd yma, neu rywbeth tebyg. Er mwyn chwarae gwyddbwyll ceid brenhin wedi ei amgylchu gan werin ac yn ceisio torri allan, ond rhaid wrth 'ddwy werin' i chwarae 'chess'.

(175)

·28 **digyaw.** =digio, ffyrnigo.

67·1 **Ny bo graessaw.** =na fydded . . . Defnyddid y modd dibynnol mewn Cymraeg Canol i fynegi dymuniad. gw. GCC, 76.

·3 **holy . . . imi.** Yr oedd *holi i* yn golygu *cyhuddo*.

·4 **Colledu.** Ceir *colledeu* yn y llsgr.

·6 **Oed wed.** =A fyddai modd . . .

·7 **Ysbidinongyl.** Mae'n bosibl mai *Espinogre* yw sail yr enw hwn. Enw marchog oedd hwnnw a gallasai roi *Ysbin* +*ogyr* < *ogre*, gallai *ogyr* > *ogyl*—*ongyl*, gan fod *g*=*ng*, yna trwy gamgopïo gallai *Ysbinongyl* fynd yn *Ysbidinongyl*. gw. *Arth. Leg.*, 3; Nutt, *Studies*, 142; Ackerman *ANME*, 82.

·9 **a llad hwnnw.** =ond iti ladd hwnnw . . . *honno* a geir yn y llsgr.
ac ot ey ti. Yma ceir enghraifft arall o *a*=*ond*, 'ond os **ei** di yno'.

·16 **par vot y clawr.** =pâr i'r clawr fod . . .

·19 **yn lle dy lafur.** =am dy lafur.

·22-23 **yr peri y clawr.** =yn gyfnewid am y clawr.

·24 **y keueist.** =y'i cefaist.

(176)

68·3 **chyebrwydet.** Mae'n anodd penderfynu a oes *–n–* ar goll ai peidio. Ceir ffurfiau eraill heb *–n–* yn y testun, ond lle mae'r ansoddair yn dechrau â chytsain. e.e. *cybellet*, 45.13; *kyteyrneidet*, 48.12; *kyhyt*, 68.4 isod. Yn RM, (241.7), fe geir *a chynebrwydet*.

·3-4 **edeinyawc.** Ansoddair a ddefnyddir fel enw=aderyn.

·4 **kyntaf.** =cyflymaf.

·5 **a'r dim.** =a'r peth. Datblygodd ystyr negyddol *dim* trwy ei ddefnyddio'n aml gyda'r negydd.

·6   **a phori.** Yn RM fe geir *a thorri*, ond mae'r ddau yn bosibl.

·8   **ar.** =y rhai, *r*=rhagenw dangosol.

·10   **y byscotlyn.** Dywedir y *pysgodlyn* heddiw, gan fod *llyn* yn wrywaidd.

·11   **vydant.** *vyd* a geir yn y llsgr.
      can mwyhaf. Defnydd enwol, gw. YTC, 388.

·15   **ny lafasswys.** =ni feiddiodd, cf. *lywassei*, 7.16.

·15-16 **ys blwydyn.** Cf. 12.27.

·16   **Mae yna colwyn.** Ni ddangosir treiglad yma, ond cf. 67.7-8, 'mae yno wr du', lle ceir treiglad ar ôl y sangiad. gw. YTC, 428-429.

·17   **a gyfyt.** Term technegol arall o eirfa helwriaeth, *cyfodi* = cynhyrfu.

·18   **a'th gyrch.** =a ymesyd arnat.

·22   **y ohen.** Gallai olygu 'tuedd, cyfeiriad, hynt, ffordd.' Yma=rhuthr. gw. CLlH, 110.

·26   **y chapan.** =ei mantell. gw. GPC, 420

·27   **a choryf.** =a chorn y cyfrwy. Mae'n bosibl mai gadael allan y rhagenw mewnol *e*=*ei* a wnaethpwyd, = ei chorf. Yn RM, (241.26), fe geir 'ar pen y rygthi a choryf'. T. Jones, 225, 'her saddle-bow'.
      torch. Gwisgid torch ar y pen neu am y gwddf, ac y mae'n debyg mai gwddfdorch neu goler sydd yma. Yn y llsgr. ceir *y karw* wedi ei ysgrifennu rhwng y ddwy golofn, uwch y llinell, fel petai'r copïwr am esbonio mai 'mynwgyl' y carw a olygir.

·30   **arch.** Yma=cais.
      am hynny. =i wneud hynny.

(177)

69·3 **llech.** Mewn Cymraeg Canol ystyr *llech* oedd carreg neu faen, weithiau 'slab'. Awgryma Loth *Les Mab.*, ii, 117n, mai 'cromlech' yw'r ystyr, ond cf. PKM, 303.13.
      ac erchi. dim ond iti erchi, cf. 67. 9.

·7   **y dan.** =oddi tan, o dan.

·8   **arueu.** =arfwisg.

- ·16 **parth arall.** =yr ochr arall. Cf. 47.29-48.1.
- ·21 **y neill law.** Ceir *neillaw* yn y llsgr.
- ·24 **hyny vyd.** =geiryn eto, 'fe ddaeth gwas melyn; wele was melyn yn dyfod . . .'
- ·27 **rhith.** =ffurf.
- ·29 **a phan vyryeist.** Brawddeg ddigystrawen a geir yma, pentyrrir atgofion a'u cysylltu â'r cysylltair *a(c)*.
  Yspidinongyl. Cf. Ys*b*idinongyl, 67.7; 67.13.
- 70·1 **mi a deuthum.** Pan ddisgrifir y digwyddiad yn gyntaf ceir dwy forwyn yn dwyn y ddysgl.

(178)

- ·1-3 **a oed y ffrwt.** =yr oedd ffrwd o waed o'r pen . . .
- ·4 **biowed.** Ffurf ar *pieu+oed.* Fe geir *bieuoed, biewoed,* trwy gamgopïo *u* fel *w, biewed* lle mae'r *u > w* a'r ddeusain *oe* yn cael ei symleiddio, ac efallai mai canlyniad camgopïo eto yw *biowed,* lle ceir *o* am *e.*
- ·12 **a'e gwahard.** Yn y llsgr. ceir *A^e gwahard.*
- ·13 **gwr.** Yn y llsgr. y mae'r gair hwn wedi ei ychwanegu at ddiwedd y llinell a'i danlinellu.
- ·17 **ar vchaf.** =ar. cf. 64.28.
- ·20 **pan yw Peredur.** ='a dywedyd mai Peredur oedd y gŵr a fuasai'n dysgu marchogaeth . . .' Ni cheir bannod o flaen 'gwr'.
- ·22 **yd oed tyghet eu llad.** ='yr oedd tynged iddo eu lladd'. Ceir cymal perthynol traws yma, a'r *idaw* yn ddealledig.
- ·23 **y trewis . . . gan.** =ymosododd y Gwiddonod ar . . . *taro gan*=ymosod ar.
- ·25 **Gaer yr Ynryfedodeu.** Yn y llsgr. ceir *gaer ^{yr} ynryfedodeu.*

GEIRFA

Nid yr enghraifft gyntaf a roir o angenrhaid. Pan na ddilynir berfenw gan rifol, ni cheir y ffurf honno yn y testun.

a, 7.2, cys., a. *ac*, 7.2.

a, 7.26, rhag. perth., a.

a, 7.12, ardd., a.

a, 8.20, geir. gof., a.

a, 7.8, geir. rhagf, a.

abreid, 21.18, ans.. anodd.

ach, 20.28, ardd., ger.

achaws, 21.10, e.g., achos, rheswm.

achenoges, 60.9, e.b., gwraig isel, wael.

achul, 22.30, ans., tenau, main.

achwanec, 15. 2-3, ans., ychwaneg, rhagor.

adaw, 67.19, b.e., gadael. *adawn*, 24.26, 1af. llu. pres., *edeweis*, 67.22, 1af. un gorff., *edewis*, 42.5, 3. un. gorff., *adawssei*, 64.12, 3. un.gorb.

adnabot, b.e., adnabod. *atwaenat*, 40.23, 3. un. amh., *adnabu*, 24.2, 3. un. gorff. + *ar* = gwelodd, deallodd.

adolwyn, 64.21, e.g., cais, dymuniad, deisyfiad.

adolwyn, 12.7, b.e., gofyn, ymbil, *atolwyn*, 33.18, *adolwc*, 39.3, 2. un. gorch.

adref, 8.1, adf., adref, tuag adref.

atuer, b.e., adfer, rhoi'n ôl. *atuer*, 26.24, 2. un. gorch.

atuyd, 32.12, 3. un. pres., *atuot*, yma = efallai.

adanc, 45.19, e.g., addanc, afanc.

adef, 52.11, b.e., addo.

ae, 9.20, geir. gof., ai.

ael, 18.7, e.b., ael. *aeleu*, 34.1, llu.

aualeu, 8.15, e.g llu., afalau.

afles, 29.23, e.g., drwg, niwed.

afon, 48.6, e.b., afon. *auon*, 47.27.

auory, 25.21, adf., yfory.

afwyneu, 32.21, e.b. llu., afwynau, ffrwynau.

agoret, 10.11, ans., agored.

agori, 24.30, b.e., agor. *agores*, 23.7, 3. un. gorff., *agorwyf*, 23.1, 1af un. pres. dib.

agos, 7.22, ans., agos. *nes*, 21.20, gradd gym., *nessaf*, 37.16, gradd eithaf.

agel, 8.18, e.g., angel. llu., *egylyon*, 8.17

agharueid, 56.25, ans., angharuaidd, hyll.

agherdet, 40.15, e.g., crwydr.

agheu, 44.17, e.g., angau.

aghyfartal, 32.9, ans., anghwrtais.

aghyfartalwch, 32.12, e.g., anghwrteisi, anfoesgarwch.

aghyweir, 12.21, ans., anghywair, anhrefnus.

aglot, 14.30, e.g., anghlod, cywilydd.

alafoedd, 22.25, e.g. llu., gwartheg.

allan, 14.2, adf., i maes, allan.

am, 7.11, ardd., am.

amdlawt, 40.9, ans., tlawd iawn, gwael.

amdiffyn, 25.26, b.e., amddiffyn. *amdiffynaf*, 28.10, 1af un, pres.

amgen, 58.10, ans., gwahanol.

amharch, 45.25, e.g., amarch, gwarth, sarhad.

amherawdyr, 13.9, e.g., ymherodr.

amherodraeth, 67.5, e.b., ymerodraeth.

amherodres, 53.5, e.b., ymerodres.

amhyl, 20.16, ans., aml, niferus. *amlach*, 26.6, gradd gym. *amyl*, 18.29.

amkan, 20.19, e.g., amcan, bwriad.

amliw, 52.19, ans., amryliw.

amlwc, 58.2, ans., amlwg, enwog.

amot, 39.8, e.g., amod, teler.

amofyn, b.e., + *am* = gofyn ynghylch. + *a* = gofyn i. *amofyn*, 18.16, 2 un. gorch. *amouyn*, 28.23.

amrysfal, 18.19, ans., amrywiol, gwahanol.

amsathyr, 22.24, e.g., amsathr, olion.

amser, 18.20, e.g., amser, pryd.

amserach, 38.3, ans., mwy amserol.

amwelet, b.e., ymweld, + *a*=cyfarfod. *amwelas*, 32.13, 3. un. gorff.

amwyn, 12.1 b.e., + *a* = ymladd am.

amylder, 27.1, e.g., amlder, digonedd.

an, 24.25, rhag. blaen, laf. llu., ein.

anat, 9.29, ardd., anad, o flaen.

aneueil, 68.14, e.g., anifail. llu. *anifeileit*, 36.19.

anuanawl, 36.12, ans., garw, trwsgl.

anuedrawl, 20.5, ans., anfesuradwy.

anuod, 14.16, e.g., anfodd, anfodlonrwydd; 43.13, cam, niwed, trais.

anuon, 54.14, b.e., anfon, *anuonaf*, 39.14, 1af. un. pres., *anuones*, 54.17, 3. un. gorff.

anuonedigeid, 34.4, ans., anfoneddigaidd.

angerd, 12.10, e.b., nerth.

anhawd, 20.17, ans., anodd.

anhygar, 31.19, ans., anghwrtais.

anigryf, 64.3, ans., blin, diflas.

anrec, 54.10, e.b., anrheg, rhodd.

anryfedu, 34.15, b.e., rhyfeddu, synnu.

ansawd, 11.12, e.g., ymddangosiad. 28.16, ystad, cyflwr.

ansyberw, 68.28, ans., anghwrtais.

ar, 36.10, ans., âr, aredig.

ar, 7.25, ardd., *ar arnaf*, 18.18, *arnat*, 18.17, *arnaw*, 12.9, *arnei*, 56.25, *arnam*, 25.16, *arnadunt*, 7.18.

   ar = at, 15.15.

arafhau, 43.21, b.e., ymlonyddu, ymdawelu.

arall, 11.23, ans., arall.

arbenhic, 13.4, ans., pennaf, blaenaf; fel enw = arweinydd. *arbennic* 13.10.

arch, 51.14, e.b., cais.

aruawc, 60.18, ans., arfog.

arueu, 7.17, e.g. llu., arfau, 14.10, arfwisg.

arfet, 66.28, e.b., arffed.

arganuot, 49.6, b.e., canfod. *arganfu*, 13.1, 3. un. gorff.

arglwyd, 11.12, e.g., arglwydd.

arglwydes, 23.28, e.b., arglwyddes.

argywedu, 38.17, b.e., niweidio, peri niwed.

arhos, 43.5, b.e., aros. *aroaf*, 9.23, 1af. un. pres., *arhoych*, 48.21,
  2. un. pres., dib. *aro*. 9.22, 2. un. gorch. *arowch*, 51.29, 2. llu.
  gorch.
arllost, 14.19, e.b., coes, bôn y waywffon.
arllwyssaw, 43.16, b.e., clirio.
arofun, 62.14, b.e., gofyn caniatâd, bwriadu.
aruchel, 41.25, ans., uchel.
arwein, 36.13, b.e., arwain.
arwyd, 33.14, e.g.b., arwydd, awgrym. 41.15, baner.
aryant, 52.29, e.g., arian.
ascwrn, 31.29, e.g., asgwrn.
asseu, 49.5, ans., aswy, chwith.
at, 12.20, ardd., at. *attaf*, 33.1, *attat*, 44.9, *attaw*, 32.4, *attunt*, 43.29.
atteb, 31.11, e.g., ateb.
atteb, b.e., ateb. *attebei*, 31.16, 3. un. amh.
athro, 18.14, e.g., athro.
athrugar, 36.17-18, ans., mawr iawn, aruthrol.
awch, 43.11, rhag. blaen, 2.llu., eich.
awr, 9.6, e.b., awr.
awydualch, 42.1, ans., awyddus a balch.
ay . . . ay, 8.21, geir., ai . . . ai, naill ai . . . neu.

bagyl, 57.4, e.b., bagl, ffon bugail.
balawc, 61.19, e.g., offeiriad.
bara, 24.8, e.g., bara.
barwneit, 51.15, e.g.llu., barwniaid.
baryf, 24.7, e.b., barf.
bedyd, 39.13, e.g., bedydd.
bedydyaw, 39.30, b.e., bedyddio.
bellach, 21.19, adf., yn awr, o hyn allan.
bendith, 19.26, e.b., bendith.
beunoeth, 68.9, adf., bob nos.
beunyd, 7.19, adf., bob dydd.
blaen, 40.22, e.g., blaen. 48.7, copa. 57.14, pwynt.
blaenllym, 10.5, ans., miniog. *blaenllymet*, 68.5, gradd gyf.,
  blaenllymaf, 68.6, gradd eithaf.

blawt, 23.19, e.g.torf., blodau.

bliant, 32.26, e.g., bliant, lliain main.

blin, 48.22, ans., blinedig.

blino, b.e. blino. *blinho*, 32.23, 3.un.pres, dib.

blodeu, 13.4, e.g.llu., blodau.

blwg, 33.1, e.g., dicter.

blwydyn, 12.27, e.b., blwyddyn.

blyned, 56.15, e.b.llu., blynedd.

bot, 7.24, b.e., bod. *wyf*, 8.23, 1af.un.pres., *wyt*, 16.1, 2.un.pres., *yw*, 8.16, 3.un.pres., *ym*, 66.11, 1af.llu.pres., *ynt*, 45.6, 3.llu.pres., *yttwyf*, 39.19, 1af.un.pres., *yttiw*, 34.7, 3.un.pres., *mae*, 9.24, 3.un.pres., *may*, 7.4, 3.un.pres., *maent*, 45.28, 3.llu.pres., *yssyd*, 58.1, 3.un.pres., *bydaf*, 15.20, 1af.un.dyf., *bydy* 18.12 2.un.dyf., *byd*, 9.27, 3.un.dyf., *bydwn*, 28.6, 1af.un.amh.arf. *bydut*, 46.5, 2.un.amh.arf., *bydei*, 35.1, 3.un.amh.arf. *bydynt*, 66.27, 3.llu. amh.arf., *oedwn*, 33.25, 1af.un.amh., *oed*, 7.2, 3.un.amh., *oedynt*, 8.12, 3.llu.am. *yttoed*, 31.23, 3.un.amh. *ydoed*, 35.25, 3.un.amh., *yttoedynt*, 55.20, 3.llu.amh., *bum*, 16.6, 1af.un.gorff., *buost*, 20.1, 2.un.gorff., *bu*, 10.17, 3.un.gorff., *buant*, 8.4, 3.llu. gorff., *buont*, 46.17, 3.llu.gorff., *buassei*, 38.30, 3.un.gorb., *bwyf*, 15.19, 1af.un.pres.dib., *bych*, 26.4, 2.un.pres.dib., *bo*, 9.27, 3.un.pres.dib., *bei*, 21.18, 3.un.amh.dib., *ys*, 35.11, pres.amhers., *yttys*, 58.3, pres.amhers., *buwyt*, 50.8, gorff.amhers.

bod, 14.16, e.g., bodd, ewyllys.

bon, 69.3, e.g., bôn, gwaelod.

bonclust, 13.11, e.g., bonclust.

bonhedigeidaf, 43.24, ans., gradd eithaf *bonhedig*, *bonhedigeidet*, 37.24 gradd gyf.

bore, 20.22, e.g., bore.

brat, 58.22, e.g., brad.

bradwr, 58.27, e.g., bradwr.

bran, 30.25, e.b., brân, yma = cigfran.

bras, 10.15, ans., mawr, trwchus.

brawt, 19.30, e.g., brawd. llu. *brodyr*, 7.9.

brefu, b.e., brefu. *brefei*, 48.1, 3.un.amh.

breich, 33.3, e.b., braich.

brenhin, 58.28, e.g., brenin. llu. *brenhined*, 51.15.
brenhinyaeth, 49.14, e.b., brenhiniaeth.
bric, 68.6, e.g., brig, copa.
brithlas, 56.29, ans., amryliw.
bron, 37.25, e.b., bron. *b. y coet*, = yng nghanol.
bronfoll, 11.30, e.b., bron, mynwes.
bronwynyon, 48.10, ans. llu., bronwyn.
brwydreu, 57.19, e.b.llu., brwydrau.
brwyskaw, 44.2, b.e., meddwi.
brychyon, 48.10, ans.llu., brych.
brychwelw, 9.14, ans., brithlwyd.
brynneu, 41.24, e.g.llu., bryniau.
bwlch, 22.30, e.g., bwlch mewn mur ar gaer.
bwrd, 10.18, e.g., bwrdd. llu., *byrdeu*, 17.15.
bwrw, 12.24, b.e., bwrw. *byryei*, 50.11, 3.un.amh., *byryeist*, 69.28,
    2.un.gorff. *byryawd*, 54.13, 3.un.gorff., *byrywys*, 16.9, 3.un.gorff.
bwyall, 53.30, e.b., bwyall.
bwyt, 9.13, e.g., bwyd.
bwyta, 50.12, b.e., bwyta.
bychan, 21.4, ans., bychan. *bechan*, 20.13, ans.ben., *bychein*, 23.21,
    ans,llu.
byt, 9.30, e.g., byd.
bynhac, 15.19, rhag., bynnag.
byr, 55.4, ans., byr.
byth, 15.10, adf., byth.
byw, 39.7, ans., byw.

kadarn, 22.27, ans., cryf. *kadarnet*, 44.3, gradd gyf.
kadeir, 29.10, e.b., cadair.
kadw, 7.21, e.g., praidd, haid.
kadw, 8.14, b.e., cadw. *keidw*, 38.13, 3.un.pres., *katwyf*, 15.17,
    1af.un.pres.dib., *kattwyf*, 15.3, 1af.un.pres.dib.
kadwyn, 36.16, e.b., cadwyn.

kael, 13.7, *kaffel*, 35.2, *kahel*, 19.29, b.e., cael. *kaffaf*, 52.25, 1af.un
pres. *keffy*, 30.11, 2.un.pres., *kehy*, 13.29, 2.un.pres., *keif*, 25.22,
3.un.pres. *keiff*, 57.29, 3. un.pres. *kawn*, 52.3, 1af.un.amh., *kaffut*,
67.9, 2.un.amh., *kaffei*, 58.1, 3.un.amh., *kefeis*, 21.5, 1af.un.
gorff., *kefeist*, 28.20, 2.un.gorff., *kauas*, 22.15, 3.un.gorff.,
kawssant, 12.29, 3.llu.gorff., *kawssei*, 31.24, 3.un.gorb., *kaffwyf*.
22.20, 1af.un.pres.dib., *keffych*, 19.29, 2.un.pres.dib., *kawn*, 19.8,
1af.un., amh.dib., *kahwn*, 17.19, 1af.un.amh.dib., *kaffut*, 44.24,
2.un. amh.dib., *keffir*, 49.1, pres.amhers., *keffit*, 67.6, amh.
amhers., *keit*, 25.16, amh.amhers., *kahat*, 26.29, gorff.amhers.

kaer, 22.27, e.b., caer.

kaeu, b.e., cau yn dynn. *kayut*, 60.15, 2.un.amh.

kafyn, 17.3, e.g., cwch â gwaelod gwastad.

kam, 30.12, e.g., cam, niwed. 33.10, cerddediad, symudiad.

kam, 21.16, ans., anghywir, anghyfiawn.

kampeu, 45.23, e.g.llu., campau. *campeu*, 45.26.

can, 10.20, ans., gwyn. *cann*, 23.27.

canawl, 36.26, e.g., canol.

canhat, 55.5, e.g., caniatâd. *canhyat*, 28.2.

canhebrygyeit, 66.13, e.g.llu., arweinwyr.

canhwr, 26.26, e.g., cant o wŷr.

canhwyll, 13.15, e.b., cannwyll.

cant, 51.21, ans., cant.

canu, b.e., canu, *cant*, 10.10, 3.un.gorff., *can*, 9.26, 2.un.gorch.

canyt, 53.7, cys., gan na.

kanys, 21.7, cys., oblegid.

capan, 68.25, e.g., mantell.

karchar, 64.11, e.g., carchar.

karcharu, 63.28, b.e., carcharu.

caredig, 49.25, ans., caredig.

carrec, 36.15, e.b., craig.

karregawc, 36.9, ans., creigiog.

carn, 45.4, e.b., carnedd.

karneu, 36.30, e.g.llu., carnau. *carn* = dwrn cyllell.

carreieu, 56.23, e.b.llu, careiau, llinynnau lledr.

caru, 36.5, b.e., caru. *caraf*, 36.2, 1af.un.pres., *cery*, 52.13, 2.un.pres.,
  car, 57.27, 3.un.pres., *carwn*, 33.25, 1af.un.amh., *carut*, 50.18,
  2.un.amh., *karei*, 32.6, 3.un.amh., *cereis*, 37.22, 1af.un.gorff.
carueid, 35.29, ans., caruaidd, hawddgar, serchus.
karw, 68.3, e.g., carw, hydd.
kastell, 29.5, e.g., castell.
kawat, 30.22, e.b., cawad, cawod.
kedernit, 30.13, e.g., cadernid, sicrwydd.
kefyn, 36.7, e.g., cefn mynydd, esgair. 57.3, (asgwrn) cefn. *keffyn*,
  49.21.
kefynderw, 70.4, e.g., cefnder.
keffyl, 9.14, e.g., ceffyl. llu. *keffyleu*, 9.12.
keinuigenvs, 32.19, ans., cenfigennus.
keissaw, 66.9, b.e., chwilio, anelu at. *keissaf*, 22.19, 1af.un.pres.,
  keissy, 66.8, 2.un.pres., *keisswn*, 47.23, 1af.un.amh., *keisei*, 20.29,
  3.un.amh., *keissych*, 47.24, 2.un.pres.dib., *keis*, 47.24, 2.un.gorch.
celein, 20.28, e.b., celain.
celu, b.e., celu, *celaf*, 50.1, 1af.un.pres.
kelyn, 7.20, e.b., celyn.
kenhadwri, 54.23, e.b., cenadwri, neges.
kennat, 54.29, e.b., cennad, neges. 51.13, negesydd.
ker, 58.28, ardd., ger. *ker bron* = gerbron.
kerdet, 10.6, b.e., teithio, symud. *kertha*, 15.2, 3.un.pres., *kerdawd*,
  11.21, 3.un.gorff., *kerdwys*, 15.27, 3.un.gorff.
kerdeu, 64.6, e.b.llu., cerddi, miwsig.
kerenhyd, 69.1, e.g., carennydd, cyfeillgarwch.
kerwyn, 46.22, e.b., cerwyn, twb coed.
keryd, 18.17, e.g., cerydd, bai.
kerydu, 21.16, b.e., ceryddu. *keryd*, 61.26, 2.un.gorch.
ceuhynt, 56.30, e.b., ceudod.
cewri, 37.27, e.g.llu., cewri.
ki, 42.21. e.g., ci.
kic, 30.25, e.g., cig, cnawd.
kinyaw, 60.5, e.b., cinio, pryd.
cladu, 21.23, b.e., claddu. *cladaf*, 21.21, 1af.un.pres.
clawd, 54.26, e.g., ffos, pwll.

clawr, 43.16, e.g., bord, bwrdd.

cledyr, 57.2, e.b., asgwrn y ddwyfron.

cledyf, 19.12, e.g., cleddyf.

clot, 10.1, e.g., clod.

clof, 17.5, ans., cloff. *cloff*, 57.12.

cloffi, b.e., cloffi. *cloffassant*, 70.5, 3.llu.gorff.

clun, 57.4, e.b., clun.

clybot, 34.15, b.e., clywed, teimlo. *clywei*, 7.17, 12, 3.un.amh., *clyweist*, 57.25, 2.un.gorff., *cigleu*, 34.29, 3.un.gorff.

coch, 49.21, ans., coch. *cochyon*, 23.9, ans.llu., *cochach*, 23.21, gradd gym., *cochaf*, 23.22, gradd eithaf.

coet, 8.5, e.torf., prennau, coedwig.

coedawc, 36.9, ans., coediog.

kof, 33.26, e.g., cof, meddwl.

coffau, b.e., cofio. *coffaaf*, 56.13, 1af.un.pres., *coffa*, 56.10, 2.un. gorch.

colwyn, 68.25, e.g., ci anwes.

coll, 7.25, ans., coll.

collet, 32.10, e.g.b., colled.

colledu, 67.4, b.e., peri colled.

colli, 40.17, b.e., colli. *collei*, 66.26, 3.un.amh., *colleis*, 45.8, 1af.un. gorff.

corn, 68.4, e.g., corn.

corr, 12.26, e.g., cor, corrach.

corres, 12.28, e.b., corres, coraches.

coryf, 68.26, e.b., corn cyfrwy.

costrel, 10.19, e.b., potel.

craff, 42.30, ans., craff.

cret, 11.15, e.b., cred, llw; 38.11, gair, addewid; 39.22, Ffydd Gristnogol.

credu, b.e., credu. *credaf*, 11.16, 1af.un.pres.

creulonder, 33.14, e.g., gelyniaeth, llid.

crissant, 23.19, e.g., crisial.

Cristyawn, 36.4, e.g., Cristion.

croth, 57.2, e.b., bol.

cruc, 45.3, e.g., crug.

crwn, 36.8, ans., crwn.

crwydraw, 61.14, b.e., crwydro.

kryfaf, 9.15, ans., gradd eithaf *cryf*, cryfaf.

crys, 29.27, e.g., crys.

kudugyl, 30.24, e.g., cuddygl, cell.

culyon, 23.9, ans. llu., cul, tenau.

cussan, 11.5, e.g., cusan.

cwbyl, 27.25, e.g., y cyfan.

cwfent, 23.29, e.b., cwfaint.

cwnsallt, 64.27, e.g., mantell.

kwymp, 34.11, e.g., cwymp.

kybellet, 45.13, ans., gradd gyf. *pell. py gyb.* = pa mor bell.

kyccir, 56.28, ans., yn hongian i lawr.

kychwyn, 9.22, b.e., cychwyn. *kychwynnu*, 28.11, *kychwynu*, 60.4 = codi. *kychwynaf*, 28.3, 1af.un.pres. *kychwynneis*, 61.27, 1af.un.gorff., *kychwynneist*, 21.8, 2.un.gorff., *kychwynnawd*, 46.14, 3.un.gorff., *kychwynnych*, 45.16, 2.un.pres.dib.

ketymdeith, 50.21, e.g., cydymaith. llu. *ketymdeithon*, 40.19.

ketymdeithas, 59.6-7, e.b., cydymdeithas, cyfeillgarwch. *kedymdeithas*, 42.16.

kyt, 18.15, er, pe.

kyteisted, 17.13, b.e., cydeistedd.

kyfanhed, 9.14, e.g., lle cyfannedd, annedd. *kyuanned*, 7.13.

kyfannu, 19.20, b.e., cyfannu, uno. *kyfannei*, 19.25, 3.un.amh,, *kyuanhei*, 31.29, 3.un.amh., *kyfanha*, 19.16, 2.un.gorch.

kyfarch, 23.22, b.e., cyfarch gwell. *kyfarchei*, 58.17, 3.un.amh.. *kyfarchawd*, 49.24, 3.un.gorff.

kyfaruot, 15.28, b.e., cyfarfod. *kyfaruu*, 16.21, 3.un.gorff., *kyuarfu*, 28.12, 3.un.gorff., *kyfaruuassei*, 62.4, 3.un.gorb.

kyfarws, 66.5 e.g., anrheg, tâl.

kyfarwyd, 68.19, e.g., cyfarwyddwr, arweinydd.

kyfarwydyt, 62.12, e.g., cyfarwyddyd.

kyfarwyneb, 48.13, ardd., cyferbyn.

kyfed, 13.8, e.g., cyfaill, cydymaith.

kyfedach, 38.4, b.e., gwledda, yfed.

kyfeir, 59.8, e.b., lle. 55.3, rhan gyntaf y babell; 61.13, 'dan y pen hwnnw'.

kyfeistydyaw, 58.3, b.e., gwarchae, amgylchynu.

kyflauan, 12.9, e.b., gweithred ysgeler.

kyflym, 14.13, ans., cyflym.

kyfodi, 8.7, b.e., cyfodi, codi. *kyuodi*, 10.28, *kyfodaf*, 26.9, 1af.un. pres. *kyfyt*, 68.17, 3.un.pres., *kyuodes*, 17.5, 3.un.gorff., *kyfodassant*, 43.19, 3.llu.gorff., *kyfot*, 44.17, 2.un.gorch. *kyuodwch*, 17.25, 2.lu.gorch.

kyfoeth, 25.11, e.g., gwlad, teyrnas, eiddo.

kyfoethawc, 46.5, ans., cyfoethog.

kyfranc, 15.4, e.b., antur; 15.25, hanes; 58.29, brwydr.

kyfrifaw, b.e., cyfrif. *kyfrifwch*, 52.7, 2.lu.gorch.

kyfrwy, 8.28, e.g., cyfrwy. llu. *kyfrwyeu*, 46.27.

kyfryw, 9.5, e.g., y cyfryw, y cyfryw un.

kyfryw, 12.8, ans., cyfryw, y fath.

kyfuch, 61.23, ans., gradd gyf. *uchel*, cyfuwch, mor ddyrchafedig.

kyfyl, 21.15, e.g., ymyl. *yn y gyf.* = yn agos iddo.

kyffes, 24.25, e.b., cyffes, llw.

kyffro, 32.8, b.e., cyffroi.

kyghor, 54.27, e.g., (i) cyngor, 'counsel', (ii) cyngor 'council'. 7.12, *cael yn y chyg.* = penderfynu.

kyghori, b.e., cynghori. *kyghoraf*, 48.20, 1af.un.pres., *kyghorwn*, 24.16, 1af.llu.pres.

kyhwrd, b.e., cyfarfod â. *kyhyrdawd*, 52.21, 3.un.gorff., *kyhyrdwys*, 16.6, 3.un.gorff.

kyhyt, 21.17, ans., gradd gyf. *hir*, cyhyd, mor hir â.

kylch, 16.30, e.g., cwmpas.

kylchyn, 59.11, e.g., cylch.

kyllyll, 36.30, e.b.llu., cyllyll.

cymaleu, 31.30, e.g.llu., cymalau.

kymeint, 23.29, e.b., 'an equal amount'.

kymell, 40.28, b.e., gorfodi. *kymhellawd*, 7.27, 3.un.gorff.

kymen, 7.10, ans., medrus, call.

kymeredus, 27.6, ans., balch.

cymodogyon, 43.13, e.g.llu., cymdogion.

kymryt, 23.16, ans., cyn hardded â.

kymryt, 10.30, b.e., cymryd, *kymeraf*, 50.6, 1af.un.pres., *kymerhaf*, 50.27, 1af.un.pres., *kymerwn*, 49.29, 1af.un.amh., *kymerth*, 11.4, 3.un.gorff., *kymerassant*, 27.2-3, 3.llu.gorff., *kymersant*, 18.19, 3.llu.gorff., *kymerwn*, 49.29-30, 1af.un.amh.dib., *kymer*, 9.28, 2.un.gorch.

kymwyll, 7.17, b.e., crybwyll.

kyn, 10.2, cys., er.

kyn, 9.22, ardd., o flaen. 30.28, + ans.cyf., = mor.

kynhal, 40.3, b.e., cadw.

kynhwrwf, 64.13, e.g., cynnwrf, taro.

kynllyfan, 48.10, e.g., tennyn.

kynnedyf, 50.10, e.b., cynneddf, defod. llu. *kynedueu*, 44.5.

kynnic, 49.12, b.e., cynnig. *kynigwyt*, 59.3-4, gorff.amhers.

kynnut, 9.13, e.g., cynnud, coed tân.

kynnyd, 35.13-14, e.g., cynnydd, datblygiad.

kynt, 19.18, adf., o'r blaen.

kyntaf, 16.24, ans., cyntaf, blaenaf. 68-4, cyflymaf.

kyrchu, 36.15, b.e., cyrchu, ymosod ar. *kyrch*, 68.18, 33.un.pres., *kyrchawd*, 41.30, 3.un.gorff., *kyrchwys*, 41.22, 3.un.gorff., *kyrchassant*, 37.10, 3.llu.gorff.

kyrn, 7.25, e.g.llu., cyrn.

kyscawt, 47.17, e.g., cysgod.

kyscu, 50.28, b.e., cysgu. *kysgaf*, 58.7, 1af.un.pres.

kystec, 8.5, e.g., llafur, trafferth.

kystlwn, 50.1, e.g., perthynas, enw.

kyteyrneidet, 48.12, ans., gradd gyf., *teyrneid*, mor urddasol, mor frenhinaidd.

kyttunaw, b.e., cytuno. *kyttunnawd*, 58.9, 3.un.gorff.

kywein, b.e., casglu, *kywedei*, 9.13, 3.un.amh.

kyweir, 22.13, ans., trefnus, cyflawn.

kyweiraw, 22.12, b.e., gosod, trefnu, sefydlu. *kyweirwyt*, 24.13, gorff.amhers., *kyweirher*, 26.8, gorch. amhers.

kyweirdebeu, 9.17, e.g.llu., cyweirdebau, harnais.

kywrein, 32.4, ans., cywrain, medrus.

chwaer, 21.2, e.b., chwaer. llu. *chwiored*, 49.14.
chwaeruaeth, 21.12, e.b., chwaerfaeth.
chware, 7.19, b.e., chwarae, *chwaryaf*, 14.22, 1af.un.pres., *chware*,
    17.29, 3.un.pres., *chwaryut*, 60.11, 2.un.amh.
chwe, 7.5, ans. chwech.
chwedlydyaeth, 61.15, e.b., newyddion.
chwedyl, 12.25, e.g.b., digwyddiad; 58.12, hanes; llu. *chwedleu*,
    26.3 = newyddion.
chweric, 33.10, ans., hamddenol.
chwi, 21.17, rhag. at. 2.lu., chwi.
chwitheu, 52.4, rhag.cys., 2.lu., chwithau.

da, 26.25, e.g., llog. 46.12, meddiannau; 22.5, daioni.
da, 17.18, ans., da. *kystal*, 22.16, gradd gyf., *dahed*, 25.14, gradd
    gyf., *gwell*, 10.2, gradd gym., *goreu*, 18.10, gradd eithaf.
datlewygu, 9.19, b.e., adfywio.
dafyn, 34.2, e.g., dafn. llu. *dafneu*, 33.27.
dagreu, 24.29, e.g.llu., dagrau.
dala, 11.24, b.e., dal. *delis*, 42.16, 3.un.gorff.
dall, 57.11, ans., dall.
damllywychedic, 10.14, ans., llachar, disglair.
dan, 8.4, ardd., dan, o dan.
dangos, 59.28, b.e., dangos.
danhed, 56.30-57.1, e.g., llu., dannedd.
danwaret, 9.17, b.e., dynwared.
daruot, 10.28, b.e., + y, digwydd. *deryw*, 15.4, 3.un.pres., *daroed*,
    9.17, 3.un.amh., *darffei*, 56.26, 3.un.amh.dib.
daruot, 17.17, b.e., gorffen, dod i ben. *deryw*, 25.17, 3.un.pres.,
    daroed, 53.19, 3.un.amh.
darogan, 49.11, e.g.b., proffwydoliaeth.
darogan, b.e., rhagddywedyd, proffwydo. *darogannwys*, 35.15,
    3.un.gorff.
darystygedigaeth, 27.29-30, e.b., darostyngiad.
dawn, 57.11, e.g.b., gallu, talent.
dayoni, 9.28, e.g., daioni.
deall, b.e., deall. *deallawd*, 37.6, 3.un.gorff.

dechreu, 46.18, e.g., dechrau.

dechreu, 12.23, b.e., dechrau. *dechreussei*, 46.3, 3.un.gorb.

defeit, 47.30, e.b.llu., defaid.

deffroi, 24.30, b.e., deffro, dihuno.

deheu, 34.11, ans., llaw ddeau, deheulaw.

deil, 48.8, e.b.llu., dail.

deu, 17.23, ans., dau.

deudryll, 19.15, e.g., dau ddarn.

deudyd, 10.5, e.g., dau ddiwrnod.

deunaw, 23.8, ans., deunaw.

deuparth, 19.28, e.g., dwy ran o dair.

dewis, 13.7, b.e., dewis. *dewissei*, 49.13 3.un.amh., *dewissyssant*, 51.20, 3.llu.,gorff. *dewis*, 14.15, 2.un.gorch.

dewraf, 9.25, ans., gradd eithaf *dewr*.

dewred, 14.5, e.g., dewredd, nerth, gwroldeb.

dewrwyr, 63.23, e.g.llu., gwŷr dewr.

dial, 12.2, b.e., dial. *dial*, 61.2, 3.un.pres., *dieleist*, 35.16-17, 2.un. gorff.

dianc, 29.19, b.e., dianc. *dienghy*, 39.2, 2.un.pres., *diaghyssei*, 39.6, 3.un.gorb.

diannot, 26.29, ans., diannod, dioed.

diarchenu, 17.11, b.e., tynnu dillad, arfwisg, esgidiau.

diaspat, 9.29, e.b., diasbad, llef.

diaspedein, 20.16, b.e., diasbedain, llefain, wylofain.

diawt, 9.27, e.b., diod.

diben, 18.24, e.g., per. draw.

dibin, 36.21, b.e., hongian, crogi.

ditlawt, 37.11, ans., digonol. helaeth.

didraha, 7.15, ans., di-drais, addfwyn.

ditramgwyd, 59.14, ans., didramgwydd, difeth.

didanach, 64.7, ans., gradd gym. *didan*, mwy dymunol.

dieberwr, 16.5, e.g., rhwystrwr, camataliwr.

dieithyr, 45.22, ans., dieithr.

dieu, 65.11, e.g.llu., dyddiau.

difetha, 51.13, b.e., lladd.

diflannu, 47.9, b.e., diflannu. *difflannwys*, 47.25, 3.un.gorff.

difwc, 60.1, ans., di-fwg.
diffeith, 40.7, e.g., tir diffaith, anialwch.
diffeithaw, 29.21, b.e., diffeithio.
diffeithwch, 7.13, e.g., diffeithwch, anialwch.
diffryt, 60.19, b.e., amddiffyn.
dic, 32.18, ans., dig.
digawn, 66.14, ans., digonol.
digyaw, 66.28, b.e., digio.
dicofeint, 33.2 e.g., digofaint, dicter.
dihenyd, 25.23, e.g., tynged.
diheu, 23.15, ans., diau, diamau.
diheurwyd, 63.24, e.g., diheurwydd, sicrwydd.
dilin, 54.12, b.e., dilyn. *dilynwys*, 36.7, 3.un gorff.
dillat, 15.12, e.g.llu., dillad.
dim, 23.22, e.g., peth.
dinas, 48.30, e.g., tref.
dineu, b.e., arllwys, *dineuis*, 11.29, 3.un.gorff.
diot, 35.6, b.e., tynnu ymaith. *diodes*, 44.4, 3.un.gorff., *diot*, 44.21,
    2.un.gorch.
diodef, 20.9, b.e., dioddef.
diodeifeint, 45.17, e.g. dioddefaint.
dioer, 13.6, adf., yn sicr, yn ddiamau.
diolwch, b.e., diolch. *diolchaf*, 50.15, 1af.un.pres.myn., *diolcho*, 50.25,
    3.un.pres.dib.
diosc, b.e., diosg, tynnu ymaith. *diosglaf*, 15.8   1af.un.pres.,
    dioscles, 15.12, 3.un.gorff.
dirper, b.e., haeddu. *dirper*, 57.30, 3.un.pres.
diryfed, 35.2, ans., nid rhyfedd.
disgethrin, 31.19, ans., anghwrtais, sarrug.
discwyl, 64.22, b.e., disgwyl, edrych ar.
disgynnu, 10.16, b.e., disgyn. *discynnu*, 17.10 = tynnu oddi ar farch.
distein, 27.10, e.g., distain, stiward.
diwat, 61.4, b.e., diwad, gwadu.
diwala, 7.15, ans., bodlon.
diwarnawt, 8.10, e.g., diwrnod.
diwed, 20.18, e.g., diwedd.

diwethaf, 34.8-9, ans., diwethaf.

diwygyat, 46.27, e.g., adferiad, triniaeth.

dodi, 7.18, b.e., dodi. *dodei*, 20.30, 3.un.amh., *dodes*, 19.17, 3.un. gorff., *dodet*, 17.16, gorff.amhers., *dodit*, 50.9, gorff.amhers.

doe, 8.21, adf., ddoe.

doeth, 33.6, ans., doeth.

dol, 18.24, e.b., dôl, maes.

dolur, 31.23, e.g., poen.

dolurus, 14.20, ans., poenus.

dor, 24.30, e.b., dôr, drws.

drachefyn, 47.7, adf., drachefn, eto, yn ôl. *dracheuyn*, 8.1.

dros, 12.26, ardd., dros. *drostaw*, 38.13.

drwc, 13.6, ans., drwg. *dryccet*, 41.5, gradd gyf., *gwaeth*, 64.5, gradd gym., *gwaethaf*, 22.21, gradd eithaf.

drwod, 48.3, adf., drosodd.

drws, 10.11, e.g., drws. *ar d.*, 42.24, *yn d.* 49.8-9, = o flaen.

drychaf, 14.20, b.e., codi. *drychafal*, 18.6, *drechefis*, 42.3, 3.un.gorff.

drycyruerth, 20.8, b.e., drygyrferth, wylo.

drylleu, 19.16, e.g.llu., darnau, drylliau.

du, 43.17, ans., du. *duon*, 36.12, ans.llu., *duhet*, 30.29, gradd gyf., *duach*, 23.20, gradd gym., *duhaf*, 56.26, gradd eithaf.

dwfyn, 36.17, ans., dwfn.

dwfyr, 46.22, e.g., dŵr.

dwrn, 57.15, e.g., dwrn.

dwyael, 23.20, e.b.llu., aeliau.

dwyen, 31.21, e.b.llu., gên.

dwylaw, 20.28, e.b.llu., dwylo.

dwyn, 25.25, b.e., dwyn. *dygaf*, 33.2, 1af.un.pres., *dygwn*, 24.25, 1af.llu.pres., *dygei*, 9.13, 3.un.amh., *duc*, 7.14, 3.un.gorff., *dwc*, 13.27, 2.un.gorch.

dwyrein, 50.2, e.g., dwyrain.

dwyvron, 57.3, e.b.llu., bron.

dy, 9.22, rhag. blaen, dy.

dyfalu, 12.24, b.e., gwatwar, gwawdio.

dyfot, 8.11, b.e., dyfod. *dyuot*, 8.7. *deuaf*, 15.30, 1af.un.pres., *doaf*, 23.5, 1af.un.pres., *deuy*, 15.29, 2.un.pres., *doy*, 40.25, 2.un.pres., *deuei*, 21.26, 3.un.amh., *doei*, 65.12, 3.un.amh., *deuthum*, 46.9, 1af.un.gorff., *doethost*, 12.22, 2.un.gorff., *deuth*, 8.19, 3.un.gorff., *doeth*, 9.18, 3.un.gorff. *doethoch*, 52.7, 2.lu.gorff., *doethant*, 16.22, 3.llu.gorff. *doethoed*, 12.27, 3.un.gorb., *dothoed*, 32.10, 3.un.gorb., *delwyf*, 63.1, 1af.un.pres.dib., *delhwyf*, 61.7, 1af.un.pres.dib. *del*, 25.21, 3.un.pres.dib., *delei*, 55.16, 3.un.amh.dib., *delhei*, 54.21, 3.un.amh.dib., *dyret*, 15.15, 2.un.gorch., *doet*, 12.3, 3.un. gorch., *dowch*, 51.9, 2.lu.gorch., *deuthpwyt*, 32.3, gorff.amhers.

dyfwrw, 14.23, b.e., taflu at.

dyffryn, 30.18, e.g., dyffryn.

dygwydaw, 55.14, b.e., cwympo, syrthio. *dygwyd*, 36.20, 3.un.pres. *dygwydei*, 20.30, 3.un.amh., *dygwydwys*, 9.11, 3.un.gorff.

dygyfor, 53.2, e.g., tyrfa, cynulliad.

dygyfor, b.e., cynnull ynghyd. *dygyforant*, 37.27-28, 3.llu.pres.

dylyedogyon, 42.28, ans.llu., bonheddig. Yma = morynion bonheddig.

dylyetus, 51.13, ans., dyledus, iawn, cyfreithlon.

dylyu, 52.10, b.e., bod â hawl i. *dylyy*, 57.10, 2.un.pres., *dylyei*, 32.8, 3.un.amh.

dyn, 8.5, e.g., dyn. llu. *dynyon*, 7.15.

dynessau, 34.16, b.e., dynesau, nesau.

dyrchafel, 26.13, b.e., codi.

dyrnawt, 14.20, e.g., dyrnod, ergyd.

dyrneit, 10.4, e.g., dyrnaid.

dysc, 17.19, e.g.b., dysg, hyfforddiant.

dyscu, 18.12, b.e., dysgu.

dyscyl, 20.14, e.b., dysgl.

dywedut, 13.18. b.e., dywedyd. *dywedyt*, 49.10, *dywedaf*, 8.27, 1af.un.pres., *dywedy*, 33.6, 2.un.pres., *dyweit*, 56.15, 3.un.pres., *dywedwn*, 8.25, 1af.un.amh., *dywedest*, 44.10, 2.un.gorff., *dywawt*, 20.11, 3.un.gorff., *dywedassant*, 13.1, 3.llu.gorff., *dywetto*, 38.12, 3.un.pres.dib., *dywettut*, 8.24, 2.un.amh.dib., *dywedir*, 45.23, pres.amhers., *dywet*, 8.20, 2.un.gorch.

'e, 12.3, rhag. mewnol, 3.un. 9.23, 3.llu.

ebrwydet, 68.3, ans., cyflymed.

echwyd, 38.16, e.g., yr hwyr.
echwyn, 52.29, e.g., benthyg.
edeinyawc, 68.3-4, ans., adeiniog.
ederyn, 30.26, e.g., aderyn.
edifar, 28.20, ans., + gan, = drwg gan.
etmyc, 32.22, e.g., anrhydedd, clod.
edrych, 8.7-8, b.e., edrych. *edrychawd*, 54.1, 3.un.gorff.
educher, 60.24, ardd., + e.g., hyd yr hwyr.
ef, 8.2, rhag. at., 3.un.
efo, 11.17, rhag. dwbl, 3.un., *euo*, 9.30.
eglwys, 9.26, e.b., eglwys.
engiryawlchwerw, 41.30, ans., engiriol, erchyll a chwerw.
egylyon, 8.17, e.g.llu., angylion.
eidoawc, 22.27, ans., wedi ei gorchuddio ag eiddew.
eil, 19.18, ans., ail.
eira, 30.22, e.g., eira.
eiroet, 16.6, adf., erioed.
eiryf, 14.29, b.e., cyfrif.
eissoes, 33.17, adf., er hynny.
eisted, 10.13, b.e., eistedd. *eisted*, 45.25, 3.un.pres., *eistedut*, 60.11
  2.un.amh., *eistedawd*, 20.2, 3.un.gorff.
eithyr, 26.27, cys., eithr.
elgeth, 57.3, e.b., gên.
eli, 46.23, e.g., ennaint.
ellwg, 24.29, b.e., gollwng. 63.23, anfon. *ellygawd*, 42.21, 3.un.
  gorff. = rhyddhau ci hela.
emelltith, 67.19, e.g., melltith.
emneidaw, 41.26, b.e., amneidio, rhoi arwydd â'r llaw.
enbytrwyd, 28.9, e.g., enbydrwydd, perygl.
eneit, 8.20, e.g., enaid, cyfaill.
eneituadeu, 26.28, ans., yn colli einioes.
eneinaw, b.e., eneinio, *eneinawd*, 46.21, 3.un.gorff.
ennill, 57.28, b.e., ennill.
enryded, 16.14, e.g., anrhydedd.
enrydedus, 37.9, ans., anrhydeddus.
enryfed, 11.12, ans., rhyfedd.

enryfedodeu, 57.15-16, e.g.llu., rhyfeddodau.

enw, 34.18, e.g., enw.

er, 18.1, ardd., er, ers.

erbyn, 29.19, ardd., erbyn. *yn e.*, 8.19, = i gyfarfod â.

erchi, 12.28, b.e., gofyn. *archaf*, 32.16, 1af.un.pres., *erchy*, 49.27, 2.un.pres., *erchis*, 10.30, 3.un.gorff., *arch*, 14.12, 2.un.gorch.

ereill, 7.24, ans.llu., eraill.

ergyt, 31.21, e.g., ergyd, ond yma = pellter.

escutlym, 59.14, ans., buan a grymus.

escyrn, 36.19, e.g.llu., esgyrn.

esmwyth, 24.12, ans., cyfforddus.

esmwythter, 27.2, e.g., gorffwys.

estwg, 11.4, b.e., gostwng.

etiued, 39.15, e.g., etifedd.

etwa, 19.23, adf., eto, eilwaith.

eu, 7.25, rhag.blaen, 3.llu., eu.

eur, 10.12, e.g., aur.

eurawc, 42.8, ans., eurog, euraid.

eureit, 10.13, ans., euraid, o aur.

eurgrwydyr, 58.19, ans., â rhwyllwaith aur.

eurwisc, 53.17, e.b., gwisg o aur.

ewic, 7.22, e.b., ewig. llu. *ewiged*, 7.28.

ewin, 55.21, e.g., ewin, crafanc.

ewythyr, 19.30, e.g., ewythr.

val, 15.27, cys., fel, megis, *ual*, 7.4.

velly, 32.16, adf., felly. *uelly*, 27.29. *y velly*, 24.9.

vy, 10.30, rhag. blaen, 1af.un. fy., *uy*, 8.2.

fo, 7.12, b.e., ffoi, encilio. *ffo*, 70.20.

fol. 14.27, ans., ffôl.

ford, 8.19, e.b., ffordd. *fford*, 36.15. llu. *ffyrd*, 48.19.

forest, 7.18, e.b., fforest. *fforest*, 68.1.

ffenedigach, 10.3, ans., grymusach.

ffenedicvalch, 40.13, ans., grymus a balch.

ffenestyr, 53.15, e.b., ffenestr.

ffiol, 24.10, e.b., ffiol, costrel, cwpan.

fflam, 59.30, e.b., fflam.

ffon, 17.21, e.b., ffon. llu *ffynn*, 17.26.

ffroenuoll, 56.29, ans., ffroenlydan.

ffrwt, 20.6, e.b., ffrwd. llu. *frydyeu*, 18.8.

ffrwythaw, b.e., ffrwytho, llwyddo. *ffrwytha*, 61.22, 3.un.pres.

ffyryf, 17.9, ans., cryf. *ffyryftan*, = tân sy'n llosgi'n dda.

gadu, 68.10, b.e., gadael. *gadel*, 40.10. *gataf*, 44.13, 1af.un.pres.
   gadawd, 10.27, 3.un.gorff.

gaflach, 14.23, e.g., gwaywffon fechan, 'dart'. llu. *gaflacheu*, 7.19

galarus, 45.4, ans., galarus.

galw, 13.8, b.e., galw., *gelwir*, 34.21, pres.amhers., *gelwit*, 7.6,
   amh.amhers.

gallmarw, 14.25, ans., cwbl farw.

gallu, b.e., gallu. *gallaf*, 15.20, 1af.un.pres., *gelly*, 18.4, 2.un.pres.
   gallwn, 35.29, 1af.un.amh., *gallut*, 42.9, 2.un.amh., *gallei*, 8.10,
   3.un.amh., *gellynt*, 7.15, 3.llu.amh., *gallwyf*, 63.2, 1af.un.pres.
   dib., *gellych*, 42.12, 2.un.pres.dib., *gallo*, 22.21, 3.un.pres.dib.,
   gallom, 61.1, 1af.llu.pres.dib., *gellit*, 9.1, amh.amhers.

gallu, 25.21, e.g., gallu, byddin.

gan, 8.12, ardd., gan, ger, gyda, oddi wrth, eiddo, oblegid.
   genhyf, 9.22, *genhyt*, 11.14, *gantaw*, 33.14, *ganthaw*, 31.25, *genthi*,
   66.4, *ganthunt*, 12.8.

gawr, 66.27, e.b., bloedd.

geifyr, 7.21, e.b.llu., geifr. *geiuyr*, 7.28.

geir, 13.1, e.g., gair. llu. *geireu*, 32.18.

gelynyon, 24.26, e.g.llu., gelynion.

gellgwn, 48.22, e.g.llu., cŵn hela.

geol, 63.26, e.b., carchar.

ger, 48.11, ardd., yn agos, yn ymyl. *ger bron*, 55.14, = o flaen, yng
   ngŵydd.

glan, 17.1, e.b., glan.

glas, 58.20, ans., glas.

glewhaf, 48.24, ans., glewaf, gorau.

glin, 11.5, e.g., pen-glin.

gloywdu, 59.13, ans., gloywddu.

gobennyd, 17.12, e.g., clustog.

gochelford, 62.1, e.b., cilffordd. *gochelfford*, 61.30.

gochwys, 28.13, ans., yn chwysu, chwyslyd.

godef, 30.6, b.e., goddef, dioddef.

goualus, 16.26, ans., gofalus, pryderus.

gofit, 21.5, e.g., galar, tristwch. *gouut*, 28.20.

gouot, 12.30, e.g., gofod, ysbaid. *yg g.*=yn ystod.

gofyn, 8.30 b.e., gofyn. *gouyn*, 17.17, *gofynny*, 8.25, 2.un.pres.,
   gofynhwn, 8.24, 1af.an.amh., *gofynneist*, 57.17, 2.un.gorff.,
   gofynawd, 46.28, 3.un.gorff., *gofynnawd*, 54.27, 3.un.gorff.,
   gofynnwys, 20.12, 3.un.gorff., *gofynnut*, 57.18, 2.un.amh.dib.,
   gofynhei, 44.5, 3.un.amh.dib.

Gogled, 7.1, e.g., gogledd Prydain.

gogof, 46.30, e.b., ogof ffau.

gogyfuch, 49.23, ardd., cyfuwch â, ochr yn ochr.

gohen, 37.12, ans., hen iawn.

gohen, 68.22, e.g. cyfeiriad, hynt, ruthr.

goleu, 59.30, ans., disglair, gloyw.

golwc, 69.14, e.g.b., golwg.

golwython, 10.20, e.g.llu., golwythion, darnau o gig.

gomed, b.e., gwrthod. *gomedassant*, 47.5, 3.llu. gorff.

gorchymyn, 62.30, b.e., yma = cyflwyno, rhoddi yng ngofal.

gorderch, 55.1, e.b., gordderch. llu. *gordercheu*, 47.4.

gorderchat, 46.8, e.b., gordderchiad.

gorderchu, 24.23, b.e., gordderchu, caru, traethu serch. *gordercha*,
   10.2, 2.un.gorch.

gordinaw, b.e., ysbarduno, cymell. *gordinawd*, 41.29, 3.un.gorff.

gordiwes, 8.10, b.e., goddiweddyd.

gordyar, 38.6, e.g. swn.

gorflwch, 11.28, e.g., cwpan, ffiol. *gorulwch*, 55.18.

goruot, 21.18, b.e., gorfod, trechu. *goruydwn*, 21.19, 1 af.un.amh.,
   gorfuost,, 32.24, 2.un.gorff., *goruuassei*, 40.1-2, 3.un.gorb.

gorffowys, 33.12, b.e., gorffwys.

gormes, 45.30, e.b., gormes, gorthrwm.

gororeu, 36.9, e.g.llu., ochrau, ymylon.

gorwed, 48.11, b.e., gorwedd.

gossot, 31.17, e.g., ymosodiad, ergyd.

gossot, 17.14, b.e., gosod, dodi. *gossodes*, 41.27-28, 3.un.gorff.

gostwg,, 56.1, b.e., gostwng, plygu, ymgrymu.

gowenu, 54.6, b.e., gwenu'n ysgafn.

graessaw 10.24, e.g., croeso.

graessawu, 35.21, b.e., croesawu.

grawth, 31.24, ans., gwyllt.

grudyeu, 23.21, e.g.llu., gruddiau.

gryssyn, 42.9, e.g., gresyn, trueni.

gwaet, 18.1, e.g., gwaed. *gwneuthur gw.* = tynnu gwaed

gwaedlyt, 70.2, ans., gwaedlyd, â gwaed arno.

gwahard, 70.12, b.e., gwahardd. *gwahardawd*, 70.14, 3.un.gorff.

gwahell, 31.22, e.b., gwaell ysgwydd, 'shoulder blade'.

gwalch, 30.23, e.b. (yma) heboges.

gwallt, 23.19, e.g., gwallt.

gwan, 13.22, b.e., taro. *gwant*, 42.1, 3.un.gorff.

gwarafun, 11.3, b.e., gwrthod, gomedd.

gwarandaw, b.e., gwrando. *gwarandawaf*, 43.8, 1af.un.pres.

gwarchadw, 51.26, b.e., amddiffyn, gwylio.

gware, 42.25, b.e., chwarae.

gware, 31.17, e.g., chwarae.

gwaret, 21.5, e.g., gwared.

gwas, 17.23, e.g., llanc, gŵr ifanc. 11.26, swyddog llys, 'chamber-
   lain', llu. *gweisson*, 17.2-3, *gweis*, 42.25.

gwassanaeth, 15.20, e.g., gwasanaeth. 18.19, bwyd.

gwassanaethu, 11.26-27, b.e., gwasanaethu, gweini.

gwastat, 36.10, e.g., gwastad, llawr, gwaelod.

gwastat, 47.29, ans., gwastad, llyfn.

gwastatau, 28.1, b.e., gwastatau, sefydlu.

gwayw, 20.5, e.g., gwaywffon. 21.9, poen.

gwedy, 19.5, ardd., wedi. *guedy*, 17.17.

gwed, 24.19, e.b., modd, dull.

gwedw, 57.20, ans., gweddw.

gwegil, 14.24, e.g., gwegil, gwar.

gweirglawd, 12.3, e.b., gweirglodd, gwaun. llu. *gweirglodeu*, 36.10,
   gweirglodyeu, 36.11.
gweith, 36.13, e.g., adeiladwaith, crefftwaith. 52.22, golwg, ym-
   ddangosiad. 55.21-22, *ar w.* = ar ffurf.
gweith, 45.19, e.b., tro.
gweled, 7.23, b.e., gweld. *gwelet*, 32.2, *gwely*, 9.26, 2.un.pres., *gwyl*,
   17.4, 3.un.pres., *gwelei*, 10.8, 3.un.amh., *gwelynt*, 8.11,3. llu.
   amh., *gweleis*, 9.4, 1af.un.gorff., *gwelest*, 43.24, 2.un.gorff.,
   gwelsant, 8.8, 3.llu,gorff., *gwelsont*, 31.28, 3.llu.gorff., *gwelsei*,
   23.16, 3.un.gorb., *gwelych*, 9.25, 2.un.pres.dib., *gwelwn*, 10.22,
   1af.un.amh.dib., *gwelut*, 47.19, 2.un.amh.dib., *gwelit*, 31.18,
   amh.amhers.
gweledigaeth, 30.6, e.b., gweledigaeth.
gwely, 64.8, e.g., gwely.
gwellt, 68.7, e.g., glaswellt, profa.
gwenwynic, 47.16, ans., gwenwynig.
gwerin, 43.16, e.b., gwerin gwyddbwyll.
gwers, 18.12, e.b., ysbaid o amser.
gwerth, 49.1, e.g., pris, tâl.
gwerthuawr, 46.23, ans., gwerthfawr.
gwesteion, 45.26, e.g.llu., gwesteion, ymwelwyr.
gwidon, 29.17, e.b., gwiddon, gwrach, dewines. llu. *gwidonot*, 29.18.
gwin, 10.19, e.g., gwin.
gwineu, 17.24, ans., â gwallt gwinau, melyngoch.
gwir, 33.21, ans., gwir.
gwiryon, 29.1, ans., gwirion, dieuog. 22.6, heb achos.
gwisc, 17.2, e.b., dillad.
gwiscaw, 44.15, b.e., gwisgo arfau. *gwiscawd*, 38.8, 3.un.gorff.
gwiw, 50.5, ans., gwiw, da.
gwlat, 34.23, e.b., gwlad.
gwledychu, b.e., llywodraethu, teyrnasu, *gwledychwys*, 56.14, 3.un.
   gorff.
gwneuthur, 18.1, b.e., gwneuthur. *gwnaf*, 15.21, 1af.un.pres.,
   gwney, 24.26, 2.un.pres., *gwna*, 68.9, 3.un.pres., *gwnawn*, 39.12,
   1af.llu.pres., *gwnai*, 63.10, 3.un.amh., *gwnaei*, 31.9, 3.un.amh.,
   gwnaem, 51.27, 1af.llu.amh., *gwneynt*, 51.25, 3.llu.amh., *gwnaeth-*

ost, 68.28, 2.un.gorff., *gwnaeth*, 28.21, 3.un.gorff. *goruc*, 10.16, 3.un.gorff., *gwnaethant*, 17.11, 3.llu.gorff., *gorugant*, 17.14, 3.llu,gorff., *gwnathoed*, 53.25, 3.un.gorb., *gwnelych*, 18.15, 2.un,pres.dib., *gwnelut*, 60.13, 2.un.amh.dib., *gwnelei*, 47.6, 3.un.amh.dib., *gwnaethwpyt*, 50.9, gorff.amhers., *gwna*, 18.4,, 2.un.gorch., *gwnaet*, 22.21, 3.un.gorch.

gwr, 10.3, e.g., gŵr. 15.19, yn yr ystyr ffiwdal, 'vassal'. llu. *gwyr*, 37.26.

gwrach, 30.5, e.b., gwrach, dewines.

gwrda, 19.4, e.g., uchelwr, arglwydd.

gwreic, 7.10, e.b., gwraig. llu. *gwraged*, 37.13.

gwreicca, 46.10, b.e., gwreica, priodi.

gwreicda, 29.12, e.b., uchelwraig.

gwreid, 48.7, e.g., gwraidd.

gwrhau, 51.7, b.e., gwrhau, rhoddi gwrogaeth. *gwrha*, 39.9. *gwrhayssant*, 39.29, 3.llu.gorff.

gwrhyt, 41.16, e.g., gwroldeb.

gwrthneu, b.e., gwrthwynebu. *gwrthneuawd*, 64.1, 3.un.gorff.

gwrthret, 43.7, e.g., perygl.

gwth, 13.22, e.g., *g. troet* = cic. 34.12, ergyd.

gwybot, 18.30, e.g., cwrteisi.

gwybot, 31.6, b.e., gwybod, *gwn*, 8.22, 1af.un.pres., *gwnn*, 57.24, 1af.un.pres., *gwdost*, 30.5, 2.un.pres., *gwyr*, 23.28, 3.un.pres., *gwdam*, 66.19, 1af.llu.pres., *gwdoch*, 31.4, 2.lu.pres., *gwydwn*, 35.1, 1af.un.amh., *gwydat*, 17.18, 3.un.amh., *gwydyat*, 19.6, 3.un.amh., *gwydynt*, 55.9, 3.llu.amh., *gwybydwn*, 19.9, 1af.un. amh.arf., *gwybydei*, 17.22, 3.un.amh.arf., *gwypwyf*, 62.17, 1af.un.pres.dib., *gwyppych*, 63.24, 2.un.pres.dib., *gwypwn*, 17.20, 1af.un.amh.dib., *gwyput*, 60.9, 2.un.amh.dib., *gwypei*, 17.21, 3.un.amh.dib., *gwybuwyt*, 42.15, gorff amhers.

gwyd, 13.9, e.g., gŵydd, presendoldeb.

gwydbwyll, 42.25-26, e.b., gwyddbbwyll.

gwydwaled, 22.26, e.b., coed, tyfiant gwyllt.

gwydyn, 9.16, e.b.llu., gwdyn, 'withes'.

gwylwr, 29.29, e.g., gwyliwr.

gwyllt, 8.4, ans., gwyllt.

gwylltaw, 22.16, b.e., gyrru ymaith

gwylltineb, 8.3, e.g., gwylltineb.

gwyn, 30.30, ans., gwyn. *gwen*, 48.3, ans. ben., *gwynyon*, 48.2, *gwynnyon*, 47.30, ans.llu., *gwynhet*, 33.30, gradd gyf., *gwynach*, 23.18, gradd gym., *gwynhaf*, 23.19, gradd eithaf.

gwynder, 30.27, e.g., gwynder, gwyndra.

gwynllwyt, 17.1, ans., â gwallt brith.

gwynt, 52.21, e.g., gwynt.

gwystyl, 58.25, e.g., gwystl, sicrwydd.

gyt a (c), 29.18, ardd, gyda.

gynheu, 44.10, adf., gynnau.

gyrru, 8.6, b.e., gyrru. *gyrraf*, 62.29, 1af.un.pres., *gyrreist*, 14.27, 2.un.gorff.

Ha, 41.16, eb., ha!

haelaf, 9.25, ans., gradd eithaf *hael*.

hagen, 31.28, cys., sut bynnag.

hagyr, 60.23, ans., hagr, yma = annymunol, annheilwng. *hacraf*, 56.27, gradd eithaf.

haha, 13.3, eb., ha!

hanfod, b.e., tarddu, bod., *henyw*, 15.11, 3.un.pres., *hanbydei*, 31.30, 3.un.amh.arf.

hanner, 10.26, e.g., hanner. *hanher*, 48.7.

hayarn, 15.10, e.g., haearn.

heb, 7.23, ardd., heb.

heb, 8.2, berf, eb. *heb y*, 8.18, ebe. *heb yr*, 8.20 ebr.

hediw, 8.21, adf., heddiw.

hedwch, 57.19, e.g., heddwch.

heuyt, 24.9, adf., hefyd.

heibaw, 8.21, adf., heibio. *heibyaw*, 68.22.

hela, 59.13, b.e., hela.

helym, 30.1, e.b., helm.

heno, 26.26, adf., heno.

herwr, 16.5, e.g., lleidr, ysbeiliwr, 'outlaw'.

herwyd, 25.18, ardd., oherwydd. 32.21, gerfydd.

hi, 8.17, rhag. at., 3.un., hi.

hir, 7.18, ans., hir. 12.16, tal. *hiryon,* 57.1, ans.llu. *kyhyt,* 21.17, gradd gyf., *hwy,* 22.28, gradd gym.

hitheu, 9.19, rhag. cys., 3.un., hithau.

hoff, 44.27, ans., canmoladwy, derbyniol. 52.28, pleserus, hardd.

holi, b.e., + *i,* cyhuddo. *holy,* 67.3, 2.un.pres.

holl, 25.21, ans., holl.

hollti, b.e., hollti, *hyllt,* 70.18, 3.un.pres.

hon, 22.4, rhag.dang., ben. hon.

honno, 32.28, rhag.dang.ben., honno.

hut, 12.10, e.g., hud, swyn.

hun, 58.11, e.b., cwsg. *kymryt, h.,* 38.3, = cysgu.

hun, 15.11, rhag., hunan.

hwde, 59.25, berf ddiff., gorch., cymer.

hwn, 12.2, rhag.dang.gwr., hwn. *hwnn,* 25.14.

hwnnw, 7.7, rhag. dang.gwr., hwnnw.

hwnt, 23.29, adf., draw.

hwyat, 30.24, e.b., hwyaden.

hwyrach, 25.12, ans., gradd gym. *hwyr,* yma = anfodlonach.

hydgant, 48.14, e.g., llu o geirw.

hydot, 48.22, e.g.llu., hyddod, ceirw.

hyfryt, 26.29, ans., hyfryd.

hygar, 35.29, ans., serchus, dymunol. 32.16, cyfeillgar. *hygarach,* 32.30, gradd gym., *tra uu h.* 19.5, = tra dymunent.

hyn, 8.24, rhag.dang.llu., hyn. *hynn,* 62.12.

hynny, 10.1, rhag.dan.llu., hynny.

hynt, 47.12, e.b., ffordd, taith. *ar h.* 21.25, = ar unwaith.

hyny, 13.11, cys. hyd oni.

hyny vyd, 35.18, geir., dyma, wele, fe.

hyspys, 32.20, ans., hysbys, amlwg.

i, 50.4, ardd., i. *y,* 7.4, *im,* 30.6, *imi,* 8.24, *ymi,* 14.13, *it,* 35.16, *itti,* 8.25, *ytti,* 8.24, *idaw,* 7.2, *ydaw,* 7.8, *idi,* 26.27, *in,* 25.25, *inni,* 29.19, *iwch,* 52.8, *udunt,* 25.18.

y, 9.5, ardd., yn.

y, 7.9, rhag. blaen, 3.un., ei. llu. *y,* 8.10.

y, 7.5, rhag., mewnol, 3.un., 'i.

iach, 26.4, ans., iach, iachus.

iaghwr, 41.18, e.g., iangwr, gŵr ieuanc.

y amdanaw, 15.11, ardd., oddi amdano. *y ymdanat*, 44.21.

y ar, 32.1, ardd., oddi ar. *y arnaw*, 34.5.

iarll, 7.1, e.g., iarll. llu. *ieirll*, 51.15.

iarllaeth, 7.1, e.b., iarllaeth.

iarlles, 9.19, e.b., iarlles.

iawn, 43.14, e.g., iawndal.

iawn, 16.3, ans., addas, da. *iawnet*, 60.10, gradd gyf., *iawnach*, 62.6, gradd gym.

y dan, 24.29, ardd., dan, gan.

y dan, 69.7, ardd., oddi tan, o dan. *y danaw*, 40.3, *y danei*, 25.6.

ie, 9.21, adf., ie. 9.20 = geiryn.

iechyt, 57.18, e.g., iechyd.

y vynyd, 18.5, adf., i fyny. *y uynyd*, 19.14.

y gan, 16.23-24, ardd., oddi wrth. *y genhyf*, 9.22, *y genhyt*, 30.7. *y ganthaw*, 13.28.

y gyt, 19.16, adf., ynghyd.

y gyt a, 7.28, ardd., gyda.

ieith, 18.13, e.b., iaith, yma = cynghorion.

ieuenctit, 59.9, e.g., ieuenctid. *yn i. y dyd*, = yn gynnar.

ieuhaf, 7.7, ans., gradd eithaf *ieuanc*, ieuaf.

y mywn, 7.28, adf., i mewn.

y mywn, 17.3, ardd., mewn.

inheu, 19.30, rhag. cys., 1af.un., innau.

ir, 48.8, ans., gwyrdd, ffres.

is llaw, 50.9-10, ardd., islaw, o dan. *is law*, 46.22.

istorya, 61.12, e.b., historia, hanes.

iwrch, 54.26, e.g., caeriwrch, 'roe-buck'.

y ymdeith, 11.6, adf., ymaith, i ffwrdd.

y waeret, 57.5, adf., i waered, i lawr.

y wrth, 54.23-24, ardd., oddi wrth. *y wrthyf*, 35.14, *y wrthaw*, 31.21-22.

llad, 21.7, b.e., lladd. 17.22, = taro, chwarae. *llad*, 19.27, 3.un. pres., *lladant*, 37.28, 3.llu.pres., *lladei*, 47.1, 3.un.amh., *lledeis*,

16.7, 1af.un.gorff., *lledeist*, 46.6, 2.un.gorff., *lladawd*, 40.14, 3.un.gorff., *lladassei*, 33.28, 3.un.gorb., *llado*, 68.8, 3.un.pres. dib. *llas*, 7.5, gorff.amhers., *lledit*, 7.8, amh.amhers.

llafassu, b.e., mentro, beiddio. *llywassei*, 7.16, 3.un.amh., *llafasswys*, 68.15, 3.un.gorff.

llafur, 67.19, e.g., llafur, ymdrech.

llall, 10.27, rhag. llall.

llamu, b.e., neidio. *llamwys*, 21.8, 3.un.gorff.

llannerch, 21.24, e.b., llannerch. *llanerch*, 10.8.

llaw, 10.15, e.b., llaw.

llawdwr, 29.27, e.g., llawdr, llodrau.

llawen, 8.27, ans., hapus. *bot yn llawen wrth*, 10.17 = croesawu.

llawer, 37.25, ans., llawer.

llawes, 68.25, e.b., llawes.

llawuorynyon, 29.11, e.b.llu., llawforynion.

llawn, 10.19, ans., llawn.

lle, 21.30, e.g., lle. *yn y lle*, 22.2 = yn y fan a'r lle; *yn lle*, 67.19, am.

lleassu, 43.2, b.e., lladd. *lleassei*, 43.4, 3.un.amh.

llech, 69.3, e.b., carreg.

llechwayw, 47.16, e.g., gwayw o faen. â blaen maen.

lletrith, 12.10, e.g., lledrith.

lledu, b.e., lledu. *lledawd*, 30.1, 3.un.gorff.

llef, 70.19, e.b., bloedd, cri.

llefein, 20.8, b.e., llefain, wylo.

llei, 48.17, ans., gradd gym. *bychan*, llai.

lleithic, 42.27, e.b., lleithig.

llem, 36.15, ans.ben., serth. *llym*, gwr., gw. gwenwynic*lym*, 42.1-2.

llen, 56.19, e.b., llen, cwrlid.

lles, 15.20, e.g. budd, daioni.

llety, 38.5, e.g., llety. *lletty*, 56.5.

llew, 36.16, e.g., llew.

llewenydd, 48.27, llawenydd, yma = croeso.

llit, 11.17, e.g., llid, digofaint.

llityawc, 14.18, ans., llidiog, ffyrnig.

llifeit, 57.13, ans., llifaid, miniog.

lliw, 56.27, e.g., lliw.

lloneit, 55.30, e.g., llonaid, llond.

llonyd, 58.11, ans., llonydd, tawel.

llosci, 17.9, b.e., llosgi.

lloscwrn, 45.5, e.g., llosgwrn, cynffon.

llu, 38.15, e.g., llu, gwarchodlu, byddin.

lludedic, 32.23, ans., lludedig, blinedig.

lluest, 35.6, e.b., pabell, bwthyn a godid gan filwr ar gyrch.

lluossyd, 27.5, e.g.llu., lluosydd, lluoedd.

llun, 56.27, e.g., ffurf.

lluscaw, 15.6, b.e., llusgo.

llw, 39.24, e.g., llw.

llwyt, 36.28, ans., llwyd, â gwallt brith.

llwyn, 69.3, e.g., llwyn.

llwyr, 9.2, ans. llwyr.

llydan, 57.4, ans., llydan.

llygad, 49.9, e.g., llygad. *llygat*, 45.1.

llyma, 9.19, e.b., wele, dyma.

llyn, 16.29, e.g., llyn.

llyn, 9.13, e.g., diod.

llyna, 13.6, eb., dyna.

llys, 8.15, e.b., llys.

llyscon, 12.24, e.g.llu., llysgon, ffyn bychain.

llysseu, 22.26, e.g.llu., llysiau, tyfiant.

'*m*, 11.17, rhag. mewnol, 1af.un.

mab, 7.6, e.g., mab. 29.8, llanc. llu. *meibion*, 7.14; *meib*, 7.2.

maccwy, 18.30, e.g., macwy, gwas ieuanc. *mackwy*, 31.8. llu. *maccwyeit*, 18.29.

maen, 45.5, e.g., carreg, maen gwerthfawr. llu. *mein*, 10.14.

maes, 48.23, e.g., cae. *y maes o*, 49.8, = allan o.

mal, 19.18, cys., fel. + *y*, 17.3, = pan.

mam, 8.2, e.b., mam.

manaches, 23.25, e.b., mynaches. llu *manachesseu*, 25.17.

mann, 23.20, e.g., lle.

march, 11.9, e.g., march, ceffyl. llu, *meirch*, 7.17.

marchawc, 8.11, e.g., marchog. *marchauc*, 8.21, llu. *marchogyon*, 8.19.

marchawcford, 8.11-12, e.b., llwybr marchogion.

marchogaeth, 21.24-25, b.e., marchogaeth.

marw, 21.9, ans., marw. llu. *meirw*, 68.11.

marwlewic, 9.11, e.g., llewyg llwyr. *marwlewyc*, 13.12.

mawr, 14.20, ans., mawr. *kymeint*, 52.9, gradd gyf., *mwy*, 8.5,
   gradd gym., *mwyhaf*, 37.13, gradd eithaf.

mawrhydic, 60.1, ans., urddasol.

medru, 13.6, b.e., ymddwyn, taro. *medreist*, 14.27, 2.un.gorff.

meddawt, 44.9, e.g., meddwdod.

meddic, 31.29, e.g., meddyg. llu., *medygyon*, 32.4.

medeginyaethu, 41.7, b.e., meddyginiaethu.

medwl, 31.10, e.g., meddwl. 32.1, myfyrdod.

medylyaw, 7.11, b.e., meddwl.

mefyl, 24.7, e.g., mefl, gwarth.

megys, 8.10, cys., megis, fel.

mein, 57.5, ans., main.

meint, 29.8, e.g., maint, maintioli.

meitin, 18.1, e.g., ysbaid o amser. *er m.* = ers tro.

melvoch, 10.20, e.g.llu., melfoch, moch ifanc.

melin, 54.26, e.b., melin. llu. *melineu*, 52.21. *m. ar dwfyr* = melinau
   dŵr.

melinyd, 52.27, e.g., melinydd.

melyn, 17.24, ans., melyn, â gwallt melyn. *melen*, 64.28, ans.ben.,
   melynyon, 57.1, ans.llu., *melynach*, 57.1, gradd gym.

melyngoch, 22.29, ans., â gwallt gwinau.

menegi, 16.13, b.e., mynegi, dweud. *managaf*, 67.12, 1af.un.pres.,
   menegis, 16.18, 3.un.gorff., *menegys*, 15.24-25, 3.un.gorff.,
   manac, 13.24, 2.un.gorch.

messur, 24.10, e.g., mesur.

meudwy, 30.19, e.g., meudwy.

mi, 9.4, rhag.ann. blaen, 1af.un.

mifi, 11.11, rhag.dwbl, 1af.un., myfi. *miui*, 11.2.

milgi, 48.10, e.g., milgi. ..u, *milgwn*, 48.23.

milwraeth, 8.9, e.b., milwriaeth, nerth, grym. *milwryaeth*, 12.9-10.

milwreidffyryf, 42.2, ans., milwraidd a chryf.

milwyr, 13.4, e.g.llu., milwyr.

milyoed, 53.8, e.b.llu., miloedd.

milltir, 40.10, e.b., milltir.

minheu, 8.25, rhag.cys., 1af.un., minnau.

modrwy, 10.14, e.b., modrwy.

moel, 62.2, ans., moel. am gaer = heb dyrau.

moelgethinyon, 42.25, ans.llu., moel ac o bryd bygythiol.

moes, 18.12, e.b., ymddygiad, arfer.

moes, 55.18, berf. orch., rho, dyro.

morvil, 36.30, e.g., morfil, môr-farch. *ascwrn m.* = ifori.

morwyn, 10.12, e.b., morwyn. llu. *morynyon*, 42.29.

muchyd, 23.20, e.g., muchudd.

mut, 13.7, ans., mud.

mul, 56.23, e.g., mul.

muscrelleid, 12.14, ans., musgrellaidd, trwsgl, anhrefnus.

mwn, 20.6, e.g., gwddf gwaywffon.

mwyn, 14.29, ans., bonheddig. *gŵr m.* = uchelwr.

myn, 11.15, ardd. a ddefnyddir mewn llw.

mynet, 8.21, b.e., mynd. *af*, 8.18, 1af.un.pres., *ey*, 45.27, 2.un. pres., *a*, 48.19, 3.un.pres., *awn*, 39.21. 1af.llu.pres., *awn*, 25.8, 1af.un. amh., *aut*, 35.14, 2.un.amh., *aei*, 48.18, 3.un.amh., *ai*, 7.19, 3.un.amh., *aethost*, 35.14, 2.un.gorff., *aeth*, 9.12, 3.un.gorff., *aethant*, 17.27, 3.llu.gorff., *elych*, 62.28, 2.un.pres.dib., *el*, 54.4, 3.un.pres.dib., *elhut*, 67.8, 2.un.amh.dib., *elut*, 47.19, 2.un.amh. dib., *elei*, 39.20, 3.un.amh.dib., *dos*, 9.4, 2.un.gorch., *awn*, 51.30, 1af.llu.gorch.

mynnu, 24.2, b.e., mynnu, dymuno. *mynhaf*, 14.16, 1af.un.pres., *mynnaf*, 46.12, 1af.un.pres., *mynny*, 28.4, 2.un.pres., *myn*, 53.6, 3.un.pres., *mynant*, 64.17, 3.llu.pres., *mynnwn*, 49.17-18, 1af. un.amh., *mynnei*, 18.2, 3.un.amh., *mynnawd*, 59.4, 3.un.gorff., *mynhych*, 58.26, 2.un.pres.dib., *mynnych*, 44.25, 2.un.pres.dib., *mynho*, 46.12, 3.un.pres.dib., *mynhwn*, 49.16-17, 1af.un.amh. dib., *mynhut*, 33.1, 2.un.amh.dib., *mynnei*, 45.7, 3.un.amh.dib., *mynnir*, 23.4, pres.amhers.

mynut, 18.12, e.g., cwrteisi, moesgarwch.

mynwes, 36.11, e.b., mynwes, yma = canol.

mynwgyl, 14.19, e.g., mynwgl, gwddf. *mynet dwylaw m.* =
cofleidio.

mynybyr, 53.30, e.g., menybr, coes y fwyall.

mynych, 7.4, ans., aml, cyson.

mynyd, 36.7, e.g., mynydd.

mywn, 42.21, ardd., mewn. *y mywn*, 17.3; *o uywn*, 59.10-11.

na, 8.22, geir.neg., na. *nat*, 15.21.

na, 8.9, cys., na. *nac*, 7.8.

nac ef, 24.6, adf., nage.

nachaf, 28.22, eb., wele, dyma.

namyn, 7.3, ardd., eithr, ond.

nant, 31.5, e.b., cwm, glyn.

naw, 29.17, ans., naw.

nawd, 16.10, e.g., trugaredd, arbediad.

neb, 7.16, rhag., neb. 7.5, sawl. *n.ryw*, 40.16, = unrhyw.

neges, 33.20, e.b., neges, cenadwri.

negessawl, 33.18, e.g., negesydd.

neidaw, b.e., neidio. *neidei*, 69.10, 3.un.amh.

neill, 23.26, rhag., naill. 10.25, ans. *neyll*, 54.3.

neithwyr, 20.1, adf., neithiwr.

nerth, 25.25, e.g., nerth, grym.

neu, 12.10, cys., neu.

neuad, 11.25, e.b., neuadd.

neur, 29.20, geir., yn wir.

ni, 24.26, rhag. ann. blaen. 1af.llu.

nifer, 9.8, e.g., gwarchodlu.

ninheu, 25.26, rhag.cys., 1af.llu., ninnau.

nini, 35.3, rhag.dwbl., 1af.llu., nyni.

no, 12.28, cys., na. *noc*, 8.5.

noeth, 68.11, ans., noeth.

noget, 64.5, cys., noged, nag.

nos, 11.18, e.b., nos, noson.

ny, 7.15, geir.neg., ni. *nyt*, 7.2; *nyd*, 7.7.

o, 7.2, ardd., o. *oc*, 41.9. *ohonaf*, 24.22, *ohonaf*, 28.27, *ohonawt*,50.3
    ohonaw, 7.18, *ohonam*, 51.28, *ohonawch*, 39.13, *ohonunt*, 37.1,
    onadunt, 7.25.

o, 9.26, cys., os.

Och a, 61.21, eb., Och! O!

ochyr, 36.15, e.b., ochr, ystlys.

odyma, 25.25, adf., oddi yma.

odyna, 24.1, adf., oddi yna.

o'e, 40.3, i'w. *o'y*, 53.26.

oet, 7.7, e.g., oedran.

oet, 25.20, e.g., oed, oediad o amser.

oetran, 29.8, e.g., oedran.

ofered, 44.9, e.g., oferedd.

ofyn, 60.14, e.g., ofn.

Oia, 21.4, eb., O!

ol, 8.14, e.g., ôl. *yn ol*, 11.7, ardd., ar ôl. 40.18 = am.

ol, 41.19, b.e., ymofyn, ceisio, cyrchu.

ol yn ol, 31.15, adf., oll, i gyd.

ony, 14.13, cys., oni. *onyt*, 24.7.

os, 14.29, cys., os.

ossit, 12.1, berf, os oes.

ot, 15.17, cys., os.

pa, 27.9, ans. gof., pa. *py*, 21.2.

pater, 9.26, e.g., pader.

paham, 30.5, rhag. gof., paham, sut. *pyham*, 21.6.

paladyr, 31.5, e.g., paladr, gwaywffon. 33.12, coes y waywffon.

palfrei, 59.13, 3.g., palffrai, march ysgafn.

pali, 17.2, e.g., sidan addurnedig, 'brocaded silk'.

pallu, 54.18, b.e., gwrthod.

pan, 18.20, cys., pan. 21.26, = y. 37.6, *pan yw* = mai. 40.25, =
    o ble.

parabyl, 16.23, e.g., ymadrodd, stori.

parch, 35.21, e.g., parch, ystyriaeth.

parhau, b.e., parhau. *parhaei*, 25.16, 3.un.amh., *parhao*, 32.24,
    3.un.pres.dib.

parth, 11.21, ardd., + *a*, tua, i gyfeiriad.
parth, 19.28, e.g., rhan.47.28, tu, glan.
parthret, 44.9, ardd., + *a*, parth â, tuag at.
Pasc, 62.20, e.g., y Pasg.
pawb, 8.7, e.g., pawb.
pebyll, 10.9, e.b., pabell. llu, *pebylleu*, 51.5.
pedestric, 7.27, e.g., cyflymder, buandra troed.
pedrein, 16.10, e.g., pedrain, 'crupper'.
petwar, 31.15, ans., pedwar.
petweryd, 62.14, ans., pedwerydd.
pei, 17.19, cys., pe, os. 7.8, = berfol, pe bai. *pe*, 35.13.
peidaw, 20.18, b.e., peidio. *peidwch*, 60.27, 2.lu.gorch.
peis, 15.10, e.b., côt, 'tunic', *p. hayarn*, = rhan o'r arfwisg.
pell, 57.23, ans., pell. *pellach*, 25.20, gradd gym.
pen, 20.16, e.g., pen. 37.15, rhan uchaf. *ym p.*, 42.22, = ymhen.
  penn, 49.8.
penffestin, 30.2, e.g., cap o fodrwyau dur.
pengrych, 55.29, ans., â gwallt cyrliog.
penhaf, 7.2-3, ans., gradd eithaf *pen*, pennaf. 23.2, prif, pwysicaf.
penteulu, 26.20, e.g., pen swyddog y teulu, y gwarchodlu.
penyal, 32.2, e.g., tyrfa.
perued, 12.15, e.g., perfedd, canol.
peri, 27.29, b.e., peri. *paraf*, 38.2, 1af.un.pres., *pery*, 37.30, 2.un
  pres., *parawd*, 54.25, 3.un.gorff., *peris*, 38.5, 3.un.gorff., *parassei*,
  63.28, 3.un.gorb., *par*, 41.6, 2.un.gorch.
perthyn, b.e., perthyn, gweddu i. *perthyn*, 33.1, 3.un.pres.
peth, 8.2, e.g., peth, rhywbeth. 8.16, = pa beth.
peunyd, 47.1, adf., beunydd, bob dydd.
pieu, 43.9, sydd biau, 3.un.pres. *pioed*, 7.1; *piewoed*, 11.7; *piewed*,
  19.2; *pieoed*, 25.5; *piowed*, 70.4, 3.un.amh.
piler, 47.17, e.g., colofn.
plant, 25.10, e.g., llu., plant.
pob, 8.30, ans., pob. *pop*, 40.11.
pony, 29.16, geir., paham.
pori, 68.6, b.e., pori, bwyta (am anifail).
porth, 17.6, e.g., drws.

porthawr, 37.5, e.g., porthor.
porthi, 25.18, b.e., bwydo, cynnal.
praffter, 29.8, e.g., nerth, maint, grym.
pren, 48.6, e.g., coeden.
presseb, 69.21, e.g., preseb, 'stall'.
priawt, 21.13, ans., priod. 22.5, e.b., priod, gwraig.
priff, 36.7, ans., prif.
priflys, 56.17, e.b., prif lys.
profi, b.e., profi. *profaf*, 58.23, 1af.un.pres.
pryt, 26.15, e.g., amser.
pryf, 45.5, e.g., sarff.
pump, 23.14, ans., pump.
pumthec, 16.22, ans., pymtheg.
purgoch, 64.28, ans., coch iawn, coch i gyd.
putein, 60.9, e.b., putain.
pwll, 36.21, e.g., pwll, pydew.
pwy, 11.10, rhag.gof., pwy. 34.17 = beth.
pwyllaw, b.e., trugarhau, tirioni. *pwyllaf*, 43.27, 1af.un.pres. *pwylla*,
   43.26, 2.un.gorch.
pwyllic, 33.6, ans., call, synhwyrol.
pwyth, 41.8, e.g., pris, tâl.
pyt, 43.5, e.g., perygl. 60.14, 'trap'.
pygu, 56.26, b.e., gorchuddio â phyg.
pynorec, 9.15, e.g., pynoreg, 'panniers'.
pyscawt, 68.10, e.g.llu., pysgod.
pyscotlyn, 68.10, e.b., pysgodlyn.
pyscotta, 17.3, b.e., pyscota.

'r, 7.4, y fannod.
rac, 7.18, ardd., rhag. *ragof*, 48.28; *ragot*, 9.24; *racdaw*, 9.12; *racdi*,
   24.29; *racdunt*, 16.23.
racco, 8.16, adf., acw.
ractal, 10.13, e.g., rhactal, talaith.
rat, 44.7, ans., rhad.
rannu, b.e., rhannu. *ranaf*, 24.4, 1af,un,pres.
rayadr, 57.15, e.b., rhayadr.

redec, 18.8, b.e., rhedeg.

rei, 7.24, rhag., rhai.

reit, 9.27, e.g., rhaid.

rianed, 43.30, e.b.llu., rhianedd.

rifaw, b.e., rhifo, yma = enwi. *rifaf*, 45.15, 1af.un.pres.

rinwedeu, 45.5-6, e.g.llu., rhinweddau.

rith, 10.9, e.g. rhith.

rodi, 9.28, b.e., rhoddi. *rodaf*, 38.21, 1af.un.pres., *rodwn*, 47.18, 1af.un.amh., *rodei*, 55.15, 3.un.amh., *rodeis*, 56.11, 1af.un.gorff., *rodeist*, 56.10, 2.un.gorff., *rodes*, 11.23, 3.un.gorff., *roessam*, 39.4, 1af.llu.gorff., *roessut*, 38.30, 2.un.gorb., *rodych*, 44.22, 2.un.pres. dib., *rodo*, 26.3, 3.un.pres.dib., *rotho*, 59.17, 3.un.pres.dib., *rodut*, 47.17, 2.un.amh.dib., *dyro*, 9.30, 2.un.gorch.

rudeur, 68.26, e.g., rhuddaur, aur coch.

rhuthur, 42.22, e.g., rhuthr, pellter; y pellter y gellid rhuthro mewn un rhuthr.

rwg, 14.19, ardd., rhwng.

rwydhau, b.e., rhwyddhau. *rwydheyt*, 52.16, 3.un.gorch.

rwym, 36.16, ans., rhwym, wedi ei rwymo.

rwymat, 54.25, e.g., rhwymiad.

rwymaw, 54.25, b.e., rhwymo.

ry, 7.25, geir., ry.

ry, 12.21, adf., rhy.

rytlyt, 69.8, ans., rhydlyd.

ryd, 25.18, ans., rhydd.

rydhau, 58.4, b.e., rhyddhau.

ryfed, 44.3, ans., rhyfedd. *ryfedach*, 52.19, gradd gym., *ryued*, 8.2.

ryfedu, 8.8, b.e., rhyfeddu, synnu. *ryuedu*, 7.22.

ryuel, 7.5, e.g.b., rhyfel. llu., *ryueloed*, 7.4.

ryfyc, 14.5, e.g., rhyfyg, ymffrost, beiddgarwch.

rygig, 59.14, e.b., rhygyng, cerdded arferol march, 'ambling pace'.

's, 14.13, rhag. mewnol, 3.un.

saer, 52.22, e.g., crefftwr.

saethu, 36.30, b.e., saethu.

sarff, 40.9, e.b., sarff.

152   HISTORIA PEREDUR VAB EFRAWC

sarhaet, 12.7, e.b., sarhad, gwarth.
sawl, 39.6, rhag., y rhai.
sef, 7.11, cys., yr hyn.
sefyll, 12.15, b.e., sefyll. *seuyll*, 7.22. *seif*, 31.5, 3.un.pres.
sengi, b.e., sangu. *sagaf*, 16.15, 1af.un.pres.
seith, 7.2, ans., saith.
seithuet, 7.6, ans., seithfed.
sorri, b.e., sorri, digio. *sorres*, 32.18, 3.un.gorff.
syberw, 57.24, ans., balch.
syberwyt, 43.25, e.g., balchder.
symudaw, b.e., symud. *symudawd*, 32.1, 3.un.gorff.

tat, 7.9, e.g., tad.
tauawt, 32.25,, e.g., tafod.
taflu, 7.19, b.e., taflu.
tal, 10.13, e.g., talcen. *ar t.*, 10.18, = pen, pen draw. *yn t.*, 30.24 =
    yn agos i, ger ochr.
talu, b.e., talu. *talaf*, 41.8, 1af,un.pres., *talei*, 52.30, 3.un.amh.,
    talawd, 52.9, 3.un.gorff., *talho*, 42.13, 3.un.pres.dib.
talym, 35.11, e.g., ysbaid o amser. 36.14, = pellter.
tan, 60.2, e.g., tân.
taraw, 17.11, b.e., taro. *t. gan*, 70.23, = ymosod ar. *trewis*, 19.14,
    3.un.gorff., *taraw*, 19.13, 2.un.gorch.
taryan, 18.3, e.b., tarian. llu, *taryaneu*, 17.26.
tawr, berf. ddiff., bod o ddiddordeb i. 34.13, 3.un.pres., *torei*, 64.4,
    3.un.amh.
tebic, 12.8, ans., tebyg. *tebyccaf*, 63.18, gradd eithaf.
tebic, 17.30, e.g., barn, tyb, cred.
tec, 9.30, ans., teg. *tegach*, 53.16, gradd gym., *teccaf*, 43.24, **gradd**
    eithaf.
teimlaw, 30.9, b.e., teimlo, trin.
telediw, 10.12, ans., hardd.
teneu, 32.26, ans., tenau.
teu, 34.26, rhag. medd., 2.un., tau, yr eiddot ti.
teulu, 11.25, e.g., gwarchodlu.
tewi, 20.13, b.e., tewi. *taw*, 13.26, 2.un.gorch.

teyrnas, 19.27, teyrnas.

teyrneidet, 48.12, ans. (+ky-), gradd gyf. *teyrneid*, mor urddasol, mor frenhinaidd.

teyrnget, 27.29, e.b., teyrnged.

'th, 8.3, rhag. mewnol, 2.un.

ti, 8.24, rhag. at. 2.un., ti.

tidi, 36.2, rhag. dwbl, 2.un., tydi. *tyi3*, 14.22.

tir, 61.17, e.g., tir, gwlad, llu., *tired*, 6.10.

titheu, 8.26, rhag. cys., 2.un., tithau.

tlawt, 46.5, ans., tlawd.

tlws, 9.30, e.g., gem.

torch, 68.26, e.g., coler.

torri, 33.3, b.e., torri. *tyrr*, 36.22, 3.un.pres., *torreis*, 39.24, 1af.un. gorff., *torres*, 19.19, 3.un.gorff.

torth, 10.19, e.b., torth.

tost, 37.23, ans., blin. *tostdrut*, 42.2, caled.

tra, 19.5, cys., cyhyd, pan.

tra, 40.17, adf., eithafol.

trachefyn, 23.6, adf., yn ôl. *tra 'th gefyn*, 14.11; *traegefyn*, 413; *traygefyn*, 51.17; *trachgefyn*, 28.30.

traethu, b.e., traethu, dweud. *treythir*, 70.25, pres. amhers.

tragywydawl, 14.30, ans., tragwyddol.

trahawc, 45.9, ans., gormesol.

tranoeth, 20.22, adf., trannoeth. *trannoeth*, 26.1.

tratheryll, 56.29, ans., treiddgar iawn.

traws, 36.23, + *ar*, ardd., ar draws, dros.

trawst, 58.19, e.g., trawst, yn yr ystyr herodrol.

trayan, 19.28, e.g., traean.

trechaf, 51.28, ans., gradd eithaf *trech*, cadarnaf, cryfaf.

treis, 43.13, e.g., trais, gorthrwm.

treissaw, b.e., treisio, gormesu. *treisswn*, 45.11, 1af.un.amh.

tremynt, 23.16, e.g., ymddangosiad, golwg, wyneb.

trenhyd, 62.11, adf., trennydd.

treul, 52.7, e.b., traul.

tri, 8.11, ans., tri. *teir*, 20.6, ans.ben.

trigyaw, 39.27, b.e., trigo, aros., *trigyaf*, 48.28, 1af.un.pres., *trigy*, 59.23, 2.un.pres., *trigye*, 35.13, 2.un.pres., *trigywys*, 42.18, 3.un.gorff., *trigyassant*, 44.14, 3.llu.gorff.

trist, 37.21, ans., trist.

tristau, 37.20, b.e., tristáu.

troet, 13.22, e.g.b, troed. llu. *traet*, 57.6.

troi, 35.25, b.e., cerdded, mynd am dro.

tros, 31.13, ardd., dros.

truan, 61.21, ans., truan.

trugeinuet, 60.17, ans., *ar y tr.* = a 60 (neu 59) o wŷr gydag ef.

trugeint, 57.26, ans., trigain.

trwy, 40.27, ardd., trwy. *trwydaw*.49.7. *trwyddaw*, 23.18

trwydet, 12.29, e.b., trwydded, lletygarwch, hawl i fyw mewn llys ar gost yr arglwydd.

trwyn, 56.28, e.g., trwyn.

trychanwr, 27.27, e.g., tri chant o wŷr.

trychant, 45.28, ans., tri chant.

trydyd, 27.18, ans., trydydd. *tryded*, 19.20, ans. ben.

tressor, 46.6, e.g., trysor.

trywyr, 56.7, e.g., tri gŵr.

tu, 16.29, e.g., tu, ochr. *ar un tu*, 30.15, = yn olynol.

tu, 9.28, rhag. blaen. 2.un., dy. *tu hun* = dy hun.

tua, 36.14, ardd., tua.

tuth, 31.24, e.g., tuth, 'trot'.

twll, 23.17, ans., tyllog, wedi ei dreulio.

twr, 59.26, e.g., twˆr. llu. *tyreu*, 22.27.

twrneimeint, 54.12, e.g., twrnamaint. llu? *twrneimeint*, 7.3.

twrwf, 24.30 e.g., twrf, cynnwrf, sŵn.

twyll, 58.22, e.g., twyll, celwydd.

twyllwr, 58.26, e.g., twyllwr.

twym, 46.23, ans., twym, cynnes.

ty, 7.26, e.g., tŷ. llu. *tei*, 36.12.

tybyaw, b.e., tybio. *tybyassant*, 31.28, 3.llu. gorff.

tybygu, 7.24, b.e., tybio, dychmygu. *tebygaf*, 63.20, 1af.un.pres., *tebygei*, 9.15, 3.un.amh.

tyghet, 70.22, e.b., tynged.

tyghetuen, 30.6, e.b., tynghedfen, ffawd.
tylwyth, 52.30, e.g., teulu.
tynnu, 36.19, b.e., tynnu. *tynnawd*, 45.1, 3.un.gorff., *tynho*, 54.4, 3.un.pres.dib.

uchel, 60.1, ans., uchel. *kyfuch*, 61.22, gradd gyf., *uch*, 57.3, gradd gym., *uchaf*, 37.15, gradd eithaf.
uch llaw, 48.8, ardd., yn uwch na, goruwch.
uchot, 31.5, adf., uchod, fry.
uch pen, 36.21, ardd., uwchben, dros ben.
ugeint, 31.16, ans., ugain.
un, 13.19, ans., un. *vn*, 13.1.
unben, 15.8, e.g., arglwydd, uchelwr. *vnben*, 10.23.
vnbennes, 63.6, e.b., arglwyddes.
vnllygeityawc, 43.18, ans., unllygeidiog, ag un llygad.
vrdaw, 12.19, b.e., urddo. *urdaf*, 18.14, 1af.un.pres.
urdawl, 12.20, ans., urddol.
urdedic, 62.26, ans., urddedig.

weithon, 18.9, adf., weithion, yn awr.
whaer, 49.17, e.b., ffurf ar *chwaer*, uchod.
whare, 50.22, b.e., ffurf ar *chwarae*, uchod. *wharyei*, 14.21, 3.un. amh.
wherthin, 63.10, b.e., chwerthin.
wrth, 10.10, ardd., wrth. *wrthyt*, 10.24; *wrthaw*, 9.27; *wrthi*, 9.26. *wrthunt*, 35.16; *bod wrth*, 19.29, = 'to yield to'.
wy, 23.28, rhag. at., 3.llu., hwy.
wylaw, 25.3, b.e., wylo. *wylei*, 43.1, 3.un.amh.
wyneb, 11.29, e.g., wyneb. 15.3, = anrhydedd.
wynebwerth, 29.2, e.g., iawndal.
wynt, 8.10, rhag.ann., 3.llu., hwynt.
wynteu, 25.20, rhag.cys., 3.llu., hwythau.
wythnos, 27.30, e.b., wythnos.

y, 7.1, y fannod.
y, 7.9, geir., y, fe. *yd*, 7.3.
yfet, 20.19, b.e., yfed. *yuet*, 19.5. *ywet*, 55.26.

yghot, 8.2, adf., gerllaw.

yg kylch, 20.16, ardd., ynghylch, o amgylch.

yma, 8.21, adf., yma.

ymadaw, 7.13, b.e., ymadael, *ymadaw*, 18.13, 2.un.gorch.

ymardelw, 16.3, b.e., + *o*, arddel.

ymaros, 54.11, b.e., aros.

ymborthi, b.e., porthi, cynnal. *ymborthei*, 7.3, 3.un.amh.

ymchoelut, 14.2, b.e., dychwelyd, troi. *ymchoelawd*, 9.7; *ymchoeles*, 31.13; *ymhoelawd*, 31.24; 3.un.gorff.

ymdan, 39.8, ardd., am, ar. *ymdanat*, 32.26; *ymdanaw*, 17.2; *ymdanei*, 23.17; *ymdanunt*, 42.27-28.

ymdeitheu, 45.15, e.b.llu., yma = rhannau'r daith.

ymdeithic, 59.13, ans., â cham rhwydd, esmwyth.

ymdeith, 62.15, b.e., mynd.

ymdiala, 21.22, b.e., dial.

ymdidan, 20.10, e.g., ymddiddan, ymgom.

ymdidan, 64.8, b.e., ymddiddan, siarad. *ymdidanwn*, 33.17, 1af.un. amh.

ymgael, b.e., + *a*, dod o hyd i, cyfarfod â. *ymgaffwyf*, 11.16, 1af.un.pres.dib.

ymganlyn, b.e., + *a*, canlyn. *ymganlyno*, 7.5, 3.un.pres.dib.

ymgaru,, b.e., caru ei gilydd. *ymgerynt*, 59.7, 3.llu.amh.

ymgeissaw, 11.19-20, b.e., + *a*, chwilio am.

ymgelu, b.e., ymguddio. *ymgelaf*, 27.24, 1af.un.pres.

ymgyfaruot, 38.28, b.e., ymgyfarfod, ymladd.

ymgyffelybu, b.e., priodi. *ymgyffelybet*, 46.11, 3.un.gorch.

ymgynnal, b.e., mynd gyda'i gilydd. *ymgynhalyssant*, 59.7-8, 3.llu. gorff.

ymgynnic, 24.18-19, b.e., ymgynnig, ei gynnig ei hun.

ymgyrchu, 22.1, b.e., ymosod ar ei gilydd.

ymgystlwn, b.e., + *o*, ymgystlwn â, arddel perthynas â. *ymgystlyny*, 21.30, 2.un.pres.

ymgyweiraw, 59.2, b.e., ymgyweirio, ymbaratoi.

ymhell, 10.8, adf., ymhell.

ymlad, 7.8, e.g., brwydr. llu. *ymladeu*, 7.4.

ymlad, 32.27, b.e., ymladd.

ymlaen, 24.23, ardd., cyn. 11.19, = adf.

ymlit, 8.14, b.e., ymlid, dilyn.

ymogelyt, b.e., ymochel, gofalu rhag. *ymogely*, 63.21, 2.un.pres.

ymolchi, 37.14, b.e., ymolchi.

ymordiwes, 29.29, b.e., goddiweddyd, dal.

ymplith, 53.14, ardd., ymhlith.

ymwan, 16.8, b.e., ymwan, ymosod ar ei gilydd. *ymwanei*, 55.23-24, 3.un.amh. *ymwanawd*, 34.9, 3.un.gorff.

ymwelet, 33.19, b.e., ymweld â.

emyl, 41.10, e.g., ymyl.

yn, 7.1, ardd., yn. *yndaw*, 36.18; *yndi*, 13.22; yndunt, 8.3.

yna, 9.7, adf., yna.

ynuyt, 53.5, ans., ynfyd.

ynialwch, 7.12, e.g., anialwch. *ynyalwch*, 9.14.

yno, 12.3, adf., yno.

ynryfedodeu, 70.25, e.g.llu., rhyfeddodau.

ynteu, 8.22, rhag. cys., 3.un., yntau.

yny, 11.16, cys., oni, hyd oni.

ynyal, 10.7, ans., anial.

ynys, 18.10, e.b., ynys, teyrnas.

yr, 11.24, ardd., er, am. *yrof*, 41.6; *yrot*, 43.27.

y rwg, 20.28, ardd., rhwng. *y rof*, 39.12; *y rygthi*, 68.26; *y rydunt*, 64.20; *y rygthunt*, 20.14-15.

yscwyd, 14.19, e.b., ysgwydd.

yscymmun, 21.4, ans., ysgymun, melltigedig.

yscyrnic, 9.15, ans., esgyrniog.

ysgogi, b.e., symud. *ysgoges*, 41.28, 3.un.gorff.

yspeit, 20.13, e.b., ysbaid.

ystafell, 23.14-15, e.b., ystafell. *ystauell*, 11.26.

ystlys, 8.12, e.g.b., ochr. 50.2, cyfeiriad.

ystorya, 56.16, e.b., historia, hanes.

ystryw, 47,14, e.b., twyll.

ystrywys, 7.10, ans., doeth, medrus.

ystyffwl, 19.10, e.g., ystwffwl, colofn.

ystynnu, 53.15, b.e., estyn.

ystyr, 57.17, e.g.b., arwyddocâd.

ENWAU PRIOD

TESTUNAU PENIARTH 7 A PHENIARTH 14

CYNNWYS y llsgrau. Peniarth 7 a Pheniarth 14 ddarnau o *Beredur*. Ysgrifennwyd Pen. 7 yn y drydedd ganrif ar ddeg [1], ac fe ddechreua'r rhamant yma pan wahoddir Peredur gan Forwyn y Babell i ddod at y bwrdd ac i fwyta. Fe'i terfynir, ar ôl i Beredur ennill yr Ymerodres, gyda'r ymadrodd: 'Ac y velly yt'vyna kynnyd paredur ap Efrawc'. Ceir bwlch yn yr hanes sy'n ymestyn o ymladd olaf y Macwy Mud o flaen Arthur, hyd feddwi o Beredur yn llys y Du Trahawc a chrybwyll ohono'r ffaith fod y cawr wedi colli llygad.

Ysgrifennwyd Pen. 14 yn ystod ail chwarter y bedwaredd ganrif ar ddeg. Yn y darn hwn fe geir rhan gyntaf y rhamant, sef yr hanes o farwolaeth Efrawc hyd ddechrau ymweliad Peredur â llys yr ail ewythr.

Mae'r ddau ddarn yn gwahaniaethu oddi wrth Pen. 4 mewn arddull ac orgraff ac fe'u cyflwynir fel yr ymddangosant yn y llsgrau. gwreiddiol [2]. Bydd yn ddiddorol efallai i fyfyrwyr sydd yn gyfarwydd â llsgrau. wedi'u golygu yn ôl safonau modern gael cipolwg ar waith yr hen gopïwyr, er na ellir atgynhyrchu yma yr ysgrifen ei hun.

Nodiadau
1. Gw. uchod, *Y Llawysgrifau*, n.4.
2. Fe ddylid dweud efallai, yr ymddangosant yng ngolygiad diplomatig gwych J. Gwenogvryn Evans, *The White Book Mabinogion* (Pwllheli, 1907), 286-290; 291-312. Yn WM fe drefnir Pen. 7 mewn colofnau ond nis gwneir yma er mwyn arbed lle. Ceir rhif pob colofn mewn bachau petryal ar ddechrau'r golofn.

PENIARTH 7

605] reit ym wrthaw dos dithev yr bwrd yn llawen a groessaw dyw
wrthyt. Ac yna y kymyrth ped^{ur} hanner y bwyt arllynn ar hann
arall aedewis yrvorvyn affan darvv idaw vwytta ef adoeth yny doed
y vorwyn ac a gymyrth yuotrwy iar illaw ac aystynghawd ar benn
ilin ac aroedes cussan yrvorwyn ac adwawt wrthi vymam heb
yt yntev aerchis imi o gwelwn dlws tec ygymryt. Nyt myvi ay
gwaravyn ytt heb yuorwyn ac esgynnv ar y varch aoruc ped^{ur}
amynet ymeith ac yny lle ar ol hynny y nechaf ymarchawc bioed
ypebyll yn dyuot seff oedd hwnnw syberw y llannerch ac argann-
vot ol ymarch yn drws y bebyll dywet vorwyn heb ef pwy avv
yma wedy myvi. Dyn ryued iansawd eb hi adywedut idaw ifuryf
ay agwed oll. Dywet eneit heb yntev avv ef gennyt ti. navv myn
vyngkret hep hithev. Mynvykret i eb yntev mi nith gredaf ac
hynymgaffwyf vinnev ardyn hwnnw idial vymlwng arnaw
nichefy dithev vot dwynos yn vnty ac egilid amynet aoruc
ymarchawc ymdeith i ymgeissiaw affared^{ur} ac yntev bared^{ur} aayth
racdaw lys arth^{ur}. Achynn no dyuot ped^{ur} [606] yr llys ahwnnw
adisgynnws yny porth ac arodes modrwy eururas yr dyn adelis
ivarch ytra elei ef yr llys ac yrnevad y doeth ynywisc varchogeth
ynydoed arth^{ur} ay deulu ae wyrda ac yny doed weñhwyuar ay
rianed. Agwas ystauell aoed yn seuyll rac bron gwenh' agolwrch
oeur yny law ayrodi yn llaw wennh'. Ar awr yrodes. Sef aoruc
y marchauc kymryt y golwrch ynchwimwth adinev yllynn am
y hwynep ay broñell arodi bonclust idi amynet allan yr drws
adywedut osit aovynno yewn am y golwrch aruonclust doet ym
ol yr weirglawd ami ay haroaf yno Ac yrweirglawd ydaeth
ymarchauc. Sef aoruc paub gostwng ev pennev ac nidwaut nep
vynet yny ol rac meynt ygaflauan odebygu bot yny marchauc ay
anvat uilwryayth ay yntev hut ay lledrith. Ac ar hynny llyma
ped^{ur} yndyuot yr nevad argevyn keffyl brychwelw ysgyrnic
achyweirdeb go vvsgrell ydanaw. Sef ydoedd gei yn seuyll ar
lawr yneuad ynseuyll. Ygwr hir eb y pared^{ur} wrth manac ym
y pale ymay arth^{ur}. beth avynnvt ti ac evo eb ykei. vymam aerchis
ym dyuot attaw ym vrdaw yn varchauc urdaul. Yrof. i . aduw

eb y kei ryanghyweyr wyt ovarch ac aruev ay dangos aoruc
yr teulu oy watwar ac oy *d***lu abwrw llysgev idaw hyny
aeth ychware arall drostvnt Ac arhynny llyma ykorr [607] yn-
dyuot y mewn achorres arodassei arthur vdunt trwydet blwydyn
kyn no hyñy ac nydwawt vngeir wrth vndyn oholl niuer arth^{ur}
yny weles baredur. Ac yna ydyawt abaredur dec vab efrawc
groessaw duw wrthyt arbenic ymiwyr ablodeu ymarchogeon
Yrof. i. aduw eb y kei ystrwc medru y velly bot blwydyn yn
llys arth^{ur} yn kaffel dewis dy ymdidanwr adewis dy gyued ac
nydywedeist vngeir ynyweleist ydyn racw ay alw yn vlodev
milvyr achannwyll marchogoeon yr kywilid y arth^{ur} ay vilwyr
arodi bonclust yr korr yny vyd yni varw lewic. Ac ar hȳny
llyma y gorres yndyuot ac obu lawen y korr llawenach vv
ygorres wrth bared^{ur}. ac yna yrodes kei gwth troet yny gorres
yny digwyd yny marw lewic. Y gwr hir eb y ped^{ur} manac ym
arth^{ur} taw athson eb y kei ados yr weirglawd ynol ymarchawc a
aeth yno adwc yma y golwrch achymer yty hvn ymarch ar
arvev ygwr hir eb yntev minnhev awnaf hynny. Ac ymchwelu
penn ivarch ac allan a dyuot yrweirglod ar ymarchawc balch
dywet eb ymarchawc aweleist nep or llys yn dyuot ym ol. i. yma
naweleis eb yntev ygwr hir ysy yno aerchis imi dyuot yma y
gyrchu y golwrch iwenhwyuar achymryt iminnev ymarch ar
aruev igennytti dos di yrllys eb ymarchawc ac arch. i [608] gennyf
iarthur nev i vn oy wyr dyuot yma iymwan amyvi ony daw yn
ebrwyd nyssaroaf i. Mynvygkret eb y ped^{ur} dewis di ay oth uod
ay othannvod mi avynnaf y golwrch ar march ar aruev. Sef y
goruc ymarchauc llidiaw wrth ped^{ur} ay gyrchu. Ac agarllost y
waew taraw ped^{ur} rwng ysgwid amwnwgwl dyrnawt tost Awas
eb yped^{ur} Nyt velly ygwaraei weission vymam amyvi aminnev
weithion awareaf athydy ay vwrw agaflach ay vedru yni lygat
yny vyd oy wegil allan ac yny digwyd ymarchauc yn varw yr
llawr Ac ydyvot gwalchmei wrth gei yrof. i. aduw eb ef drwc
ymedreist am ydyn fol a yrreist yn ol ymarchauc. Os i vwrw a
oruc ymarchauc idaw breint marchauc da avyd arnaw Os ylad
aoruc yranglot hevyt val kynt affechawt ydyn fol hwnnw yn
āgwanec amyui a af ywybot padamwein yw reidaw affandaw

gwlachmei yrweirglawd ydoedd ped^{ur} yn llusgaw ymarchawc
arhyt yweirglawd erbyn godref iluric beth awnei di velly eb
ygwalchmei keissiaw diosc ybeis haearn eb yped^{ur} Aro di vnben
eb ef ami aydiosgaf ac yna ydiosges gwalchmei iaruev iam ym-
archauc ac yrodes yped^{ur} adywedut wrthaw. wely dyna ytty
aruev amarch da. [609] adyret ygyda amyuy yr llys yth urdaw yn
varchawc vrdawl. Nac af mynvykret ev yped^{ur} llêllaw "yny
gaffwyf,, ar y gwr hir ydial sarraed ycor ar gorres. Namyn dwc
igennyf ygolwrch iwenhwyuar. adywet iarth^{ur} ogallaf wneuthur
gwassaneth ymay yny enw ygwnaf ac ymay gwr idaw vydaf
Ac yna doeth gwlachmei yr llys amenegi kwbyl ordamwein
iarth^{ur} agwenh' arbygwth aoed gan ped^{ur} argei. Ac yna kerdet
aoruc ped^{ur} ymdeith ac val y byd ynkerdet ynechaf varchauc yn
kyuaruot ac ef pwy dydy ebyrhwnnw ay gwr iarth^{ur} wyt ti ye
mynvykret eb y ped^{ur} yewnlle y dymgystlyneist di oarth^{ur}.
paham eb yped^{ur} amvymot. i. ynherwr ermoet ararth^{ur} ac agyhyr-
dws oywyr mi ay lledeis oll. Ni bu hwy nohynny ev kywira
ymwan aorugant. Apheredur avwryawd ymarchauc hwnnw ac
erchi nawd iped^{ur} aoruc. ti ageffy nawd eb yntev gan rodi dygret
ohonot aruynet ylys arth^{ur} amenegi iarth^{ur} ymay myuy athuyr-
eawd yr anryd3 iarth^{ur} amanac idaw nadaaf i oylys ef vyth yny
ymgaffwyf i ar gwr hir ysyd yno idial arnaw sarahet ycorr
argorres ymarchauc arodes igret arhynny ac aeth racdaw lys arth^{ur}
ac avenegis yno aerchis ped^{ur} idaw oll arbygwth argei yn enwedic.
apharedur [610] agerdaw radaw ac avyryawd yn yrvn wythnos
vnmarchauc arbymthec ac ay gellynghawd kymeynt hvn lys
arth^{ur} ar ev cret ar yrvnrw amadrwad ac adwawt ymarchawc
kyntaf arbygwth argei ganbob vn. Acheryd mawr agauas kei
gan arth^{ur} aydeulu. Aphered^{ur} adoeth igoet mawr anyal ac yn
ystlys y coet ydoed llynn ar tv arall yrllyñ y doed llys achaer
vawr delediw yny chylch. Ac ar lañ yllyñ ef awelei gwrgwynllwyt
telediw yn eiste ar obeñyd athudet obali amdanaw ac am ygwr
gwisc obali agweissyon ymewn cavyn aryllynn yn pysgotta
Aphan arganvv ygwrgwynllwyt ped^{ur} yn dyuot attaw kyuodi
aoruc amynet yr llys agoglof oed. Amynet aoruc ped^{ur} yrllys
aphandaw yr nevad ydoed ygwrgwyñllwyt yn eiste ar obeñydd

pali. Affrifdan mawr yn llosgi rac ivron. Achyuodi aoruc niuer
mawr yn erbyn ped^{ur} oy diarchenv. Atharaw aoruc ygwrgyñllwyt
ygobeñyd aylav yr iped^{ur} eiste. Ac ymdidan aoruc ygwrgwyñllwyt
aphared^{ur} yny aethbwt yvwyta. Ac arneillaw ygwrgwyñll' ydeis-
tedod ped^{ur} Ac wedy daruot bwyta y govyñawd ygwrgwynll'
yped^{ur} a wdyat lad achledyf pay caffwñ dysc eb yntev mi ay
gobydwn. Je eb ygwr gwyñll' ynep awypo chware affoñ ac athar-
ean. ef aobydei lad achledyf. Adeuab aoed yrgwrgwñll' gwas
melyn agwas gwinev. Ac erchi aoruc ygwr vdunt myned ychware
affyñ ac athareanev ac wynt aaethant [611] Ac wedy gware talym
onadūt ygovynnawd ygwrgwyñll' ipedur pwy orev or gweission
achwery Tebic oed geñyf eb ypedur ygallei y gwas melyn gwn-
evthur gwaet ary gwas gwinev yr ymeityn. kyuot ti eb y gwr-
gwynll' achym foñ atharean ygwas gwinev agwna waet arygwas
melyn os gelly pared^{ur} agyuodes ac agyūmyrth yffoñ ardarean ac
aoruc waet arhynt y gwas melyn. Ac yna ydwawt ygwr gwyñl'
Dos di vnben ieiste agorev dyn alad achledyf yny dyernas wyt ti
Athewythyr vrawt dyuam di wyf. i. Athi a drigy ygida ami
yrwythnos hoñ idysgu ytt moes amynvt ac iāmdaw bellach ac
ieith dyuam ami avydaf atho ytt ac athurdaf yn varchawc vrdawl.
Achyt gwelych peth auo ryued gennyt taw amdanaw ac na ovyn
dim wrthaw rac dyueiaw. Adiwallrwyd obob gwassaneth agaws-
sant ynos hoño hyny aethant igysgv. aphanweles pared^{ur} lliw
ydyd drañoeth kyuodi achymryt keñat iewythyr amynet ym-
deith. Sef ydoeth igoet mawr anyal. Ac am ben y coet ef awelei
dol vastat. Ac ar ytu arall yr dol caer vawr allys. Ac dyuot aoruc
pedur yr llys. Affandaw ef awyl gwyñllwyt telediw aniuer mawr
ovakwyeit awelei yny gylch. Achyuodi aoruc ymakwyeit
oll rac ped^{ur}. Arodi pedur ped^{ur} ieiste arneillaw y gwrwynll'.
Ac ymdidan aorugant ynyaethbwt [612] ivwyta Ac arneillaw
ygwr yn bwyta ydeistedod ped^{ur}. A phan darvv bwyta a thalmv
ar yvet govyn aoruc ygwr gwy. yped^{ur} awydyat lad achle-
edef. Pei caffwn dysc eb yped^{ur} mi awybydwn lad a chledev.
Sef ydoed ystwffyl haearn mavr yny neuad. kyuot eb y gwr wrth
ped^{ur} achym$_{\text{r}}$t y cledev rakwn atharaw yr ystwffyl haearn pared^{ur}
agymyrth y cledyf ac adrewis yr ystwffyl yny vyd yn dev haner

ar cledev yn dev haner doro yngyflym ydryllyev ygyt ac wynt
agyuañañ pedur aoruc hyñy achyuañv aoruc yrystwffyl ar cledev.
Ac erchi a oruc ygwr idaw taraw yr eil dyrnawt ac yntev ay-
trewis yny vvant eilweith ac eudodi ygyt aoruc ped^{ur} achyuañv
aorugant val y buessȳt orev. Arthrydyd dyrnawt adrewis yny
dorrassant. ac ny chyuañei yrvn onadūt ac igilid ohyñy allan.
Ac yna ydwawt yg'. g'. dosdi ieiste agorev dyn alad achledyf
wyt yny deernas deuparth dydewred ageveist artraean hep gaffel
Affangeffych kwbyl ny bydy wrth nep. Ac ewythyr vrawt dy
vam wyf. vi. ytty abrawt yrgwr y buost neistwyr y gyda agef.
Ac ymdidan aorugant o hyñy allan Ac ar hyñy ef awelei dev was
yn dyuot y mewn. athrwy ynevad yn mynet i ystauell agwaew
mawr ganthūt ac atheirfrwt owaet aryt ypaladyr Affan weles
ytylwyth hyñy dryc ar verthv aorugant hyt nadoed hawd ev
gwarandaw Ac nythorres ygwr [613] gwynll' ar ymdidan affared^{ur}
yr hynny Nydwawt ygwr yped^{ur} pabeth oed hynny nysgovyn-
nawd ped^{ur}. Ac yn agos y hyñy wynt awelynt yndyuot ymewn
dwy vorwyn adysgyl vawr ganthvnt apheñ gwr arnei yn waed
lyt. Ac yna onewyd enynnv dryc aruayth aoruc ytylwyth. ac
*yuet aoruc ygwrgll' aphered^{ur} yny vv amser vdunt vynet igysgu.
Athrannoeth ybore ykymyrth ped^{ur} kenat iewythyr y vynet
ymeith. ac ef adoeth racdaw ydyd hwnnw. yrcoet mwyaf awelsei
ef erioet ac ympell yny coet ef aglywei diasbat ac ef adoeth yno
Aphan daw ef awyl gwreic winev delediw amarch mawr gar illaw
achyfrwy gwac arnaw ac acheleyn ger ibron aphan geissei ywreic
rodi ygeleyn yny kyfrwy nys gallei Ac yna yrodei diasbat wi
awreic da eb ypedur paham ydiasbedy di. Yrof i. aduw ped^{ur}
ysgymynnedic bichan g^{a}ret omdiasbedeyn ageueis i igenit ti.
Paham wreic da eb yntev ydwyf ysgymvñ. i. am dyuot yn achaws
iaghev dyvam eb hi pan aethost ymeith. y llewygawd ac oaffeith
yllewic honno ydoed y hanghev. Ar corr ar corres a weleist di yn
llys Arth^{ur} yn llys dy dat ti athuam ymegesit wynt Achwaervaeth
ittithev wyf innev amgur jinne yw hwñ Amarchauc ysyt yna yny
coet aladawd y gwr hwn. ac na dos di yny gyvyl ef rac ylad
arga' oll ydwyt ymkerydu eb ypedur [614] Ac am vymot y gyda
achwi kyt ac y bvm nyt hawd ym y oruot athaw di bellach

athiasbedein ac ath dryc aruayth ami a gladaf dy wr ac o gallaf
idial mi ay dialaf. Ac wedy daruot vdunt kladu y gwr wynt
adoethant yr lle ydoed ymarchawc. Sef ygovynnawd ymarchavc
yped^{ur} pwy oed ac obale pandeuei. Olys arth^{ur} y dodwyf. i. eb
yped^{ur} aygwr iarth^{ur} wyt ti eb ymarchauc. Je eb y ped^{ur} Jewn lle
ydymgystlyneist eb ymarchawc a mi avynnaf ymwan athi. ac
yn diañot ymwan aorugant abwrw aoruc ped^{ur} ymarchauc arhynt
anawd aerchis ymarchauc idaw Nycheffy di nawd eb yped^{ur} ony
friody ywreic hōn orlle amynet lys arthur gyntaf ac ygellych a
manac y arth^{ur} ay vilwyr may pedur athvwryawd amlad gwr y
wreic hōn yn wirion. Amanac iarth^{ur} nat ef. i. oe lys ef vyth ynym-
gaffwyf argwr hir ysyd yno idial arnaw saraet ycorr ar gorres Ar
marchawc abriodes ywreic ac arodes igret vynet lys arth^{ur} ac ar
wneuth^{ur} cwbyl oraerchis pedur idaw amarchawc a aeth lys arth^{ur}
ac aoruc aerchit idaw. Ac yna y kauas kei igerydv yn vawr am
wylltyaw ped^{ur} orllys. Ac yna ydwawt gwalchmei arglwyd eb ef
wrth arth^{ur} Nydaw ymakwy yma vyth trauo kei yma. Nit a kei
odyma allan. Mynvykret eb yr arth^{ur} miñev aaf ygeissiaw
anyalwch ynys brydeyn amdanaw ef yny kaffwyf ac yna gwnaet
pob vn onad$\bar{v}$t waythaf agallo iegilid [615] Aracdaw ydaeth
pered^{ur} odyna idiffeith goedyd ac anialwch. Ac yn diben y diffeith
goet mawr ef aweles kaer vawr ideoc agwyd weli hir dissathyr
yny chylch athyrev amyl arnei ac yr porth ydoeth ac agarllost
ywaew hyrdu yporth ac ynylle ynechaf was melyngoch achul ar
vwch vvch iben yn rodi ynydewis ay iellwng ymewn ay yntev
menegi ibenadur ygayr ivot gorev gennyf eb yped^{ur} menegi. i. ben-
adur a gayr vymot ar gwas a venegis vot ped^{ur} ynyporth ac yn gyf-
lym ydoeth iagori ac yncuad aoed yno y doeth. Ac ef awelei yny
neuad deunaweis oweission kulgocheon. yn vn diwygyat pob vn
onad$\bar{e}$ aegilid yn vndwf ynvnosged vnwisc. Allawen yewn vv
ygweission wrth pedur aydiarchenu aorugant ac ymdidan ac ef.
ac arhyñy ef awelei pvm morwyn yndyuot oystavell yr neuad a
diev oed ganthaw nawelsei erioet dyn kymryt arbennaf onadunt
ahen wisc obali amdanei ac yny gwelit y chnawt yn noeth trwy
yren bali gwynnach oed noblawt ygrissiant. ygwallt hithev ay
dwyayl duach oed no muchud caboledic. Deuvann gocheon aoed

yny devrud cochach oydynt no fion. Achyuarch gwell awnaeth
y vorwyn hoño ibared^{ur}. amynet dwylaw ymwnygyl ac eiste y gyda
ac ef. Ac ar hynny ef awelai dwy vanaches yndyuot ymewn
achostrel ynllawn [616] owin ygan yneill achwethorth ouara cann
gan y llall adywedut wrth y vorwyn arglwydes duw awyr hep
wynt nabu yr govent yngot heno ovwyt a diawt namyn kymyn
arall hyn. Sef awnaethbwt am hynny ovwyt allyñ irodi racbron
ped^{ur} jerchi idaw ef kymryt avynnei ohonaw. Nyt velly eb
yped^{ur} ygwneir am hynn ovwyt ay ranv ef hun yn orev ac ym-
edrod kystal ibawb ay gilid ohynny. Aphann darvv udũt bwyta
govyn aoruc ped^{ur} lle igysgv. Ac yna ydaethbwyt ac ef i ystauell
dec da ithrefnat. Jwely hard ohendillat. Ac igysgu ihwnnw
ydaeth ped^{ur}. Ac yna ykyghores ygweission culgocheon yr vorwyn
mynet i ymgymyc yped^{ur} ay yn wreic ay ynorderch. Y rof. i.
aduw eb hi peth aweda yn drwc ivorwyn heb vot idi achaws agwr
erioet mynet y ymgynyc iwr orbyt. Pay yverchi innev awnaei yr
unben digwelid oed gennyf wneuth^{ur} avyñei. myn ynkret ni eb
wynt oni wnei di hynny niathadwn di ythelyneon yn diañot. Ac
yna ykyuodes yuorwyn yn oathrist athrwy eigyon ac wylaw egori
drws yr ystavell achan ydrws yn egori ahithev yn wylaw deffroi
aoruc pedur agovyn yr vnbeñes awnaeth paham ydwylei. mia
vanagaf ytty varglwyd heb hi. Jarll kadarn fenedic oed vynhat.
i. amarw vv agorev iarlleth oed honn yny deernas Ac nyt oed
oetived namyn myui amab iarll arall am erchis innev ymtat [617]
ac nymynnwnn. i. evo ombod ni rodei vynhat vinnev om anuod.
Sef ymay yriarll ieuang hwnnw wedy goresgyn vyghyweth oll
eythyr yr vnty hwn arac daet gwyr vymrodyr maeth. i. y gweiss-
ion aweleist di ykynhaleassāt wy ytty hwnn etto. Ac nyt oes
bellach nabwyt nallynn namyn val ymay ymañachessev yssyd
ryd vdunt ywlat yn anporthi. Ar bore auory ymay oet ganthvnt
idyuot yma ioresgyn y ty hwnn. Adyuot iovyn kynghor ytty a
wneuthvm. i. varglwyd am hynny. canys os evo amkeif. i. avory
ef am ryd iweission iveirch Ac omynny di vyvy nac ym dwyn
odyma nac ymamdiffyn yma ti am keffy wrth dyewyllys. Dos di
eb yntev igysgu ac nagwyl ac nyt af. i. ywrthyti hep wnevthur
vn ohyñy. Athrachevyn y doeth y vorwyn igysgu. Athrannoeth yn

bore ydoeth y vorwyn arbared*ur* achyuarch gwell idaw. aoes
chwedyl newyd geñyt ti eb y pedur. Nac oes varglwyd heb hi
tra vych iach di Onyt bot yr iarll aylv ynghylch ytty ac yn galw
am wr iymwan. kyweirier vymarch ymi a af i ymwan. Ac
yndiannot mynet aoruc pedur yr weirglawd ac ymwan ar
marchawc aoed yno ay vwrw aoruc ped*ur* idaw ar hynt. Ac val
ydoethant attaw hyt barnhawn ef ay bwryawd. Affarnhawn
hwyr ef adoeth attaw marchawc ferredic kadyr a gwisc adwyn
amdanaw ac ymwan [618] aoruc hwnnw aphared*ur* ay vwrw
aoruc pared*ur* arhyn. anawd aerchis yntev y ped*ur* Parwy wr wyt
ti eb yped*ur* penn teulv yr iarll wyf. i. eb yntev. Aoes gennyti dim
o gwywoeth yr iarlles hōn eb y pedur oes eb yntev traean ichyweth
ie eb y ped*ur* nicheffy dinawd am dy eneit ony rody ytraean
hwnnw idi hi drachevyn. ac adwgost oda ohonaw oll. abwyt
cannwr heno i anvon idi ac ev diot yr castell rakw athithev byd
garcharawr eithyr nabydy eneit vadev. Ti ageffy eb ymarchawc
cwbyl oraercheist. Ac yna ydoeth ped*ur* yr gayr ac menegis
yrvorwyn kwbwl oedamwein allawenach vvwt ynos hoño wrth
ped*ur* nor nos gynt adogned ovwyt allynn a gawssant ynos
honno. Aphan vv ams*c* mynet ygysgv wynt aaethant. Athran-
noeth ybore ydoeth ped*ur* yr weirglawd ac adoeth attaw ef ydyd
hwnnw o varchogeon ef aybyryawd. Apharnhawn hwyr ydoeth
attaw marchawc kyṁed' balch ac yn diāñōt ped*ur* ay byryawd
ac ynte aerchis nawd ped*ur* paryw wr wyt ti eb yped*ur*. Distein
wyf. i. yriarll eb yntev aoes gennyt ti dim ogywoeth yriarlles hōñ.
Oes eb yntev traean ychyweth. Je eb yped*ur* nycheffy nawd am dy
eneit ony rody di yr iarlles ytraean hwnnw oy chyweth ay ham-
rygoll ohonaw abwyt deucannwr heno oy llys ac ev diawt ac
ev meirch ac ev haruev athithev ygharchar. Ti ageffy yn llawen
eb ydistein kwbyl oranodeist Ac ydoeth ped*ur* yrgayr [619] Arnos
honno adreulassan yn llawen artrydyd dyd ydaeth ped*ur* yrweir-
glawd abwrw aorwc ydyd hwnnw adoeth ataw ovarchogeon
yny vv agos yrnos Ac yna ac yn vlin ydoeth yriarll ef hvn
ataw y ymwan ac ef. Ac yn diannot ybyryawd ped*ur* yryarll.
Ac yna y govynnawd ped*ur* jdaw pwy oed. Jr yarll heb yntev
wyf j. Je eb yped*ur* omynny caffel nawd am dy eneit. Dyro yr

Jarlles ievang oychyweth hi ehvn. Athiarlleth dithev yn hach-
wanec yny hewyllys. abwyt trychannwr ac ev diawt ydwyn
heno oyllys Ac ev meirch ac ev harvev. Hi ageiff hynny oll eb
yr yarll val ynodeist. Ac ymewn ydoeth ped^{ur} ynos hoño yn
llawenach noc vnos. Allawenach llawenach vvwyt wrthaw yntef
yn llys yr yarlles. Ar bore drannoeth ykymyrth ped^{ur} kennat
yvorwyn jvynet ymeith. Och vymrawt am eneit eb yvorwyn
nydei di ywrthyf. i. mor ebrwyd a hynny. Af myn vygkret eb
yped^{ur} Aphei na bei oth gareat ti ny bydwn J yma yr eil nos. A
vnben eb yvorwyn avenegy di y mi pwy wyt ti. Managaf eb
yntev ped^{ur} vap efrawc wyf. j. Ac odaw arnat nep aghen na nep
govvt orbyt manac ataf j. mi ay ham diffynnaf os gallaf. Ac odyna
ykerdod ped^{ur} racdaw. yny gyvervyd ac ef marchoges ar varch
achvl lludedic. Achyvarch gwell aorvc yvarchoges y ped^{ur}. Ac
yna govyn aorvc pedur jdi pwy oed a ffagerdet aoed arnei. Ac
yna y megis y varchoges kwbyl oe dam[620]wein. ayhamarch y
ped^{ur} sef ydoed yna gwreic syberw y llannerch. Je eb y ped^{ur}
omachaws j. y keveist di yr amarch hwnnw. oll ami ay dialaf ar
ynep ay goruc ytt. Ac ar hyñy ynechaf ymarchawc yn dyvot
attad$\bar{u}$t Ac yn y lle amovyn aoruc afferedur awelsei ef yryw
varchawc ydoed yny ovyn. Beth avynnvt ti ahwnnw eb yped^{ur}.
namyn gwirion yw dy orderch di. Amivi yw yr marchawc
aovynny di. A llyma dangos yt ymae mi Agossot aoruc ped^{ur}
arnaw ynchwimwth eidiawc ay vwrw yn amharchus yr llawr
ac yna yderchis ymarchawc nawd iped^{ur} ti nycheffy nawd eb y
ped^{ur} onyt ei ybob lle or agerdeist ti arvorwyn J venegi J
bawb j bot yn wrion af yn llawen eb ymarchawc ay gret agym-
yrth ped^{ur} iganthaw ar hyñy. Odyna y kerdod ped^{ur} yny weles
kastell ac iborth ycastell y doeth. ac ac arllost ywaew ordi dor y
porth. Sef ydoeth gwas gwinev telediw ameint miliwr yndaw
iegori porth ac oedran map adebygei ped^{ur} ivot arnaw Ac yneuad
ydoeth ped^{ur}. Ac yno ygweley ped^{ur} gwreic vawr delediw amor-
ynyon llawer a gyda ahi. Allawen vv wyt yno wrth ped^{ur} Affan
darvv vdunt vwytta ydwot ywreic wrth ped^{ur}. A vnben eb yr hi
gorev yw iti venet odyma igysgu odyma le arall. Paham eb
yped^{ur} naw gwidon owidonot kaer loyw yssy [621] yna yndyuot

yna beunoeth ac ev tat ac ev mam y gida ac wynt ac nyt nes yni
yndiang yn vyw noc yn llad or rei hynny ac neur derw udvnt
diffeithiaw yn kywoeth oll namyn yr vnty hwnn. Y rof vi aduw
eb ypedur nyt af j odyma heno Ac o gallaf j nerth ichwi mi ay
gwnaf. Ac yn agos yr dyd ordiwednos ef aglywei bered*ur* diasbat
Ac yn gyflym ykyvodes oe grys ae lawdwr achaffel ygledyf.
Aphan daw ydoed vn or gwidonot yn ym°ddiwed ac vn or gwyl-
wyr Aphered*ur* ay trewis ar ifenn yny ledawd ihelym ay phen-
feistin vegys dysgyl ar iffenn. Ac yna ydwawt ywidon. adrewit
och abaredur dec eb hi dy nawd ac vn duw. Paham eb yped*ur* y
gwdost di wrach ymay ped*ur* wyf. j. am vot yn dyghetven ym
gaffel govvt y gennyt. Athyghetven yw itithev kymry*t* march
igennyf ynnev ac arvev abot ysbeit y gyda ami yn dysgu march-
ogeth ac yn dysgu llad achledyf ac ymlad ac arvev ereill. Titheu
agefy nawd *eb* yped*ur* apheit. achywoeth y wreic honn Aychret
agymyrth arhynny. Adyuot aoruc pedur drachevyn ar yr yarlles
achymryt y chennat y vynet ygydar widon ar ygwidonot ereill
Ac yno y tri[622]gawd ped*ur* teir wythnos ar vntv Ac yna y
kauas dewis ivarch ay arvev or aoed yno Ac odyno ydaeth ped*ur*
yny dywanawd ardyffryn tec gwastyt ac yn diben ydyffryn y
gwelei kudugul meudwy Adyuot hyt yno aoruc allawen vv yr
mevdwy wrthaw ac yno y bu ynos honno. Aphan gyuode ped*ur*
drannoeth ydoed eyry wedy odi yr ynos gynt ac yntal y kudugul
y gwelei ped*ur* gwalch gwyllt wedy llad hwyat. Sef aoruc ped*ur*
yna seuyll ar y varch ac edrych ar vran oed yn ymyl yr hwyat.
Amedylyaw aoruc amduet y vran agwynet yreiry achochet y
gwaet Athebic yr tri hynny a oed ar ywreic vwyaf agarei yntev
Nyt amgen igwallt oed duach nor vran nev vvchvd Aychnawt
oed gynwynnet ac eiry ay devrud oed kyn gochet agwaet Ac
yna ydoed arthur yn keissiaw pedur ef ay deulu. Ac yd argannvv
arthur ef hvn ped*ur* ylle ydoed ynsevyll. Ac yna y dwawt. Aw-
dawch chwi eb ef pwy ymarchawc paladyr hir racwn. Na wdan
eb wynt sef ydaeth vn or makwyveit hyt arped*ur* agovyn idaw
pwy oed ac nissatebawd ped*ur* am ivot yn medylyaw am y wreic
vwyaf agarei Sef aoruc ymakwy gossot ar bered*ur* ac nyt argy-
wedawd dim ohynny ibaredur. Sef aoruc ped*ur* yna yn orulwng

chwimwth ymchwelu ar ymakwy ay vwrw yrllawr. Ac ef
adoeth yna ol ynol attaw rivedi petwar march arugein. Apher-
edur ac ev byryaw hep dywedut wrthᵛt vngeir [623] ac ar vn
gossot ybwryawd ef pob vn onadvnt ac yna ydoeth kei attaw
adywedut wrthaw yn arw disgethrin Ac yna ykymyrth pedᵘʳ
kei ay waew ydan idwen a bwrw eʳgyt ac ef yny dorres gwaell i
ysgwyd ac yny vyd kei yny varw lewic Athra vv gei yny varw
lewic ymchwelut awnaeth ymarch ar kyfrwy yn wac arnaw
parthar lle ydoed arthur aphan welles teilv arthᵘʳ ymarch yndyuot
velly bryssyaw awnaethant ylle ydoed gei athebygu panyw ylad
awnathoedit. Sef y gweles niver kywreynt y kyuannei yresgyrn
oll kann dihagassei y kymalev arniver kywreinniaf awydyat
medeginiaeth avedeginaethawd kei ympebyll arthᵘʳ adrwc vv
ganarthᵘʳ gyhwrd hynny achei kanys mawr y karei arthᵘʳ ef. Sef
adwawt gwalchmei yna nadlei nep kyffroi marchawc vrdawl iar
i vedwl yn aghyuartal kanys medylyaw ydoed ymarchauc hwnnw
am ywreic vwyaf agarei. Ac os da gennyt ti arglwydd eb ygwalch-
mei wrth arthur myvi a af ar ymarchawc iedrych assymvdawd
ivedwl ac ony symudawd mi a archaf yn hygar idaw dyuot i
ymwelet athi. Ac yna ysorres kei wrth walchmei Ac ydywawt
kei wrth walchmei dilis ydevy di walchmei ar marchawc erbyn
iawynev hyt ar arthᵘʳ achlot vechan yw itti gorvot ar varchawc
blin lludedic ac yvelly walchmei y gorvvost ym pob lle oth
ystryw ac otheiriev tec. Adigawn o arvev yw dy eiriev twll-
odrvs [624] di y ymlad agwr heb aruev amdanaw onyt peis
ovliant tenev kanyd reit yny lle honno na gwaew nachledyf. Kei
eb y gualchmei. gormord adywedy di o vlygder achrokys wrthyf
j. amyvi adygaf ymarchawc yma heb dorri nabreich na gwaell
ysgwyd Ac yna ydwawt arthᵘʳ wrth walchmei ysda dywedeist
di hynny walchmei ac ys doeth achymer ymarch ar arvev avyn-
nych adosʰʸᵗ ar ymarchawc. Ac yna ydaeth gwalchmei hyt ylle
ydoed baredur ac ydoed pedᵘʳ etto yn yrvn medwl. Sef y dyvawt
gwalchmei wrth baredᵘʳ yna. pae tebygvn j vnben bot yn gystal
gennyt ti ym didan ohonof j. athydi ac ymae gennyf i. mi a ym-
didanwn athi. Achenat wyf ynnev attat ti gan arthur. j erchi ytt
dyvot y ymwelet ac ef allawer adoeth attat ti am y rvn neges

honn. Gwir yw hynny eb yped^{ur} ac anhygar ydoethan y ymwan
ac ni mynnwn vynwyn i ar vy medwl. kanys medylyaw ydoedwn
am ywreic vwyaf agaraf amenegi yna aoruc iwalchmei ystyr
kwbyl oe vedwl. yrof i advw eb y gwalchmei nyt oed anvonedi-
geid dim oth vedwl ac nyt oed ryued dy lidiaw am dydwyn iar
dy vedwl. Dywet eb y ped^{ur} imi [625] a ydiw kei yn llys arthur.
ydyw eb ygwalchmei ac evo diwaethaf a ymwanawd athi ac ni
hanvv well ef ohonny ef adorres ivreich agwaell i ysgwyd yny
kwymp agavas gandybaladyr di. kymeret hynny eb yped^{ur} yn
nechrev dial sarhaet y korr argorres sef aoruc gwalchmei ryvedu
kymwyll ohōnaw y korr. Ac yna y govynnawd gwalchmei yr
marchawc pwy oed. Ped^{ur} vab efrawc wyf i Adywet tithev ymy
pwy wyt tithev eb yped^{ur} gwalchmei vap gwyar wyf i. eb
yntev. Ac yna yddaethant dwylaw mwgyl. Arodi obob vn ona-
dunt ifyd ar gynhal kedymdeithas diffleis obob yn onadunt ac
egilid. Ac yna ydaethant yll dev igyt hyt ar arth^{ur} Aphan giglev^{gei}
ev bot yndyuot ygyt ydwawt yntev. Mi awydwn eb ef nabidei
reit iwarchmei ymlad ar marchauc Adiryved yw caffel o honaw
ef clot kanys mwy ageif ef oy eiriev tec twyllwreith noc agaffwn
ni onerth yn meirch an arvev. Ac iluest walchmei yd^{i}awsc ev
harvev. Agwisgaw aorugant yna amdanadūt vn riw wisc amynet
law wynllaw awnaethant yll dev hyt ym pebyll arthur Achyuarch
gwell. iarthur aorugāt Ac yna ydwawt gwalchmei wrth arthur
llyma arglwyd pedur ap efrawc ygwr y avvost ynigeissiaw [626]
        ys hir oamser   groessaw wrthyt eb yr arthur
aphae gwyvot dygynnyd   val ybv nyt daevt ti ywrthyf
i pan euthost. Ahyñ hagen adaroganawd ycorr argorres itti
aoruc kei sarhaet vdvn ym llys i Athitheu adieleist ev sarahet
wynt argei. Ac arhynny ydoeth yvrenhines ymewn hi ay
llaw vorynnyon Achyuar' gwell aoruc pedur idi Allawen
vvant wyntev wrth pedur ay berchi yngystal ar gorev orllys.
Ac odyna ydaethāt gaer llion ar nos gyntaf ydoeth ped^{ur}
gaer llion mal ydoedynt yn troi yny gaer y kyfvarvv ac
wynt hagharat law eurawc Sef ydwawt ped^{ur} yna wrthi a
vnbenes mi ath garwn di yn vwyaf gwreic pay da gennyt. Nada
gennyf yrof aduw eb hi atravwyf vyw nyth vynnaf. Myn ygkret

inne eb yped^{ur} nidywedaf innev vngeir wrth gristion yny ellych
di arnat vygkarv ynwyaf gwr or awelych. Atranoeth yndiannot
ped^{ur} agerdawd rac daw yny dywanawd ar b^{i}forth vawr ar vynyd
mwyaf awelsey neb Ac yn diben ymynyd ef awelei dyfryn grwñ
tec agororev ydyffryn awelei yngoedyd tew amyl ac yn garregawc
agwast ydyffrnn awelei yn vaestyr tec ac yn weirglodiev ac yn
gyuagyuagos yr koet ef awelei tei duon mawr amyl affurorweith
arnū Adysgynnv iar varch ay wein tu ar koet Ac amruth^{ur} or kyet
ef a [627] welei an   vat garrec   vawr och   rawc
ac ar honno ef awelei   ochyr uchel llym ar ford yn kyrchv
yroch hwnnw ar llew yn rwym wrth gadwynev awelei yna ac yn
kysgv ydoed yllew arochyr y garrec affwll dwvyn awelei y dan
yllew ay loneit yndaw oesgyrn dynyon ac anyvelieit. Sef aoruc
ped^{ur} yna tynnv igledyf yngyflym atharaw yllev yny vyd yn
dibin wrth y gadwyn ywch beñ ypwll ar eil dy^{r}nawt adrewis ary
gatwyn yny digwydawd yllew ar gadwyn yny pwll ac arwein
yvarch. aoruc pedur yna ar draws ochyr ygarrec adyvot racdaw
yr dyffryn. Ac ef awelei ypued ydyffryn kastell tec adyuot aoruc
pedur ptha ar kastell ac ymewn gweirglawd aoed yn^o ef awelei
gwr llwyt mawr yn eiste adev was jeuueing yn saethu karnev ev
kyllyll ac asgwrn morvil aoed yny karnev agwinev oed yneill or
gweision amelyn oed yllall ameibyon yr gwr llwyt oedynt
achyuarch aoruc ped^{ur} yrgwr llwyt sef attep arodes ygwr llwyt
ydaw mevil aruaryf vymporthawr Ac yna y gwybv ped^{ur} ymay
yllew ^{a}oed porthawr idaw ac na hanoed yntev ogret ac yna
ydaeth ygwr llwyt ay veibion yr kastell aped^{ur} ygyda ac wynt ac
inevad dec ydaethant. ac ydoed yno byrdev tec allieynev arnadvnt
adogned [628] ovwyt a diawt ac ar hynny ef a welei beredur
gwreic brud ohen yn dyvot yr nevad agwreic dec Jeuuang ygida ahi
amwyaf dwy wraged awelsei nep oedynt. Sef val yd eistedassant
y gwr llwyt ar ypenn issaf yr bwrd ar wreic brud ynessaf ydaw
aphared^{ur} aestedawd ygida arwreic Jeuvang Ar dev was awassan-
aethawd arnadūt Sef aoruc ywreic jeuang edrych yn graff arber-
edur adaly t^{i}styt Sef y govynnawd ped^{ur} idi paham yt^{i}stawd. Mj
avanagaf ytty eb hi. Yr panyth weleis gyntaf ydwyf yth garv. adol-
ur yw gennyf athrwm gwelet arwas kynvonedigeidet athydy ydi-

henyd awneir arnat ti avory. Pwy awna vyn dihenyd eb y pedur.
Aweleisti di heb hi wrth pedur ytei dvon mawr ymbron yrallt.
gweleis eb y ped*ur* gwyr ym tat J oll yw yrei hynny. am tat J yw
y gwr llwyt raccw am brodyr yw y gweission jeveing. Ac wyntev
abarant dyvot pawb oniver y dyffryn amdybendi avory ith lad
aadant wy eb yped*ur* ymwan gwr agwr gadant heb hithev pwy
henw ydyffryn hwn eb yped*ur* ydyffryn krwnn eb hi. Yr mwyn
dy orderch eb yped*ur* abery dithev letty adiwallrwyd ymarch j
heno paraf yn llawen eb hi Affan vv [629] amser ganthvnt mynet
igysgu wedy dogned gyvedach. Athranoeth ybore y clywei
bered*ur* twrw. gwyr ameirch ygkylch y kastell Ar vorwyn
aberis dwyn y beredur i varch ay arvev. Aphered*ur* Aaeth yr
weyrglawd yn diannot. Arwreic ay merch adoeth ar y gwr llwyt
ac addwawt wrthaw arglwyd eb wynt kymer dj gret ymaccwyf
nadywetto yn lle or y kerdo dim or aweles yma adyro nawd idaw.
Ani avydwn drostaw yn keidw. Nachymeraf myn vygkret eb
yntev. Affared*ur*. a aeth j ymlad arllu hwnnw. Ac erbyn echwyd
nevr daroed ybered*ur* llad trayan yllu yndiargywed idaw ef. Ac
yna ydwawt ywreic brud wrth y gwr llwyt. Nevr deryw yrmac-
cwy llad llawer oth lv. Adyro nawd weithion yr maccwyf Na rod-
af myn vygkret eb ygwr llwyt. Ac yna y kyvarvv y gwas melyn
apharedur Aphared*ur* ay lladawd. Ac ydoed gwreic y gwr lwyt ay
verch yn edrych ar lad ygwas melyn. Ac yna hevyt y dywedassant
wrth ygwr llwyt arglwyd eb wynt doro nawd weithion yr
maccwyf nevr deryw llad y gwas melyn. Ac ar hynny ykyvarvv
ygwas gwynev apharedur. Aphared*ur* aladawd hwnnw hevyt
Ac ydwawt yvorwyn wrth ithat [630] buassei yewnach ytt rodi
nawd yr maccwyf kynn llad dy deuvab Ac ni wnn adiegy dy
hvn. Dos dithev eb ef ar ymaccwyf ac arch idaw nawd ym ac yr
adieghis om gwyr Ar vorwyn adoeth hyt ar baredur ac aerchis
nawd oethat ac yr adieghis oy wyr. Mi arodaf nawd eb yped*ur*
gan yramot hwnn. Myned oth dat ac adieghis oy wyr y gyt ac ef
y wrhav y arthur amanaget i arthur ymay ped*ur* vap efrawc
aygyrrawd yno ami avynnaf kymryt bedyd ohonaw achredu
iJg*s*t aminhev ayhanvonaf ar arthur y beri rodi ydyffryn hwnn
yth dat dithev ac oy etiued ac yna ydoethant ymewn ar ygwr

llwyt. Achyuarch gwell aoruc y gwr llwyt ay wreic ypedur. Ac
yna ydwawt ygwr llwyt wrth beredur yr pan yttwyf ynmedu
ydyffryn hwnn nyweleis j g^{i}stiawn aelei ynvyw namyn tydi.
Aninhev a awn ywrhav vi am gwyr iarthur ac igymryt bedyd.
Ac yna ydwawt pedu^{ur} diochaf i. i heb iduw nathorreis inhev
vyngkret wrth ywreic vwyaf agaraf nadywedeis vngeir eton wrth
gristiawn ac yno ybu ped^{ur} ynos honno. Athranoeth ybore ydaeth
ygwr llwyt ay wyr lys arthur agwrhav aorug$\bar{a}$t iarthur. Ac yna
ynpis arthur ibedyiaw ac yna ydwawt y gwr llwyt yarth^{ur} [631]
panyw pared^{ur} vab efrawc ay gyrrawd ef ay wyr hyt yno. Ac yna
y rodes arth^{ur} ydyffryn krwnn yrgwr llwyt ay ettivedeon val
ydarchassei ped^{ur} idaw oygynnhal ydan arthur achan gennat
arthur ydaeth y gwr llwyt tv ardyffryn krwnn. Ac odyna ydaeth
pedur ymdeith drannoeth ybore ac ykerdawd anvedred odir
diffeith heb dim kyvanned. Ac ordiwed ef adywanawd ar gy-
vanned godlawt ac yno yklywssei ped^{ur} bot sarph aruthyr ygorwed
arwarthaf modrwy evr hep adv kyuanned arsaith milltir obo tv
idi apheredur adoeth y ymlad ar sarph. athrwy lavvr afferygyl y
gorvv bered^{ur} ar ysarph ac ef aylladawd ac agymyrth idaw ef hvn
yvodrwy Ac yvelly ybu ped^{ur} yn kytvot agherdet ac anesmwyth-
dra hep dywedut vngeir wrth gristiawn orbyt yny golles iliw ay
wed oetlit adaw llys arth^{ur} ar wreic vwyaf agarei Ac ordiwed ef
adoeth lys arth^{ur}. Ac yn gyvagos yr llys ykyuarvv ac ef teulu
arthur yn myned neges achei vap kynyr yn ev blaen ac nyt
atwaynat nep odylwyth arth^{ur} ped^{ur} nay arwydyon yna apher ed^{ur}
ac ev hatwaenat wynt oll. Sef ygovynnawd kei yped^{ur} pwy oed
adwyweith atheir ac nys attebawd pedur ardim sef [632] aoruci
kei yna odic wrth am nas attebei. gwan ped^{ur} agwew yny vordwyt
igeissiaw dywedut ohonaw. Ac ny oruc ped^{ur} yrhynny nadywedut
vngeir wrth gei nac ymdiala ac ef yr hyñy Sef ydwawt gwalchmei
yna. Jrof. i. aduw gei wynn ys drwc ymedreist kyflavanv ar
ymakwyf yr nas dywedei wrthyt. Ac yna ydymchwelawd
gwalchmei yr llys y gyt ar maccwyf. Ac ervynneit ywenhwyuar
pi medeginyaeth ymaccwyf yr y vot yn vvt affan delei walchmei
dray gevyn ef adaley ibwyth y wenhwyuar. Amenegj ymay ke
avrathassei ymaccwyf agwenhwyvar aberis medeginaythu ymac-

cwyf. Affandoethant yteulu adref orneges honno ydoed marchawc
yny weirglawd yn ymyl yllys yn erchi gwr y ymwan. armarchawc
mvt aaeth y ymwan ac ef. Ac aybyryawd yn diañot hep dywedut
vngeir wrthaw. Affeunvd hyt ym penn yrwythnos ef adoeth
marchawc onewyd yrweirglawd y alw am wr y ymwan ar
marchawc mvt ac ev bwryawd oll. adiwyrnad yd oed arth^{ur}
aydevlv yn myned yr eglwys sef y gwelynt maccwyf yny weir-
glawd yn dangos arwyd ymwan. Sef ydwaut arthur yna kyrcher
ymi vy march am arveu ami aaf y vwrw ymaccwyf raccw [637]
ytan y eiste. Abwta ac yuet. aorugāt ac ymdidan. Ac yn hynny
brwysgaw aoruc ped^{ur} adywedut. wrth ygwr du Ryved yw
gennyf j ef kadarnet y dywedy dj dy vot agadv ohonawt tynnv
dy lygat oth benn. vn omkynnedvev J uv eb y gwrdv vnlly-
geidiavc pwybynac agymhwyllei wrthyf j. un geir am vy llygat
nachaffei y eneit nac yr duw nac yr dyn nac yr da or byt. Arglwyd
dat eb y vorwyn. kyt dyweto yrvnbenn hwnn ovaswed a me^{d}d-
awt yr vngeir gynnev nathorr di. y geir adywedeist Nathorraf
eb yntev mi ^{a}adaf ydav heno y eneit . . Ac ar hynny yt^{i}gassant
ynos honno. Ar bore drannoeth ykyuodes ygwr dv y vyny
agwisgaw arvev amdanaw Adywedut wrth ped^{ur} kyvot ti. dyn
y vyny y odef dy anghev. Y gwr dv eb ypedur os ymlad avynny
di amyvi vn odev peth ay dyro di ymi arvev ay yntev diosc di dy
arvev. Ac awn hep vn arvev y ymlad. Ac yn chwimwth diosc y
arvev aoruc y gwr du ac yn drygnaussus bwrw y arvev ywrthav.
Adywedvt wrth bared^{ur} kymer yrarvev avynnych achyuot y
ymlat. Ac yna yna ydoeth y vorwyn ac arvev y beredur. Ac
yndiannot ymlad aorucgant yny vv reit yr gwr du erchi nawd
baredur. Tj ageffy nawd eb yped^{ur} tra vych yn dywydut pwy wyt
ac yn dywedut pwy adynnawd dy lygat oth benn. Arglwyd eb
y gwr du minhev ay managaf ytty yn [638] ymlad ar p^{i}f du or
garn ycolleis i vy llygat. Achruc mawr yssyd raccwn ahwnnw
aelwir kruccalar'. Ac yn y kruc ymae karn vaur ogerric ac yny
garn ymae pryf. ac yn llosgwrn ypryf ymay maen. Arinwedev
ymaen yw pwybynac ay kaffei yny law ef agaffei avynnei oevr
yny llaw arall idaw. ac yn ymlad arpryf hwnnw y colleis. i.
vnben vyllygat. Am henw inhev yw ydu thrahauc. kanys treissiav

paub awnevthvm or a gyuarvv amj. Dywet ti ymi pabellet odyma
yw ykruc adywedy di. Mi ay dywedaf eb ygwr dv. ydyd ydelych
di odyma tj aergydy hyt yn llys meibion diodeivieint. Paham eb
yped*ur* ygelwir wyntw meybyon ydiodeivieint. Avang llynn ac
ev llad vnweith bevnyd. Ac am hynny ygelwir wyntw velly.
Odyno eb ygwr dv yd ergydy hyt yn llys yarlles ycampev.
Pagampev yssyd arnei eb yped*ur* Trychannwr odevlu yssyd yno.
Ac yr gwr dieythyr. adel yr llys ymenegir y campev. Ac yn nessaf
yr Jarlles ydeiste ytrychannwr val y kaffer menegi ev campev. Ac
odyno ti aergydy yr kruccalar'. Ac yny kruc hwnnw ymay pchen
trychan pebyll yn kadw ypryf Je eb yped*ur* ygwr dv digawn gennyfi
adywedeisti Achan buost mor darhaus ac y dewedeist duhvn clot
ac alussen yw dy lad. Ac yn dy annot pedur a**ᵧ** !ladawd y gwr du
yna. Ac yna [639] ydwawt yvorwyn wrth beredur avnben eb hi
pei tlaut vydut yndyuot yma ti a aut yngywaethoc odyma adrysor
ygwr du aledeist. Athi aweleist aoed ovorynnyon tec yny llys ti
ageffy honn avynnych onadunt ayn wreic ayn orderch. Ny
dydwyf J. yma vnbennes eb ypedur yggodev gwreicca. Namyn
y gweission tec awelais J. yny llys. ymgeffelybent ar morynyon
val ymynnwynt. ac ni mynnaf J. odyma na da na dim or awelaf.
Ac odyna ydaeth pedur hyt yn llys meibion diodeivieīt Affan
doeth yrllys. ef awelei yno waraged h**ᵧ**gar da ev gwybot. Allawen
vvant wrth beredur ac ymdidan ac ef Ac val ybydynt velly wynt
awelynt march yndyvot ymewn achyfrwy arnaw. ac ydoed yny
kyfrwy keleyn. ac yn or gwraged agyuodes y vyny ac agymyrth
ygeleyn ac ay hynnienyawd y mewn kerwyneit odwuyr twymyn
a oed is law y drws. Ac wedy hynny ay hirawd ac eli gwerth vaur
ac yna y kyuodes y geleyn yngyn Jachet ac ybu jachaf y ymdan
affawb. Ac yngyuagos j hynny ydoeth dev wr ereill. yn dwy
geleyn yn vn diwygat argeleyn gyntaf. ar vn ryw gyweir aorvc
ygwraged ar ydwy geleyn hynny ac ar ygyntaf. Ac yna
ygovynnavd pedur paham ydoed y kalaned velly. Ac ydwaut
ygwraged y beredur y may avang aoed agos udunt yno ahwnnw
ac eulladei bevnyd [640] Ac arhynny y t**ⁱ**gassant ynos honno.
Athrannoeth y kyuodes ymaccwyueit yvyny aledessit amynet
ymdeith. Sef yderchis ped*ur* vdunt yrmwyn ev gorderchev y adv

ef ygyda ac wynt. Ay omed aorugant. Pei yth ledit ti eb yr wynt
nyt oed ytti athwnelei yn jach vyw ac ynni ymay. Sef aoruc ped^{ur}
yna mynet yny hol yny divlannassant yganthaw. Ac val ybydei
bered^{ur} yn kerdet yvelly ynychaf y gweli ywreic deccaf awelsei
erioet yn eiste arbenn brynn. Mj awnn heb hi dy hynt ath vedwl
wrth beredur mynet yymlad ar avang ydwyt ar avang athlad
oystryw kanys euo a wyl paub or adel attav o gysgawt mayn
yssyd ardrws yrogof ac ny wyl nep euo yny darffo idaw ylad ac
allechwaew yllad paub or adel attaw. Affei rodut ti dygret ymi
ykarut vyvi yn vwyaf gwreicc. my arodwn yt maen val y gwelut
ti y ravang ac nawelei yr auang dydi. Rodaf myn vynket eb
ypedur ac yr panith weleis mi ath gereis. Affa le vnbennes y
keissiaf inheu dydy. Amovyn di heb yr hitheu amerodres yrindia.
Ac yna y divlannawd ywreic iwrth bared^{ur} wedy rodi y maen
ynylaw. Ac yna ykerdawd ped^{ur} racdaw yny doeth ydyffryn tec.
Ac avon aoed ynydyfryn. agororev y dyffryn aoed yn goet tec
gwastat gogyvywch. Agweirglavd dec amyl aoed yny dyffryn.
Ac or neilltu yr avon ydoed kadw odeveit gwynnyon Ac ortv
arall kadw odeveit duon. [641] affan vrevei vn ordeueit duon
ydevei vn or deveit gwynnyon atadunt ac ydaei yn burdu.
Affan vrevei vn or dueit gwynnyon ydevei vn ordeveit duon
attadunt ac ydaei yn burwen. Affrenn awelei arlann yravon
arneill hanner yrprenn yn llosgi hyt y vlaen ar llall adeil arnav ac
ayrisc yn tyvv yndec. Ac yn agos arhynny y gwelei maccwy yn
eiste adeu vilgi vronnwynnyon vrychyon yn vn gynllyvan
yngorwed ger y law Ac yny koet gyvarwynep ac ef y klywei
gyvodi hydgant Achyvarch gwell aoruc pedur yr maccwyf ar
maccwyf agyvarchavd gwell y ped^{ur} Atheirford aw^{el}ei bared^{ur} yn
ym rannv or lle ydoed ymaccwyf agovyn aoruc pedur pale ydei
yteirford hynny. vn onadunt eb yr maccwy aa ym llys. J. ac arall
onadunt aa ydinas yssyd agos yma. Arford vechan awely di yna
aa ylle mae yravang Ac yewnaf ygwnaf j. ytty eb ymaccwy wrth
baredur vn odev peth. ay mynet ym llys. J. orblaen athi ageffy
lewenyd yno. Ayt^{i}gaw gyda minhev yma yn edrych ar ellwng
kwn divlin ar hydot blin. Affanvo amser mynet y vwyta. ef adav
yma gwas a$^{a}_{m}$ch ym erbyn J. athric di gyda amyvy heno. Duw

adalo ytt eb ypedᵘʳ achan dygennat mi aaf ymeith partha ymay
yravang. Amyned aoruc pedᵘʳ racdaw. Arodi ymaen yn yllaw
[642] assw idaw ay waew yny y llaw dehev idaw. adyuot aoruc
ydrws yrogof. Ac arganvot yravang yn gyntaf ay wan agwaew
drwydaw ac yn gyflym tynnv kledyf allad. j benn. Affan ymchwel
pedᵘʳ odyno drachevyn. ef awes ytrywyr adaroed yrauanc y llad
yn kyuaruot ac ef achyuarch gwell aoruc y gwyr hynny y baredur.
adiolwch idav llad yr auang adywedut ymae jdaw ef ydoed
darogan llad yrormes honno. Ac yna y rodes pedᵘʳ penn yr avang
yr gweission. achynic aoruc ygweissyon y pedᵘʳ vn oc ev teir
chweored yn wreic idav aahanner ev kyweth gyda ahi. Nyt yr
gwreicca ydodwyf J yma eb ypedᵘʳ Affei mynnwniⁱ vn wreic mi
a vynnwn chwaer i chwi yn gyntaf. Acherdet aoruc pedᵘʳ racdav
ymeith odyno. ac ef aglywei pedᵘʳ twryf yn yol Sef ydoed yna
gwr telediw ar varch koch maur. ac arvev kocheon amdanav.
Achyuarch gwell aoruc y marchauc yn vvyd garedic yb'edur
adywedut wrthaw val hynn. Arglwid ef ef. i. erchi ytty vygkym-
ryt yn wr ytt ydodwyf. J. yth ol di pwy wyt ti eb ypedᵘʳ Jarll
wyf j. oystlys ydwyreyn. ac edlym gledyf tan coch yw vy henw.
Ryued yw gennyf i nv eb ypedur paham ydymgynnygy di yn wr
ymi mwy no minheu ytty kanyt mwy vyngkywoeth ⁱ nortev
dithev. Achanys da gēnȳt ti myfi ath [643] gymeraf di yn wr ymi
ac yna gwrhav aorvc edlym ypedur amynet ygyt aorugant partha
allys yr jarlles y campev allawen vwyt wrthvn yno eithyr nach-
aussant eiste namyn is lav teulu yriarlles ac nyt yr amarch vdunt
kanys kynnedyf. y llys yny wypit avei well ev campev wyn noc
vn yteulu nacheffynt eiste namyn is ev llaw. Ac na adei yr iarlles
ynep eiste ar yneillaw marchauc noy holl deulu hi Sef aoruc
pedur yna mynet y ymwan athrychannwr teulu yr iarlles. Ac
evbwrw oll. Ac yna ydaeth pedᵘʳ ieiste arneillaw yriarlles. Mj
adiolchaf yduw eb yriarlles caffel ohonaf gwas kyn dewret
achynndecket athi canicheveis y gwr mwyaf agaraf. Awreic da
eb ypedur pwy oed ygwr mwyaf agery di. Nis gweleis. J. ermoet
eb hi yhenw yntev yw edlym gledyf koch y rof j aduw eb ypedᵘʳ
kedymdeith y mi oed hwnnw. Allyma evo ac yr yvvwyn ef
ybwyeis. i. dy devlu di a gwell y gallei ef no myvi. Ac yn arwyd

ytt arhynny mi arwyd ytt ar hynny. mi athrodaf di yn wreic y
edlym gledyf coch ar nos honno y kysgassant ygyt athrannoed
ybore ydaeth pedᵘʳ partha ar kruccalar' myndylaw di aduw eb yr
edlym mi aaf gyda athi. Ac ygyt ydaethant yny welsant ytrychan
pebyll dos dith eb ypedᵘʳ wrth edlym arwyr ʸpeby[644]lleu ac
arch vdunt dyuot ywrhav ymy ac edlym adoeth atadunt ac ɐ
erghis vdūt dyuot ywrhav oy arglwyf Pwy yw dy arglwyd di
erwyntev pedur baladyr hir eb ef yw vyarglwyd J pae devaut nev
deled' llad kennat nit aevt ti ym vyw darachevyn. amerchi
yvrenhined ayeirll abarwnyeit gwrhav yth arglwyd di. Ac yna
yna ydoeth edlym yvenegi ypedᵘʳ ynaccav or gwyr odyuot y
wrhahv jdaw sef ydaeth pedᵘʳ ef hvn attadunt y ymwan agwynt ony
mynhynt yn v vyd di wrhav idaw sef bu wyssaf ganthunt ymwan
apheredᵘʳ. Afferedᵘʳ avwryaud ydyd kyntaf pchen can pebyll on
advnt athrannoeth y bwryawd y gymynt arall. Apherchenogeon
ytidyd canpebyll adewissassant wrhav y baredᵘʳ. Ac y govyn-
nawd pedur vdūt pabeth awneynt yno. gwarchadw pryf yny vo
marw ydyym ni yma. ac yna ymlad awnawn am vaen yssyd yn
llosgwrn ypryf artrechaf ohonom kymered ymaen. mi a af eb
ypedur y ymlad arpryf nynne arglwyd a wn ygyda athi nadowch
eb ypedur pe elym ni yno y gyt nichawn i dim orglot yrllaᵈ
ypryf ac yna ydaed pedᵘʳ ef hvn allad ypryf adwyn ymaen J
edlym gledef coch adyvot ar ygwyr bioed ypebyllev adwedut
wrthvnt kyfrivwch chwi ychtreul ach cost yr pandoeth yma ami
aytalaf ywch ac nyt archaf j. dim och da chwi [645] nam adev
ohonauch chwi bot yn wyr ym ac val ykyfrivassant ev hvneyn
ev cost aytrevl pedur aytalod vdunt. ac odyna y kerdawd pedᵘʳ
y geissiav chwedlev y wrth ywreic a rodes ymaen ydaw. Ac e
adoeth idyffryn teccaf ynybyt. Ac ar yravon a oed yno yddoedf
melynev amyl allawer ovelinev gwynt ac obebellev ef awelei
aneiryf ac yn amraval eulliw ac eu harwydyon sef y kyuarvv
ac ef gwr gwinev teledyw ac agwed saet arnaw sef y govynnawd
pedur i hwnnw pwy oed sayr wyf affenn melynid ar ymelinev
rakw oll. Agaffaf. i. eb ypedur lety gennyt heno Ac aryan echwyn
ybrynnv bwyt allynn y mi ac yth dolwyth dythev ami aytalaf yt
kynn vymynet odyma keffy eb yrhwnnw. ac yna ygovynnawd

ped^{ur} yrmelinid padygyuor oed hwnnw y may yneillbeth eb
ymelinid ay dyhan ti obell ay dyuot yn ynvyt. yna ymae eb
ymelinid amerodres corsdinobyl vaur ac ny myn honno namyn
y gwr dewraf ar marchauc gorev kanytreit idi hi wrth da. sef
ymae yn kosti wrth dwrneimant yr niver adel yma. ac am
nathygya dwy gya dwyn bwyt yr sawl vilioed yssy yny dyffryn
ydadelwt ymelinev hynn yvalv bwyt vdun. Trannoeth ybore y
kyvodes ped^{ur} yvyny agwisgav amdanav ac am y varch yvynet
yr twrneimant sef ydedrychawd ar vn or pebyllev aoed amgen
diwygat arnav noc ar yr vn or lleill. Ac ay gogwyd ar fenestyr
or [646] pebyll hwnnw ydoed morwyn agwisc obali eureit
amdanei adaly y olwc a oruc pedur arhonno oechareat rac itheket
ac yvelly ybu pedur yny ym yn dewis paub ar twrneimant ynos
hōno Ac yna ydoeth pedur oy lety ac erchi yr melinyd echwyn
ynos honno mal ynos gynt ac ef ay kauas arwreic avv wrth groch
wrth pedur Ar eildyd y kyuodes pedur ac ydoeth yrlle ybuassei
ydyd gynt ac edrych ar yvorwyn ydydrechassei ydyd gynt yny
dooth ymelinyd am dalym ordyd atav ac yna yrodes ymelinyd
krynn dyrnaut ar ysgwyd ped^{ur} amenebyr y vwyall adywedut
wrthav ydwytti yn ynvyt namyn gwna vn dev peth ay mynet yr
twrneimant aymynet ymeith odyma sef aoruc ped^{ur} gowenv yna
amynet yrtwrneymant ar gniuer marchauc agyuarvv ac ef ef
aybwryawd oll. ac anvon ygwyr aoruc yr amerodres ynbedyt.
Arodi ymeirch ywreic ymelinyd yr amaros am yrarean adugassei
yn echwyn. adylyn ytwrnneimant aoruc pedur yny darvv bwrw
aoed yno ovarchogeon ac val ybwryei bered^{ur} wynt ef a anvonei
y gwyr yr amerodres ynbedyt. ac rodes ywreic y melinid ymeirch
yr oed am yrarean echwyn. Ac yna ydanvones yr amerodres
kennat ar bered^{ur} yerchi idav dyvot y ymwelet ahi ac ony doei
ped^{ur} oy vod erchi ydywyn oy anvod. Atheir gweith ynaccaod
ped' yr amerodres odyvot y ymwelet ahi. ac yna yderchis yr-
amerodres ygannwr owyr da mynet oy dwyn o anvod ony devei
oy vod Sef aoruc [647] pedur yna pangeysswt ydwyn oeanvod
                                                                   or cannvr
rwymaw rwym ywrwch ar bob vn onadunt Ac ev bwrw mewn
fos vn or melinev. Sef aoruc yramerodres govyn kynghor oy

fenn kynghorwr pabeth awnae amhynny sef ydwaut hwnnw wrthi
mi a af eb ef y erch yr vnben hwnnw dyvot i ymwelet athi
adyvot aoruc ypenn kynghorwr hyt ar bered^{ur} ac erchi idav yr
mwyn yorderch dyuot y ymwelet ar yramerodres. Affered^{ur}
aaeth ef ar melinyd hyt ympebyll yramerodres ac yr aur ydoyth
pedur ovewn ypebyll eiste aoruc adyuot aoruc yramerodres attav
ieiste hyt yno Abyrr ymdydan avv ryngthvn ac yny lle y lle
ydaeth ped^{ur} oy lety drwy laes gennat yr amerodres. Athranoeth
ydoeth pedur y ymwelet ar amerodres ar dyd hwnnw ypis
yramerodres trefnv ypebyll yn vrddasseid vrenhineid. hyt nat
oed waeth eiste yn lle noc ygylid dros wynep ypebyll or tu ewn
idaw sef aorvc ped^{ur} ydyd hwnnw eiste arneillaw yr amerodres.
Ac ymdidan aorugant yn garedic vondigeid. Ac val ybydynt
vell welly wyn awelynt yndyuot y mewn gwr du maur agolwrch
eur yny lav yn llavn owin agostwng arben y lin gar bronn
yramerdores arodi y golwrch yni llav. Ac ^aerchi idi na rodei nar
gwin nargorwch namyn yr nep aymwani ac evo amdaneⁱ hi Sef
aoruc yramerodres yna edrych ar beiredur beth aedrychy di
arglwides eb ypedur namyn moes ymi y golwrch [648] ar gwin
aped^{ur} alewes ygwin ac aroes ygorwrch ywreic ymelinyd. Ac val
ybydynt velly wynt awelyn yn dyuot atadun gwr a oed vwy nor
kyntaf ac ewin pryf yny law yn eureit arlvn golwrch ahwnnw yn
llawn owin agostwng rac bron yr amerodres ac erchi narodi
hwnnw ynep onyt aymwananei ac evo amdanei hi. Arglwydes
eb yped^{ur} moes di ataf i etto hwnnw. apheredur ay kymyrth ac
alewes ygwin ohonaw ac aroes ewyn ypⁱf y wreic y melinyd. ac
val ybydynt velly wynt awelynt gwr pengryghgoch maur aoed
vwy noc yrvn ordeu wr ereill agolwrch ovaen grissiant yny law
yn llawn owyn ay rodi yn llaw yramerodres ac erchi idi na
rodey ynep onnit yr nep aymwanei ac evo am dani hi apheredur
agymyrth hwnnw ac a lewes ygwin ac aroes ygolwrch ywreic
ymelinid. ar nos honno ydoeth ped^{ur} oy lety. Athrannoeth
ef awisgawd arvev amdanaw ac aaeth y ymwan artrywyr aduc^y
tⁱgolwrch Aphared^{ur} ay lladawd ylltⁱ. Agwe darvot idaw ev llad
ylltⁱ ef adoeth yr pebyll. Ac yna y dwavt yr amerodres wrth
bared^{ur} ped^{ur} dec eb hi coffa di ygret aroeist ymi pan rodeis ynnev
ithe ymaen aberis ytt llad yravang. Arglwydes eb ynte omtebic i
gwir adywedy aminhe ay coffaaf. Ac yna ybu fe ygyda ar amer-
odres pedair blyned ardec Ac y velly yt'vyna kynnyd paredur
ap Efrawc

PENIARTH 14

Efrawc yarll bieuuoed yarlleth yny gogled aseithmeib aoed idaw.
ac nyt oe gyuoeth yd ymborthei ef yn bennaf namyn odwr-
meinieint ac ymladeu aryueloed   Ac yny diwed yllas ef ae
chwemeip. Ar seithuet map aoed idaw. ac nyt oed oet ydaw
gyrchu brwydyr ac ysef oed yhenw pe[181]redur a gwreic
bwyllawc aoed uam ydaw amedylyaw aoruc am y map ae
gyfuoeth a chyrchu ynyalwch aoruc ae map a dyuot or kyfuanned
yr diffeith. ac ny duc nep ygyt ahi namyn dynyon diwala llesc ny
wydynt dim ywrth ryueloed ac ymladeu nac ywrth ueirch nac
arueu   Afforest aoed agos udunt ac yr fforest beunyd yd aei
ymap ychware ac y daflu blaen ysgyron. adiwyrnawt y gweles
kadw oeiuyr aoed oe uam adwy ewic aoed agos udunt sef aoruc
peredur gyrru y geiuyr ymewn ar ewiged gyt ac wynt oe wrhydri
ae uilwryaeth. adyuot aoruc at yuam adywedut uy mam hep ef
peth ryued aweleis i yny fforest dwy oth eiuyr agolles eu kyrn
rac pellet yr pan gollassant ami ae gyrreis wynt ymewn y gyt ar
lleill ac yd oedynt gwedy mynet gwylldinep yndunt ami ageueis
gystec yn eu gyrru ymewn ygyt ar lleill. Mynet awnaethbwyt y
edrych aoed wir hynny. Aryued uu gan bawp or ae gweles. A
diwyrnawt wynt awelynt tri marchawc yn kerdet fford aoed gan
ystlys yfforest. Ac ysef ygwyr oedynt. Gwalchmei ap gwyar.
Agweir ap gwestyl. Ac ywein ap uryen   Agwalchmei aoed yn
kadw ol yn ymlit ymarchawc arannasei yr aualeu yn llys arthur.
vy [182] mam hep y peredur pa beth yw yrei rackaw engylyon
vy map hep hi. Minheu aaf yn engyl ygyt ac wyntw. A dyuot
aoruc peredur yr fford. A gouyn aoruc idaw aweleisti uarchawc
yn kerdet yfford honn. Ni wnn i hep y peredur beth yw march-
awc yryw beth wyfi hep ygwalchmei. pei dywetut ti ymi yr
hynn aouynnaf yt minheu adywedwn yt yr hynn aouynny ditheu.
dywedaf hep ynteu. beth yw hwnn hep y peredur wrth ykyfrwy.
kyfrwy hep y gwalchmei. agouyn aoruc peredur henw pob peth
ac aellit ac ef. a gwalchmei ae mynegis idaw. dos ragot hep
yperedur Mi aweleis y ryw dyn aofuynny. aminheu aaf yth ol
di yn uarchawc   Dyuot aoruc peredur yn yd oed yuam uy

mam hep^{ef} nyt engylion oed yrei gynneu namynn marchogyon
Ac yna y llewygawd yuam. Ac yna yd aeth peredur yn ydoed
keffyleu y^n. y.^{d}. agwywedei gynnut. ac agywedei bwyt allynn
udunt or kyuanned yr diffeith. ar keffyl kryfuaf aweles agymyrth.
Ac yn lle kyfrwy yrodes panyorec ac owdyn anwaredut yr hynn
awelsei ygan walchmei adyuot yn ydoed y uam yna adatlewygu
yuam yna   Je arglwyd hep hi ae kychwyn auyn di. Je hep
ynteu. aro y gennyf i eirieu kynghor yt. dywet ar urys hep ynteu
ami ae harhoaf Dos ragot hep hi lys arthur yno y mae goreu
ygwyr adewraf [183] yny gwelych eglwys kan dybader wrthi.
ogwely bwyt adiawt kymer ef obyd reit yt wrthaw ony o wybot
adaeoni yrod yt. ochlywy diasbat dos wrthi ac yn enwedic diasbap
gwreic Ogwely dlws tec kymer ef. adyro ditheu y arall yr kanu
da ytt. Ogwely wreic dec gordercha hi gwellgwr yth wna kyn
yth uynho Yna y kychwynnawd peredur ymeith adyrneit gan-
thaw o aflacheu blaenllym Dwynos adeudyd y buant yn kerdet
ynyalwch a diffeith hep na bwyt na diawt. ac ef adoeth y goet
mawr. ac yny koet y gwelei lannerch ac yny llannerch y gwelei
bebyll. ac ef agant y bader wrthaw yn rith eglwys. Apharth adrws
ypebyll ydoeth. ac ef awelei yn emyl ydrws kadeir eureit. amor-
wyn wynep delediw yn eisted yn gadeir. aractal eur am ythal
amein gwerthuawr yndaw. amodrwy eururas at y llaw. Disgynnu
aoruc peredur adyuot ymewn. llawen uu y uorwyn wrthaw.
achyuarch gwell ydaw Ac ar dal y bebyll y gwelei bwrd adwy
gostrel yn llawn o win adwy dorth ouara gwyn agolwythyon
ogic meluoch, Vymam hep ef aerchis ymi ogwelwn bwyt
adiawt y gymryt dos ditheu yr bwrd unben hep hi a gwroesso
duw wrthyt yr bwrd yd aeth peredur. ar neill hanner or [184]
bwyt ar llyn agymyrth peredur ar llall a adawd yngkyueir y
uorwyn Aphan daruu ydaw uuwyta dyuot aoruc yn yd oed y
uorwyn adywedut vymam aerchys y mi hep kymryt tlws tec yny
gwelwn nyt myui eneit ae gwarauun yti hep yr unbennes. y
uodrwy agymyrth peredur ac ystwng ar benn y lin aoruc arodi
cussan idi amynet ymeith   Ac yn ol hynny y doeth marchawc
bieuuoed ypebyll agwelet ol ymarch yny drws pwy auu yma
gwedy myui. dyn eres auu yma hep hi adywedut oll ual yd oed.

auu ef gennyti hep ef na uu myn uyngkret hep hi Myn uyngkret
heb ynteu nyth gredaf. ac yny ymgaffwyf i ac euo y dial uyng-
kewilid ny cheffy ditheu dwynos yn unty   Ac yna ykyfuodes
syberw y llannerch. ac yd aeth y ymgeissiaw ac ef. ynteu beredur
a gerdawd racdaw parth allys arthur. Achyn y dyuot ef yr llys
ydoeth ymarchawc arall yr llys. a modrwy eururas arodasei
hwnnw y dyn yny porth yr daly y uarch tra adoed ynteu y mewn
yn yd oed arthur agwenhwyuar ac enniuer ar marchawc agymyrth
y goluwrch olaw wenhwyuar ac ef auwyryawd y llyn am y hwy-
nep ae bronnoll ac ef arodes idi bonclust ac adyuawt wrthi yn
uchelosit auynho amwyn ygoluwrch hwnn amyui. adial sarhaet
gwenhwyuar doet ym ol yr weirglawd ami aeh ar[185]hoaf yno
Sef aoruc pawp yna ystwng y benn athewi rac adolwyn y nep
onadunt uynet yn ol ymarchawc. ac yn debic ganthunt nawnelei
nep y ryw gyflauan honno ony bei hut a lleturith neu na allei nep
ymgyhwrd ac ef oe gedernyt   Ac ar hynny nachaf peredur yn
dyuot yr neuad ymewn ar ykeffyl brychwelw ysgyrnic ac ar
kyweirdep musgrell owdyn ac ys ef yd oed gei yn seuyll ar llawr
yneuad y gwr hir racw hep y peredur mae arthur. beth auynnuti
ac arthur hep y kei. Vy mam aerchis ym dyuot ar arthur ym
urdaw yn uarchawc urdawl. Myn uynkret hep ykei ry anghyweir
y doethos o uarch ac arueu ac ar hynny argannu yteulu ef. ae
daualu a bwrw llysgyeu ydaw ac yn da ganthunt caffel esgus ydewi
am y marchawc â âdoed yr weirglawd. Ac ar hynny nachaf yn
dyuot y mewn korr adodoed yno yr ysblwydyn ac ny dyuot
ungeir yr pan dothoed yno hyt yna y dyuot pan arganuo beredur.
ha. ha. beredur dec ap efrawc groesso duw wrthyt arbennic
ymilwyr ablodeu y marchogyon. yrof aduw hep ykei ys drwc
medru uelly bot ulwydyn yn llys arthur yn uut agalw ydyn hwnn
ygwyd arthur ae deulu yn arbennic milwyr ac yn ulodeu
marchogyon arodi bonclust aoruc kei yr korr yny uyd yny uar-
[186]wlewyc Ac ar hynny nachaf y gorres yn dyuot ymewn ac
yn dywedut wrth beredur yr unryw ymadrawd ac adyuot y korr.
Sef aoruc kei yna gwan gwth troet yny gorres yny uyd yny
marwlewyc Yna ydyuot peredur. ygwr hir manac ym mae
arthur   Taw ath son hep y kei ados yn ol y marchawc â âeth yr

weirglawd a bwrw ef yr llawr achymer yuarch ae arueu ac gwedy
hynny ti a geffy wneuthur yn uarchawc urdawl Mi awnaf hynny
hep y peredur. amynet a oruc peredur yr weirglawd yn yd oed
y marchawc. dywet dywet hep y marchawc wrth beredur
aweleis di nep or llys yn dyuot ym ol ac onys gweleist dos etwa
yr llys ac arch y arthur neu y un oe deulu dyuot yma y ymwan
ami ac ony daw yn ebrwyd mi ââf ymeith y gwr hir ysyd yno
aerchis ymi dyuwrw di achymryt ym mihun dy uarch ath arueu
ar gorulwch   Sef aoruc ymarchawc yn llidiawc nessau ar beredur
ac agarllost ywaew y daraw yrwng ysgwyd amwnygyl dyrnawt
maw dolurus awas hep y peredur ny warei weision uy mam a
myui yuelly abwrw ymarcha awc awnaeth peredur agaflach
blaenllym yny lygat yny uyd yr gwegil yr [187] allan ac ynteu
yn uarw yr llawr Dioer hep y gwalchmei wrth gei drwc
ymedreist am ydyn fol ayrreist o dyma yn yr weirglawd ac os
yuwrw awnaethbwyt idaw eirif gwr mwyn a uyd arnaw. Ac
ollas breint gwr mwyn auyd arnaw ac anglot tragywydawl y
arthur ae wyr. ae bechawt ynteu arnam ninheu oll amyui a af y
edrych yr weirglawd pa beth ysyd yno   Ac yna ydoeth gwalch-
mei yr weirglawd aphann doeth yd oed beredur yn llusgaw y gw
yny ol erbyn yarueu arho hep y gwalchmei mi adiodaf y arueu
y am y gwr ytt nyt hawd hep yperedur gan ybeis haearn dyuot
yam y gwr. yna y diodes gwalchmei y holl arueu y am y march-
awc ae gwisgaw am beredur ac erchi y beredur dyuot ygyt ac
ef yr llys ywnethur yr uarchawc urdawl nac af myn uyngkret
yny dialwyf ar y gwr hir sarhaet y corr ar gorres adwc ditheu
ygoruulch ywenhwyuar adywet yarthur ymae gwr idaw uydaf
pale bynnac y bwyf ac ogallaf wasaneth ydaw ygwnaf   yna
ydoeth gwlachmei yr llys ac   ymynegis ykyfrang ual y bu
        yna yd aeth per[188]edur racdaw. ac ual ybyd ynkerdet
llyma uarchawc yn kyuaruot ac ef. pan doei ep ef ae gwr y arthur
wyti Je myn uyngkret hep ynteu. ys da le yd ymgystlyneisti.
Paham hep yperedur am uymot yn diaberwr ac ar herw ar
arthur ermoet ac agyhyrdawd ami. mi ae lledeis ac ar hynny
ymwan aorugant. ac ny bu hir eu hymwan peredur ae bwryawd
ynwysc y benn yr llawr. Anawd aerchis y marchawc ti a geffy

nawd hep yperedur gan dy gret uynet lys arthur y uynegi ymae
myui athuwryawd di yr anryded agwasaneth y arthur amynac
nat af y lys arthur yny ymgaffwyf arg gwr hir y dial sarhaet y
corr ar gorres   Ar marchawc ar ygret adoeth lys arthur ac
auynegis cwbyl oe damwein ar bygwth ar gei   Ac ynteu
beredur agerdawd racdaw ac yn yr un wythnos ybwryawd un
marchawc ar bymthec ac wynt ââethant lys arthur yn un amot
ar ky yntaf or marchogyon ar bygwth ar gei. Acheryd mawr
agauas kei gan arthur aeuilwyr a goualus uu gei am hymy Enteu
beredur agerdawd racdaw ac ef a doeth y goet mawr ynyal. ac yn
ystlys   y koet !ko llyn ac ar ytu arall yr   llyn. llys dec a
chaer uawr uylch   awc yny chylch [189] ac ar lan yllyn yd oed
gwr gwynllwyt yn eisted ar obennyd obali agwisᶜ obali amdanaw
a gweision yn pysgota argauyneu ar y llyn a ffann wyl y gwr
gwynllwyt beredur kyuodi aoruc ynteu a mynet yr llys achloff
oed A dyuot aoruc peredur ymewn yr neuad ac ef awelei gwr
gwynllwyt yn eisted ar obennyd o bali a ffreftan mawr ger
yuronn. A chyuodi aoruc talym o niuer yny erbynn Ae diar-
chenu. a tharaw y law ar y gobennyd aoruc y gwr gwynllwyt ac
erchi y beredur eisted ar ygobennyd. peredur a eistedawd ac ym-
didan aoruc ar gwr gwynllwyt. ac gwedy daruot bwyt ymdan
aorugant a gouyn aoruc y gwr gwynllwyt y beredur a wydyat lad
achledyf. pei caffwn dysc mi a debygaf y gwydwn. y nep awypei
chware afonn ac atharyan ef awybydei lad achledyf deuuap aoed
yr gwr gwynllwyt un gwneu ac un melyn. kyuodwch hep ef
ac ewch y chware affon ac atharyan. ar gweision â âethant
y chware   Dywet eneit hep y gwr aoes ynwyn y gwery y
gweission oes hep ynteu ac ef a allei ygwas yr emeitin gwneuthur
gwaet ar y llall. kyuot tith[190]eu eneit hep y gwt gwynllwyt
a gwna waet ar y gwas melyn os gelly. peredur agyfuodes yfonn
ar daryan ac a drewis y gwas melyn yny uu y ael ar ylygat. dos
y eisted hep y gwr gwynllwyt nyt oes yn yr ynys honn a lad
achledyf yn well no thydi ath ewythyr ditheu brawt dy uam wyfi
a ffeit ti bellach a iaith dy uam ami adysgaf yti dywedut ac ath
wnaf yn uarchawc urdawl o hynn allan a chyt gwelych beth auo
ryued gennyt taw amdanaw an ac na ouyn. a ffann uu amser

ganthunt uynet ygysgu wynt aaethant a phan weles peredur y dyd
drannoeth mynet ymeit aoruc gan gannyat y ewythyr. Ac ef a
doeth y goet mawr ac yn niben y coet ef a daw y dol ac ar y tu
arall yr dol ef awelei kaer uawr allys delediw ac yr llys y mewn
y doeth a fan daw yr neuad ef a wyl gwr gwynllwyt yn eisted
amacwyueit yn amyl yn gylch a chyuodi aoruc pawb yny erbyn
ae diarchenu ae rodi y eisted ar neillaw y gwr gwynllwyt a ffan
aethbwyt y uuwyta ar neillaw y gwr gwynllwyt yd eistedawd
peredur. ac gwedy daruot

BYRFODDAU

AB   *Arthur of Britain*, E. K. Chambers, (Llundain), 1927.

AL   *Ancient Laws and Institutes of Wales*, A. Owen (Llundain), 1841.

ALMA   *Arthurian Literature in the Middle Ages*, R. S. Loomis ac eraill, (Llundain), 1959.

ANME   *An Index of Arthurian Names in Middle English*, R. W. Ackerman, Stanford University Publications, x, 1952.

AP   *Armes Prydein o Lyfr Taliesin*, I. Williams (Caerdydd), 1955.

Arth. Leg.   *The Arthurian Legend*, J. Rhŷs, (Rhydychen), 1891.

ATC   *Arthurian Tradition and Chrétien de Troyes*, R. S. Loomis, (Efrog Newydd), 1949.

B   *Bulletin of the Board of Celtic Studies.*

BBC   *The Black Book of Carmarthen*, J. G. Evans, (Pwllheli), 1906.

BD   *Brut Dingestow*, H. Lewis, (Caerdydd), 1942.

BH   *Ystorya Bown o Hamtwn*, M.Watkin, (Caerdydd), 1958.

BHLlG   *Braslun o Hanes Llenyddiaeth Gymraeg*, Saunders Lewis, (Caerdydd), 1932.

Branwen,   *Branwen, daughter of Llŷr*, P. Mac Cana,(Caerdydd), 1958.

CA   *Canu Aneirin*, I. Williams, (Caerdydd), 1938.

ChCC   *Chwedlau Cymraeg Canol*, A. O. H. Jarman, (Caerdydd), 1957.

CLlH   *Canu Llywarch Hen*, I. Williams, (Caerdydd), 1935.

CLlLl   *Cyfranc Lludd a Llevelys*, I. Williams, (Bangor), 1910.

CS   *The Cuchullin Saga*, E. Hull, (Llundain), 1898.

CT   *Canu Taliesin*, I. Williams, (Caerdydd), 1960.

D   *Dictionarium Duplex*, J. Davies, (Llundain), 1632.

DG   *Gwaith Dafydd ap Gwilym*, T. Parry, (Caerdydd), 1952.

DGG   *Dafydd ap Gwilym a'i Gyfoeswyr*, Williams a Roberts, (Bangor), 1935.

EAR   *The Evolution of Arthurian Romance*, J. D. Bruce, (Göttingen), 1923.

EC   *Études Celtiques.*

EEW   *The English Element in Welsh*, T. H. Parry-Williams, (Llundain), 1923.

EWP   *Lectures on Early Welsh Poetry*, I. Williams, (Dulyn), 1944.

FfBO   *Ffordd y Brawd Odrig*, S. J. Williams, (Caerdydd), 1929.

G   *Geirfa Barddoniaeth Gynnar Gymraeg*, J. Lloyd-Jones, (Caerdydd), 1931-63.

GCC   *Gramadeg Cymraeg Canol*, D. Simon Evans, (Caerdydd), 1950.

GGK   *A Study of Gawain and the Green Knight*, G. L. Kittredge, (Camb. Mass.), 1916.

GPC   *Geiriadur Prifysgol Cymru*, (Caerdydd), 1950—

GRM   *Germanische Romanische Monatsschrift.*

Hist. Litt.   *Histoire Littéraire de la France.*

HLlG   *Hanes Llenyddiaeth Gymraeg*, T. Parry, (Caerdydd), 1944.

HW   *A History of Wales*, J. E. Lloyd, (Llundain), 1948.

KBKA   *Das Keltische Britannien bis zu Kaiser Arthur*, E. Windisch, (Leipzig), 1912.

Les Mab.   *Les Mabinogion du Livre Rouge de Hergest*, J. Loth, (Paris), 1913.

LG   *Lumiére du Graal*, Cahiers du Sud, (Paris), 1951.

LlB   *Llyfr Blegywryd*, Williams a Powell, (Caerdydd), 1942.

L & P   *A Concise Comparative Celtic Grammar*, Lewis a Pedersen, (Göttingen), 1937.

LRB   *Le Roman Breton, (Perceval ou le Conte du Graal)*, J. Frappier, (Paris), 1953.

LRB, i,   *Le Roman Breton, (Des Origines à Chrétien de Troyes)*, J. Frappier (Paris), 1951.

LR   *Lettres Romanes.*

OGL   *The Origin of the Grail Legend*, A. C. L. Brown, (Camb. Mass), 1943.

P   *A Dictionary of the Welsh Language*, W. O. Pughe, (Dinbych), 1832.

PKM   *Pedeir Keinc y Mabinogi*, I. Williams, (Caerdydd), 1930.

PMLA   *Publications of the Modern Language Association of America.*

Rav. Cos.   *The British Section of the Ravenna Cosmography,*

Richmond a Crawford, (Rhydychen), 1949.

RC   *Revue Celtique.*

RG   *Romans du Graal dans la Littérature des XIIe et XIIIe siècles,* (Paris), 1956.

RGP   *Essai sur la Composition du Roman Gallois de Peredur,* M. Williams, (Paris), 1909.

RM   *The Red Book Mabinogion,* Rhŷs ac Evans, (Rhydychen), 1887.

Roach   *Le Roman de Perceval,* W. Roach, (Paris), 1959.

RWM   *Reports on Manuscripts in the Welsh Language,* J. G. Evans, (Llundain), 1898–1910.

Studies   *Studies on the Legend of the Holy Grail,* A. Nutt, (Llundain), 1888.

THSC   *Transactions of the Honourable Society of Cymmrodorion.*

T. Jones *The Mabinogion,* G. a T. Jones, (Llundain), 1949.

TYP   *Trioedd Ynys Prydein,* R. Bromwich, (Caerdydd), 1961.

WAL   *Wales and the Arthurian Legend,* R. S. Loomis, (Caerdydd), 1956.

WG   *A Welsh Grammar,* J. Morris Jones, (Rhydychen), 1930.

WM   *The White Book Mabinogion,* J. G. Evans, (Pwllheli), 1907.

WS   *Welsh Syntax,* J. Morris-Jones, (Caerdydd), 1931.

YCM   *Ystorya de Carolo Magno,* S. J. Williams, (Caerdydd), 1930.

YTC   *Y Treigladau a'u Cystrawen,* T. J. Morgan, (Caerdydd), 1952.

YTR   *Y Tair Rhamant,* Bobi Jones, (Aberystwyth), 1960.

Yvain   *Yvain, der Löwenritter,* W. Foerster, (Halle), 1887.

ZCP   *Zeitschrift für celtische Philologie.*

ZRP   *Zeitschrift für romanische Philologie.*

HISTORIA PEREDUR VAB EFRAWC